民主：

美国最致命的输出

America's Deadliest Export: Democracy

——美国外交政策及其他真相

【美】威廉·布鲁姆 著 *William Blum*

徐秀军　王利铭 译

中国社会科学出版社

图字　01-2014-5029

图书在版编目（CIP）数据

民主：美国最致命的输出：美国外交政策及其他真相／（美）布鲁姆著；徐秀军，王利铭译．—北京：中国社会科学出版社，2016.1（2020.3重印）

ISBN 978-7-5161-6880-6

Ⅰ.①民…　Ⅱ.①布…②徐…③王…　Ⅲ.①美国对外政策－研究　Ⅳ.①D871.20

中国版本图书馆 CIP 数据核字（2015）第 208521 号

出 版 人	赵剑英
责任编辑	任　明
责任校对	王　斐
责任印制	何　艳

出　　　版	中国社会科学出版社
社　　　址	北京鼓楼西大街甲 158 号
邮　　　编	100720
网　　　址	http：//www.csspw.cn
发 行 部	010-84083685
门 市 部	010-84029450
经　　　销	新华书店及其他书店

印刷装订	北京君升印刷有限公司
版　　　次	2016 年 1 月第 1 版
印　　　次	2020 年 3 月第 2 次印刷

开　　　本	710×1000　1/16
印　　　张	17.25
插　　　页	2
字　　　数	292 千字
定　　　价	68.00 元

目　录

引　言

　　理解美国外交政策的秘密就是没有什么秘密。就其主要内容来说，必须认识到美国致力于统治世界，为此它做好了使用任何必要手段的准备。一旦人们了解到这一点，环绕在华盛顿政策周围的许多明显的混乱、矛盾和模糊就会烟消云散。为了用数字表达这种谋求统治权的努力，可以盘算一下二战结束以来美国的所作所为：

- 致力于推翻 50 多个外国政府，其中大部分是民主选举产生的；①
- 粗暴干涉至少 30 个国家的民主选举；②
- 试图暗杀 50 余位外国领导人；③
- 向 30 多个国家的民众投掷炸弹；④
- 试图镇压 20 个国家的民粹主义或民族主义运动。⑤

　　最近几十年中，在卢旺达和达尔富尔等地发生的灾难带给世界的感知比美国造成的灾难更加突出，因为这两个地方的灾难分别发生在某个区域且时间持续相对较短。尽管大量的文件记录了美国外交政策的罪行，但由于美国干涉的范围之广和时间之久（68 年），要想完全掌握美国的所作所为，对全世界来说，都是非常困难的。

　　这里可以算笔总账：1945 年以来，美国已在 71 个国家（在全球所有

---

　　① http：//killinghope. org/essays6/othrow. htm.

　　② 参见 William Blum, *Rogue State*：*A Guide to the World's Only Superpower*（Common Courage Press, Monroe ME, 2005）, ch. 18。

　　③ http：//killinghope. org/bblum6/assass. htm. 根据不同的计算方法，全部的谋杀企图可达数百次；据古巴情报机构称，仅以古巴领导人菲德尔·卡斯特罗（Fidel Castro）为目标的谋杀企图就达 634 次；参见 Fabian Escalante, *Executive Action*：634 *Ways to Kill Fidel Castro*（Ocean Press, Melbourne, 2006）。

　　④ http：//killinghope. org/superogue/bomb. htm.

　　⑤ http：//killinghope. org/bblum6/suppress. html.

国家中占比超过三分之一)①，在一个或多个场合，实施了一次或多次干涉行动，在这个过程中，美国已经剥夺了数百万人的生命，数百万以上的人在接受惩罚中过着痛苦和绝望的生活，因此遭受酷刑的人不计其数。对世界上能够或多或少地跟踪当前新闻事件并熟悉一点近代历史的人来说，他们大多数人可能会对美国的外交政策产生憎恨。

　　Oderint dum metuant. —— "只要他们怕，恨就恨去吧。" ——出自某位古罗马杰出领导者。

　　2003 年 3 月，在美国入侵伊拉克之前不久，美国职业外交官、美国驻雅典大使馆政治参赞约翰·布雷迪·吉斯林（John Brady Kiesling），因美国的对伊拉克政策而辞职。不止一个布什政府成员使用过这一谚语，对此，吉斯林在辞职信中问道："'只要他们怕，恨就恨去吧'真的已经成为我们的座右铭了么？"②

　　继 2001 年 10 月美国入侵阿富汗，前中央情报局局长詹姆斯·伍尔西（James Woolsey）对强攻巴格达会刺激伊斯兰激进分子并使他们得到更多支持的担忧进行了评论。他说，"美国在阿富汗取得胜利之后，阿拉伯民众的沉默"，证明了"只有让人感到害怕才能重新建立对美国的尊重……我们需要读点马基亚维利"。③（在同一次谈话中，伍尔西通过下面的言论进一步将自己塑造成外交政策的权威人士："没有太多关于萨达姆·侯赛

---

　　① 阿富汗、阿尔巴尼亚、阿尔及利亚、安哥拉、澳大利亚、玻利维亚、波斯尼亚、巴西、英属圭亚那（现为圭亚那）、保加利亚、柬埔寨、乍得、智利、中国、哥伦比亚、刚果（也叫扎伊尔）、哥斯达黎加、古巴、多米尼加、东帝汶、厄瓜多尔、埃及、萨尔瓦多、斐济、法国、德国（包括东德）、加纳、希腊、格林纳达、危地马拉、海地、洪都拉斯、印度、印尼、伊朗、伊拉克、意大利、牙买加、日本、科威特、老挝、黎巴嫩、利比亚、蒙古、摩洛哥、尼泊尔、尼加拉瓜、朝鲜、巴基斯坦、巴勒斯坦、巴拿马、秘鲁、菲律宾、葡萄牙、俄罗斯、塞舌尔、斯洛伐克、索马里、南非、韩国、苏联、苏丹、苏里南、叙利亚、泰国、乌拉圭、委内瑞拉、越南（包括北越）和也门（包括南也门）。

　　② *Washington Post*，March 5，2003，p. 19，由专栏作家卡门（Al Kamen）撰写。

　　③ 尼可罗·马基亚维利（Niccolò Machiavelli, 1469—1527），意大利政治思想家和历史学家，近代政治思想的主要奠基人之一，主张国家至上，将国家权力作为法的基础，代表作有《君主论》等。——译者注

因发展大规模杀伤性武器和弹道导弹的证据……我认为这一点是不容置疑的。"①

在 2002 年 6 月美国纽约西点军校举行的毕业典礼上，乔治·W.布什总统对美国未来的战士们说，他们是"处在善与恶的冲突当中"，而且"我们必须找到 60 个或更多国家的恐怖组织"。② 美国由来已久的战争机器曾经是，而且仍然是处于不受控制的运行状态。

1941 年 8 月 14 日，参议院讨论了新设一个军事办公室的计划，也就是后来的五角大楼。来自密歇根州的参议员阿瑟·范登堡（Arthur Vandenberg）对此感到困惑。他问道："除非战争是永久性的，为什么我们必须要为这样大规模的战争设施提供永久性场所？或者说战争将是永久性的？"③

在伊拉克战争后的第四个年头，《黑人评论员》（The Black Commentator）杂志发表评论说："在大多数人的生活中，战争可能是异乎寻常的经历，但有些国家是连续的侵略者。""美国社会的独特之处在于它几乎完全是由攻击外部和内部异己（Others）的进程所建立起来的。"④

自从第一个英国殖民者打死第一个美洲土著起，美国历史可以说是一部帝国发展史。

人们常常认为，所有国家，当然是所有强大的国家，其行为总是好战的和军国主义的，那么我们为什么要这么谴责美国呢？但这就如同争辩说，既然人们知道每个国家都存在反犹太主义，那么我们为什么要谴责纳粹德国呢？显然，这是个量级问题。美国侵略的规模使之历史性地成为一个全部由自己组成的联盟，就像纳粹的反犹太主义的规模一样。是不是因为存在恐怖袭击行为的传统和预期，世界就应该不加批判地接受它呢？这在多大程度上是正常的？难道这就是建立一个更加美好的世界的方式吗？

全方位的优势

一些与德国纳粹政权有关的言辞和口号已成为德语俗语。

---

① *Washington Post*, December 27, 2001, p. C1.

② 白宫新闻秘书办公室，2002 年 6 月 1 日。

③ Steve Vogel, *The Pentagon: A History* (Random House, New York, 2008).

④ *The Black Commentator*（进步分子的互联网周刊），www. blackcommentator.com, June 8, 2006.

Sieg Heil！—— 欢呼胜利！

Arbeit macht frei. —— 劳动带来自由。

Denn heute gehört uns Deutschland und morgen die ganze Welt. ——
今天德国是我们的，明天世界是我们的。

Ich habe nur den Befehlen gehorcht！—— 我只依照命令行事。

但也许没有比"德意志高于一切"（*Deutschland über alles*）更出名。

2008 年 6 月，当我无意中浏览到美国空军网站（www. airforce. com）
并看到其首页上的标题"高于一切"时，我为此大吃一惊。以免你认为
这只是单纯地用来指高空中的飞机，这个页面链接到另一个网址
（www. airforce. com/achangingworld），其中甚至更加突出地再次出现"高
于一切"的标语，链接到网站"空中优势"、"太空优势"和"网络优
势"，每个网址都依次出现了"高于一切"。这些家伙没有到处招摇撞骗。
他们不是守护你的帝国主义的战争贩子。如果他们计划建立一个新的
"千年帝国"，那么让我们希望，他们的命运不比原来的第三帝国更好，
第三帝国只历时 12 年。

来看看五角大楼的绅士们在不久前谈到空间问题时是怎么说的。

有一天，我们会从太空袭击地面目标——船舶、飞机、陆地目
标……我们将在太空战斗。我们将从太空战斗，我们将战斗到
太空。[1]
——美国太空司令部总司令约瑟夫·阿什（Joseph Ashy）将军

关于太空优势，我们拥有它，我们喜欢它，我们要保持它。[2]
——美国空军负责太空事务的助理部长兼美国
国家侦查局局长基思·霍尔（Keith R. Hall）

21 世纪早期，太空力量也将发展成为一个独立的、平等的战争
介质。……太空优势与陆、海、空优势协同作用的兴起将形成全方位

---

[1] *Aviation Week and Space Technology*, August 5, 1996, p. 51.

[2] 讲于 1997 年 9 月 15 日华盛顿特区国家太空俱乐部。

优势。……利用太空系统和设计从太空精确打击的弹道导弹防御系统的发展为大规模杀伤性武器［WMD］的全球扩散提供了反击。……太空是商业、民用、国际、军事利益和投资不断拓展的区域。这些重要系统受到的威胁也越来越多。……太空控制是保证进入太空和自由操纵太空介质的能力，以及在需要的时候阻遏他人使用太空的能力。①

——美国航天司令部：《2020 年展望》

太空代表了一种运用军事力量的全新的、更好的方式。②

——美国战略司令部

华盛顿统治世界的野心，其驱动力不是来自更深层次的民主或自由、更加公正的世界、结束贫穷或暴力，或者更适宜居住的星球，而是来自经济和意识形态。

迈克尔·帕伦蒂（Michael Parenti）曾说过：

目标不仅仅是权力本身，而是确保财阀精英控制地球的权力，使世界上每个国家的经济私有化和放松管制的权力，加大包括北美地区在内的所有地方的人们支持不受约束的"自由市场"公司资本主义的权力。有些人认为土地、劳动、资本、技术和世界市场应致力于为少数人最大限度地提高资本积累，有些人认为这些东西应该被用于多数人的公共利益和社会经济发展，斗争就在这两者之间展开。③

因此，可以理解的是，对美国权力精英而言，持续时间最长、最重要的外交政策目标之一，是防止任何一个可能成为替代资本主义模式的良好范例的社会的崛起。这就是冷战的本质。在社会主义阵营中，古巴和智利曾是两个例子，美国做出最大努力将它们粉碎了。

如同大多数有权威的领导人一样，不管是过去、现在还是未来，美国

---

① 摘录的顺序与 1997 年 8 月宣传册第 1 页起的顺序相同。

② www. stratcom. mil/fact_ sheets/fact_ sm. html, 2004 年 3 月。2002 年，美国空军太空司令部被并入美国战略司令部。

③ 来自 *Dissident Voice*（网络杂志）文章，2003 年 2 月 10 日。

官员希望其他人相信他们在寻求主导地位的过程中所奉行的政策对自己的国民以及世界上大多数的国家有利，即使这种福祉总是无法直接认识到。对他们而言，没有什么比按照美国的形象、自由企业、"个人主义"、所谓的"犹太—基督教价值观"以及一些他们将"民主"作为核心元素的其他事物来改造世界更讨人喜欢的东西。那么，试想一下，2001 年 9 月 11 日的袭击对这样的人来说意味着什么；它不只是你和我在那个灾难性的日子所经历的袭击，而是意味着一个有人敢"瓦解"帝国的现实，一个对政治神经系统的外伤性休克。美国领导人认为美国的道德权威像美国的军事力量一样，拥有绝对优势且不容挑战。"美国外交政策的弥赛亚主义是一件显而易见的事情"，一位俄罗斯议会领导人在 2006 年指出："在国务卿康多莉扎·赖斯（Condoleezza Rice）讲话时，就好像赫鲁晓夫（Khrushchev）向党代表大会做报告一样：'整个世界都在成功走向民主，但一些无赖国家宁愿待在那条路边。'等等，等等。"①

迈克尔·莱丁（Michael Ledeen），里根政府时期的官员，后来是一家主要的保守派智库——美国企业研究所的研究员，在 2003 年美国入侵伊拉克之前不久说：

> 如果我们只是让我们自己对世界的看法不断向前推进并且完全接受它，如果我们不试图变得聪明并对此汇聚巧妙的外交解决方案，而只是发动一场针对这些暴君的全面战争，我认为我们会做得非常好，多年以后，我们的孩子们会为我们唱赞歌。②

这是难以抗拒的。在令人恐怖地入侵和灾难性地占领伊拉克一年之后，我给莱丁先生发送了一封电子邮件，提醒他所说的话，并简单地说："我想请问你，这些天你的孩子们在唱什么歌？"我没想得到回复，但也没有感到失望。

20 世纪初，曾在古巴以最大的热心（gung-hoism）进行战斗的未来总统西奥多·罗斯福（Theodore Roosevelt）写道："对世界来说，说英语的

---

① 纳塔利亚·纳罗科尼斯卡亚（Natalia Narochnitskaya），俄罗斯议会的下议院——国家杜马国际事务委员会副主席，*Washington Post*，April 3，2006，p. 14。

② *Village Voice*（New York），November 27，2001，p. 46；*Scotland on Sunday*，November 25，2001.

种族的各个分支应该尽可能多地控制地球表面，这是一种善行。"① 自 19
世纪 90 年代起，人们可以不断发现美国领导人相继表达过的类似观点。

2001 年 9 月 11 日的袭击事件后，许多美国人拿到《古兰经》翻印
本，试图理解为什么穆斯林能够做出他们已做出的那些举动。在入侵伊拉
克后，人们想知道伊拉克人是否购买基督教《圣经》，以寻求解释为什么
这个星球上最强大的国家带给他们古老的土地如此可怕的损失，而他们没
有做任何伤害美国的事情。

侵 略 战 争

是否存在这样一个帝国，它未曾对自己和世界上的其他国家说过：它
不同于其他所有的帝国，它的使命不是要掠夺和控制，而是开导和解放？

2002 年 9 月白宫发布的《国家安全战略》（*National Security Strategy*）
报告中写道：

> 为了保持我们的传统和原则，我们不使用我们的力量来促进单方
> 面的优势。相反，我们寻求建立有利于人类自由的力量均衡：在此条
> 件下，所有国家和社会都可以为自己选择政治和经济自由的回报和
> 挑战。

不过，后来在同一份报告中，我们读到：

> 现在是时候重申美国军事实力的重要作用了。我们必须建立和维
> 护我们无懈可击的防御……我们的军队将强大到足以阻止潜在对手寻
> 求军事集结以期超越或赶上美国的力量……为了预先阻止或预防……
> 我们的对手的敌对行为，美国将在必要时采取先发制人的行动。

"先发制人的行动" 就是第二次世界大战后德国纽伦堡国际军事法庭
所指称的侵略战争。法庭宣布，"因此，发动一场侵略战争不仅是一种国

---

① Elting E. Morison, ed., *The Letters of Theodore Roosevelt*, Vol. 2（Harvard University Press,
Cambridge MA, 1951）, pp. 1176—1177.

际罪行，而且是一种与其他战争罪行不同的最大的国际罪行，其中包含了所有累积起来的邪恶"。

《国家安全战略》报告发布半年后，美国发动了对伊拉克的袭击，它比"先发制人"程度要小，但是更糟糕：没有来自伊拉克的任何形式的挑衅或威胁。1941 年日本帝国偷袭夏威夷珍珠港是更为确定无疑的先发制人。正如诺姆·乔姆斯基（Noam Chomsky）所指出的：

> 日本领导人知道，B-17 空中堡垒重型轰炸机已从波音生产线下线，并且肯定了解公众讨论美国说明它们怎样可以被用来在一场毁灭性的战争中焚烧日本的木制城市，从夏威夷和菲律宾基地起飞——"投放燃烧弹袭击密集的'竹制蚂蚁堆'来烧掉帝国的工业心脏"，1940 年退役空军将军克莱尔·李·陈纳德（Claire Lee Chennault）曾提出过这样的建议，并令罗斯福总统感到"满心欢喜"。显然，相对于轰炸美国殖民地的军事基地而言，这是一个比布什—布莱尔及其同伴实施"先发制人的战争"过程中所编造的更为强大的理由。[1]

纳粹德国坚持认为他们 1939 年基于先发制人入侵波兰是合理的。纳粹宣称，波兰正计划入侵德国。19 世纪的德国总理奥托·俾斯麦（Otto Bismarck）曾断言，"预防性战争就像是出于对死亡的恐惧而自杀"。2003年及其后的几年中，正是美国宣称伊拉克是一个入侵美国或以色列或其他任何人的"紧迫威胁"，即便在伊拉克没有发现大规模杀伤性武器而且给不出貌似合理的入侵美国或者以色列的动机。正如布什政府对美国侵略的很多其他的著名声明一样，声称来自伊拉克的紧迫威胁最终都变得无足轻重。

政 治 智 慧

美国领导人已经使大部分的美国民众相信其政府外交政策的仁慈。在上面所罗列的美国犯下的国际暴行等大量相反的证据面前，说服美国民众以及世界其他国家的众多民众相信这一点，必定可以荣列全部历史中最杰

---

① *Z magazine*, Noam Chomsky's Z Space Page, www. zmag. org/znet, July 21, 2005.

出的宣传和教化功绩之一。

　　我觉得在这个世界上有各种各样的智慧：音乐、科学、数学、艺术、学术、文学、机械，等等。再有就是政治智慧，我将其定义为识破每个社会的政客为赢得选举并确保延续主流意识形态而从出生起向其公民灌输并得到媒体响应的废话的能力。对美国公民而言，缺乏任何其他类型的智慧，虽然可能对个人不利，但不是致命的。但是，普遍缺乏政治智慧，可以而且确实让大批无辜民众的生命抛在伊拉克、阿富汗、巴基斯坦、南斯拉夫和越南等地。单是美国民众就有能力影响那些极端分子，他们在一次又一次的选举中，以民主党或共和党的形式，在美国上台执政并在一个又一个新的杀戮场所中继续造成破坏和灾难。但公众对美国政府为其军事行动辩解的宣传信以为真，如同查理·布朗对露西的足球经常并天真地信以为真一样。

　　美国民众非常像一个黑手党老大的孩子，他们不知道他们的父亲以什么为生，也不想知道，但他们想知道为什么有人会通过客厅的窗户投掷燃烧弹。

　　为什么变成了现在这样呢？为什么这些人如此轻易地被灌输教化？他们只是愚蠢吗？我想，一个更好的答案是：他们有某种先入之见；自觉或不自觉地，他们对美国及其外交政策拥有一些基本信念，如果不涉及这些基本信念，你将如同对牛弹琴。这本书涉及许多这些基本信念，或者那些也可称为"神话"的东西。

　　在美国，长到成年，甚至大学毕业，从未认真地接触到与这些流行的"神话"明显相反的观点，并对美国政府特别不利的外交政策知之甚少，这一点儿也不稀奇。在一个没有书面历史的特定时期，它为了历史上的神话而兴起，例如我们关于尼安德特人的信仰；但较为奇怪的是，这样的神话在大量的历史文献、证词、电影和书籍中也大量出现。

　　在个人层面上可以将它描述为：我记得，在十几二十岁时，甚至到三十多岁时，每当听到鲍勃·霍普（Bob Hope）[①] 向分布在世界各地的美国大兵端出他的"美国式幽默"时，我常常拥有非常温暖的感觉。起初，

---

　　① 鲍勃·霍普（1903—2003），美国喜剧演员，演艺经历包括电台与电视主持人、演员、脱口秀谐星及制作人。从第二次世界大战到1990年海湾战争，曾多次远赴海外慰问演出，为美国士兵加油打气，成为美国民众心中"爱国艺人"。——译者注

我从来不曾想过美国大兵在世界各地实际上做了什么。但鲍勃·霍普会给肩负任何不够光荣的使命的美国大兵带来欢乐吗？那些年轻、俊朗的美国男孩对我曾笑过的同样的笑话笑得那么尽情，他们会图谋不轨吗？我们的士兵曾经图谋不轨吗？我在所有学校或主流媒体上没有接触到的东西，使我以稳定而持久的方式留下了那种印象。这一问题甚至从来没有在我的脑海里闪现过。

在我偶尔遇到有人持不同意见的情况下，他们总是没有掌握手边的事实，总是不认为他们的案例很好，总是不理解——就如我自己没有做到一样——我的基本信念/神话。因此，他们对我的思想的影响是微不足道的。那些持不同意见者以及他们的媒体报道无法逃避越南的恐怖扑面而来，以此来开启一个全新的个人智力过程。这个过程的开始很可能比我能够读一些诸如本书的东西早得多。

民主是个好东西，除了让老混蛋投票这部分以外

人们可以拥有任何他们想要的东西。

问题是，他们不想要任何东西。

至少他们在选举日那样投票。

——20 世纪早期美国社会主义领导者

尤金·德布斯（Eugene Debs）

在美国反伊拉克战争情绪明显如此高涨时——数百万人多次游行反对它，也许没有任何一次游行示威表示支持——丹尼斯·库西尼奇（Dennis Kucinich）轻易地成为民主党竞选的主要反战候选人，事实上是前参议员迈克·格拉韦尔（Mike Gravel）退出后唯一真正的候选人，但为什么2008 年总统初选支持俄亥俄州众议员库西尼奇的选票却这么少呢？即使考虑他被剪掉的几次全国电视辩论，库西尼奇的表现还是明显较差。1 月15 日，在密歇根州，只有库西尼奇和希拉里·克林顿（Hillary Clinton）在竞争。克林顿获得了总票数的56%，"未提交"票（已经退出但名字仍然在选票上的候选人）为39%，库西尼奇仅获得4%的选票。希拉里是所有民主党候选人中赞成战争的主要鹰派人物。

我觉得很多的答案可能基于这样一个事实，即大多数美国人民——像

世界其他地方的大多数人一样——在政治或智力上并不很复杂，其中许多人并不因为非常理智的原因反对战争。他们的反对往往源于诸如大量的美国士兵被杀或受伤之类的事情；源于美国并没有"获胜"的事实；源于美国在世界上的声誉遭到损毁；源于许多其他美国人表达了他们反对战争；源于布什总统经常遭受电视喜剧演员取笑的诸多语言和性格上的缺陷——或者是源于其他一些我们甚至无法猜测的原因。没有对这些汇聚的理由拥有太多的特别感知或习得（learn），没有特别的洞察历史、外交关系、国际法、战争、经济状况、宣传或者意识形态——"政治智慧"的基础指的就是上面这些；这使一个实际上支持战争的政客很容易在时机需要时出卖一个作为自己对手的反对战争的候选人。

像我这样的活动家，经常具有讽刺意味地对相同的老人说同样的旧事；有人告诉我们，这简直是白费劲，这是在"向唱诗班颂祷"或"向教徒传教"。但在外交政策方面作为发言人、撰稿人和活动家的长期经验告诉我，情况并非如此。通过电子邮件和面谈，我经常从我的听众那里接收到一些问题和意见，从中我可以清楚地看到，"唱诗班"的思想存在许多重要的信息鸿沟和误解，往往使他们无法看穿最新的政府谎言或宣传伎俩；他们对于过去发生的并对现在拥有启示意义的事情没有察觉，或者已经遗忘；或者知道事实，但不能将其用在适当的时候；极易被旁人带入歧途，他们提供反对他们目前相信的或者认为他们相信的似是而非的观点。"唱诗班"需要经常得到提醒和开导。

就像很多美国人可能会认为的那样，"唱诗班"的成员愤世嫉俗，对于权力精英的动机，"唱诗班"常常还不够愤世嫉俗。不管他们被欺骗了多少次，他们仍常常低估了政府的欺骗能力，坚持相信他们的领导人在某种程度上很好地体现出来的信念。只要人们相信他们选出的领导人的意图是好的，领导人就可以——并且确实是——为所欲为。这么说毫不夸张。这种信念是本书涉及的这些"神话"最重要的部分。

让选民感到困惑的一个原因是，虽然两个主要政党——民主党和共和党，总是相互指责和反击对方，但实际上他们对于外交政策的主张没有什么区别，两者的相似性是本书的主题之一。所有这些，可怜的选民了解到的是什么？

在这一点上，我们知道一个外国人——古巴领导人劳尔·卡斯特罗（Raúl Castro），对美国选举制度的看法。他指出，美国让两个相同的政党彼此竞争，并开玩笑说，在共和党和民主党之间选择就像是在他自己和他的哥哥菲德尔·卡斯特罗（Fidel Castro）之间进行选择一样。"在古巴，我们可以说我们有两个政党：一个由菲德尔领导，另一个由劳尔领导，它们之间能存在什么差异?"他问："美国所发生的情况同样如此……两者并无二致。菲德尔比我高一点点，他有胡子，而我没有。"①

总之，即使当"唱诗班"的心灵可能处在合适的地方时，他们的头脑仍然需要工作，如此循环往复。而且不管怎么说，实际上很少有人生来就进了"唱诗班"；他们只是在多次接受说教后才取得了成员资格。

本书中的短文是一个新旧组合；合并、更新、扩展、精炼；在过去大约八年间的不同时期，许多文章以这种或那种形式首次发表在我每月网上发布的《反帝国报告》（Anti-Empire Report），或者我的网站；开头标有特定日期的文章，所标注的日期为第一次写作的日期，应该从这个时间切入点来阅读（尽管在某些情况下可能与原作有显著不同）。这本书是为目前的"唱诗班"成员而写的，并且希望也对其未来成员同样如此。

---

① Associated Press, CNN. com, December 25, 2007.

第一章

美国外交政策与世界

碰上愚蠢，神仙都没辙。

（Mit der dummheit kämpfen Götter selbst vergebens.）

——弗里德里希·席勒（1759—1805）①

那些与美国人有过短暂接触经验的读者经常告诉我，不管摆在美国人面前的是什么事实，什么理由，也不管政府的声明显得多么的荒谬，美国人都支持公然违反国际法的美国外交政策。我的建议是忘记这些人。他们会支持这种违规，即使政府闯入他们的家，逮住他们的头生子，在呼叫声中强行拖走他们，只要政府向他们保证，为了打击恐怖主义（或者共产主义），而且顺便哼唱一段对民主自由和上帝的赞歌，这是必要的。我粗略估计，这些人不超过美国人口的15%。我建议我们把注意力集中在其他人身上，那些人就在我们身边。

尽管我不会看到暴力革命在美国成功（内部人士告诉我，我们的火力比不过政府，更不用提歹毒了），我也提供不了什么阻止帝国主义兽性发作的办法，除了教育自己和尽可能多地启发他人，提高反对派人口的数量并达到一个关键性的多数，在这一时刻……当然，我预测不了爆炸的形式或者引爆物是什么。

至于教育，我想着重处理我认为美国人身上妨碍他们看透宣传机构的智识上的重大误解和情绪上的烦恼。下面是简要的几点（以后的章节将更详细地阐述这几点）。

---

① 约翰·克里斯托弗·弗里德里希·冯·席勒（Johann Christoph Friedrich von Schiller，1759—1805），通常被称为弗里德里希·席勒，18世纪德国著名诗人、哲学家、历史学家和剧作家，德国启蒙文学的代表人物之一。——译者注

（1）需要告知美国人的心智和灵魂的最重要的教导：不管我们这一生受到了什么样的灌输，与事实相反，美国的外交政策并非"出于善意"。本书中呈现的事实将使人们无从怀疑这个论点，改良主义政治活跃分子必须自始至终意识到这一点。我想询问那些真诚信仰美国的人：美国的外交政策必须做到怎样才能使你们不再支持呢？

（2）不管每任美国总统多少次提到"民主"这个词，实际上美国并不关注那个东西。正如前言所记，从1945年起，美国先后企图颠覆50多个国家政权，其中绝大多数是民主选举成立的，而且对至少30个国家的民主选举进行过粗暴干涉。问题是，美国领导人的"民主"是什么？他们最不愿意上心的是经济民主——将那些欲壑难填的富人与绝望的穷人之间的贫富差距缩小。他们最上心的事，是确保目标国家有适当的政治、金融和法律机制，从而欢迎跨国公司。

（3）正如人们经常告诉我们的那样，激怒反美的恐怖分子的，不是对自由或者民主、美国人的财富、世俗政权或者文化的憎恨或嫉妒。他们是被几十年来美国外交政策在他们国土上做的可怕的事情所激怒的。整个世界的发生机制一直是这种方式。在20世纪50—80年代，出于对长期祸害他人的美国政策的反感，在拉丁美洲爆发了数不清的针对美国驻外军事目标以及美国公司办公室的恐怖活动。近年来，美国在伊拉克、阿富汗及其他地方的轰炸、入侵、占领和刑讯逼供制造了成千上万的新的反美恐怖分子，我们将在很长一段时间听到他们发出的怒吼。

（4）实际上，美国并不是反对恐怖活动本身，只反对那些并非美帝国盟友的恐怖分子。华盛顿政府对大量反卡斯特罗政权的恐怖分子的支援，是一段不怎么为人所知但却富有传奇色彩的历史，即使那些人的恐怖行动发生在美国境内。那段时间，路易斯·波萨达·卡里莱斯（Luis Posada Carriles）仍然受到美国政府的保护，虽然他是炸毁一架古巴飞机事件的幕后主脑，而那次事故致使73人丧命。他只是被给予庇护权的反卡斯特罗政权的恐怖分子中的一个。在科索沃、波斯尼亚、伊朗、利比亚和叙利亚，美国给恐怖分子提供了秘密的协助，而且与伊斯兰圣战分子——包括与基地组织有世人皆知的联系的圣战分子——并肩作战，来推进比打击恐怖主义重要得多的外交工作。

（5）从任何意义上来说，伊拉克对美国都不是一种威胁。在数不清的与伊拉克相关的谎言中，这个谎言是最阴险的，而且是所有其他谎言的必要的基础。

（6）在国际共产主义大阴谋中从来没有兽性的人。那里过去有，现在仍然有生活艰辛的人，他们起来抗议他们的境况，抗议压迫人的政权，而那个政权往往得到了美国的支持。

那个如此珍贵的世界，那里词语空洞无物

1989 年 12 月，美国入侵了没有任何反抗能力的巴拿马。那次事件造成几千个完全清白无辜的百姓死亡，而他们没有伤害任何美国人。事件发生两天之后，乔治·W. 布什总统宣称，"他的心对那些巴拿马死难者的家人充满同情"①。当一名记者问他，为了这事，为了抓住巴拿马领导人曼努埃尔·诺列加（Manuel Noriega），让这么多人丧生，真的值得吗？布什回答："每个人的生命都是珍贵的，但是我必须回答，是的，值得的。"②

一年后，老布什开始为他的下一个有价值的大规模谋杀做准备，即第一次入侵伊拉克。他说："人们对我说，多少条命？你打算花多少条命？每条命都是珍贵的。"③

2006 年末，小布什已经子承父业，白宫发言人史科特·斯坦佐（Scott Stanzel）在评论第二次伊拉克战争中美国人死亡人数达到 3000 人一事时说道："布什总统相信每个人的生命都是珍贵的，他为丧生的人感到悲伤。"④ 2008 年 2 月，随着美国人死亡数字接近 4000 人，伊拉克人死亡 100 万或者更多的时候，乔治·W. 布什宣称：

> 当我们把我们的心献给上帝的时候，在他的眼中，我们都是平等的，我们都同样珍贵……在祈祷中我们心生仁慈和同情……当我们在回应上帝召唤我们爱邻如己时，我们和我们的同胞就建立了深厚的友谊。⑤

① *New York Times*, December 22, 1989, p. 17.

② Ibid., p. 16.

③ *Los Angeles Times*, December 1, 1990.

④ *Washington Post*, January 1, 2007.

⑤ National Prayer Breakfast, Washington, DC, February 7, 2008.

　　受到领导人如此高尚——我敢说珍贵吗？——的谈话的激励，美国军事机器喜欢去雇用具有类似想法的勇士——埃里克·普林斯（Erik Prince），军事承包商黑水的创建人，他的人在伊拉克杀人就如碾死只蚊子，而他在国会作证说："每一条生命，不管是美国人的还是伊拉克人的，都是珍贵的。"①

　　2003 年，当其杀害成千上万的伊拉克人的行动进展顺利时，总统乔治·布什二世感动地说："我们相信每个人生命的价值和尊贵。"②

　　父亲和儿子都公开地表达他们对上帝的深深关切，而且在大规模屠杀发生之前、之中都在祈祷。2004 年小布什说："我相信上帝以我口发声，没有这种信赖，我无法工作。"③

　　在老布什征服了伊拉克和它的人民之后，他说："我认为，像许多其他人在派遣另外一些人的子女走上战场时一样，我也肩负着重大的历史职责。我们认识到，在祈祷中重要的是对于上帝它似乎是什么。"④

　　有人会推测，上帝可能会问乔治·布什父子关于伊拉克孩子的事，还有大人，而且上帝可能被激怒，以不那么像上帝的举止要求并谩骂："立即停止浪费这么多珍贵的生命！"

　　在 1996 年马德琳·奥尔布赖特（Madeleine Albright）和记者雷丝利·斯达尔（Lesley Stahl）之间的一场电视访谈中，雷丝利提到美国对伊拉克的制裁，并且询问这位当时的美国驻联合国大使，亦即接下来的美国国务卿："我们听说 50 万儿童已经丧生，我的意思是，比广岛死的儿童还多，而且……你说，这个代价值得吗？"

　　奥尔布赖特回答："我认为这是一个非常艰巨的选择，但是代价……我认为是值得的。"⑤

　　10 年之后，康多莉扎·赖斯继承了女性国务卿的优雅，以及布什家族同样高尚的传统，她宣称最近伊拉克发生的恐怖是"值得美国人在生

　　①　众议院监管和政府改革委员会证词，2007 年 10 月 2 日。

　　②　*Washington Post*，May 28，2003.

　　③　Washington Post，July 20，2004. 这一言论来自宾夕法尼亚州兰开斯特《新时代》（*New Era*）报纸上关于 7 月 9 日布什总统与亚米希人（Amish）家庭的私人会见。后来，白宫声称布什没有这么说过。（确实，我们知道亚米希人撒了谎。）

　　④　*Los Angeles Times*，June 7，1991.

　　⑤　CBS，60 *Minutes*，May 12，1996.

命和金钱上投资的"①。

全世界信奉的永恒信念：美国外交政策是有道德诉求的好的一面

2011 年 4 月 6 日，北约和美国轰炸利比亚期间，利比亚领导人穆阿迈尔·卡扎菲写了一封信给美国总统贝拉克·奥巴马，信中说：

> 在你攻击我们的行动和言语所造成的伤害中，道德上的比身体上的更严重。不管我的儿子出了什么事，你总是会那样的……我们亲爱的儿子优秀的贝拉克·侯赛因·奥巴马，你以美利坚合众国名义做出的干涉是一个必要条件，这样北约将从利比亚事务中彻底撒手。②

卡扎菲希望向奥巴马写信来感动美国总统，从而终止其对利比亚的轰炸。正如我们所知，其结果是不切实际的。

在 2003 年美国入侵前，伊拉克试图与美国商议一项和平协定。伊拉克的官员，包括伊拉克情报部门的头头，希望华盛顿了解伊拉克不再拥有大规模杀伤性武器，而且主动允许美国军队和专家做研究；他们也对阿拉伯—以色列和平进程中的任何美国计划提供全面支持；而且他们还准备移交一个被控参与 1993 年炸毁世贸中心活动的男子。他们还补充，如果是关于石油，他们也愿意谈论美国石油优惠。③ 华盛顿的回答是它的"震慑"（Shock and Awe）导弹。

2002 年，在委内瑞拉发生短暂政变把总统乌戈·查韦斯（Hugo Chávez）赶下台前，一些密谋者前往华盛顿布什政府那里得到了行动许可。查韦斯知悉了这事且非常苦恼，派他政府中的几位高官去华盛顿求情。政变随后很快就发生了，证实查韦斯的努力并未成功。④

1994 年，据报道墨西哥萨帕塔革命军副总司令兼发言人马诃士说："一旦美国情报部门相信这项运动没有受到古巴人或苏联人的影响，预计美国会支持萨帕塔革命军。而且他们准备得出结论：这是墨西哥内政问

---

① Associated Press, December 22, 2006.
② Associated Press, April 6, 2011；原文中的一些明显错误已得到更正。
③ *New York Times*, November 6, 2003.
④ *New York Times*, April 16, 2002.

题，理由是公正、真实的。"① 但讲出这些话之前和之后的很多年，美国一直为墨西哥政府提供所需的武器和培训来打击萨帕塔革命军。

1983 年格林纳达的莫里斯主教、1961 年英属圭亚那的切迪·贾根（Cheddi Jagan）和 1954 年危地马拉的外交部部长分别向华盛顿求情，希望维持和平。② 这三个国家的政权全部被美国给推翻了。

1945 年和 1946 年，一位美国和《独立宣言》真正的仰慕者、越南领导人胡志明，给亨利·杜鲁门总统和国务院至少修书八封，请求美国帮助越南从法国人那里赢取独立，他写道：法国图谋再次征服印度支那，破坏世界和平，他要求四大强国（美苏中英）干涉，并协调缔结一份公平的协定，而且把印度支那的问题提交联合国。③ 胡志明没有得到任何答案，毕竟，他是共产主义者。

善良之战的神话

很多美国人之所以支持美国的战争犯罪行为，是因为他们相信不管事情看起来有多么糟，政府的心愿是善良的。而且作为爱国主义信念基石的第二次世界大战，是所有美国人从童年开始就不断被灌输的历史英雄故事集。大家都知道，它的真实名字是"善良之战"。

这使我想向大家推荐 2002 年雅克·鲍威尔斯（Jacqucs Pauwels）出版的一本书《善良之战的神话》（*The Myth of the Good War*）。那本书很不错，论证清晰，论据充分，文字流畅。我特别喜欢处理欧洲战场最后几个月的部分，美国和英国密谋耍一些花招，想在苏联盟友后背扎上一刀。例如通过与德国单独议和，利用德国军队打击苏联人，而且破坏各国共产党组织和欧洲左派成员分享战后政治权力的合法行为。最戏剧性的例子是美

---

① *Los Angeles Times*，February 24，1994.

② Guatemala：Stephen Schlesinger and Stephen Kinzer，*Bitter Fruit*：*The Untold Story of the American Coup in Guatemala*（Dooubleday，New York，1982），p. 183. Jagan：Arthur Schlesinger，*A Thousand Days*（Houghton Mifflin，Boston MA，1965），pp. 774 – 779. Bishop：Associated Press，"Leftist Government Officials Visit United States"，May 29，1983.

③ *The Pentagon Papers*（*New York Times* edition，1971），pp. 4，5，8，26；William Blum，*Killing Hope*：*US Military and CIA Interventions since World War II*（Zed Books，London，2003），p. 123.

国人为希腊新纳粹分子站队，攻击希腊左派，而希腊左派曾英勇地抗击过纳粹运动。斯大林对这些花招的了解至少部分解释了战后他对盟友多疑的性格。在西方，我们称他的性格为"偏执狂"。①

"马歇尔计划"的永恒神秘性

在 2011 年北非和中东的政治动荡中，世界各地的政治人物和媒体多次提到"马歇尔计划"的称谓。计划是作为重建社会的经济活动从而补充政治亲近的目的。但是，购者自慎，购者要清醒。

这些年，我谈论了美国永无止境的干涉对世界带来的伤害和不义。我经常碰到一些人对我怒目而视。他们指责我只记录美国外交政策的负面，而忽略诸多积极层面的东西。当我要求这个人给我举一些他/她认为美国在现代世界的干预表现了德性的例子，几乎毫无例外，提到的一个例子便是"马歇尔计划"。而且通常按下面的套路来描述：第二次世界大战之后，美国无私地扶持欧洲的经济，甚至包括它的战时敌人，而且允许它们和美国竞争。甚至那些在今天不满美国外交政策，质问白宫在阿富汗、伊拉克和其他区域的动机的人，也毫无疑问地接受了 1948—1952 年无私的美国的形象。但是，让我们仔细地看看"马歇尔计划"。

第二次世界大战后，美国在国外是胜利之师，在国内毫发无损，它发现一扇开启世界霸权的大门已经洞开。只有一个叫做"共产主义"的幽灵，在政治上、军事上、经济上和意识形态上挡了它的道。这样，启动整个美国外交政策机器来对抗这个"敌人"就是自然的了，而"马歇尔计划"就是这场对抗运动的主要部分。怎能不这样呢？从俄国革命到第二次世界大战，反共产主义一直是美国外交政策的主要支柱，除了第二次世界大战的爆发使它暂时停止。到太平洋战争的最后几个月，那时，华盛顿已经把对抗共产主义摆在抗击日本人之前了。在日本人已经战败时向日本本土投掷原子弹，可以看作是对苏联的一个警告，而不是抗击日本的军事行动。②

---

① 登录 http：//www. alys. be/pauwels/2 publi_ the_ myth. htm，可获取英文、西班牙文、法文、德文、意大利文和荷兰文版。

② 参见作者关于原子弹使用的文章：http：//killinghope. org/essays6/abomb. htm。

战后，反共产主义自然成为美国外交政策的主题，好像第二次世界大战以及与苏联的结盟都未曾发生过一样。试图重塑欧洲来满足华盛顿欲望的箭筒里面的箭，除了中央情报局、洛克菲勒和福特基金、外交关系委员会、某些公司和几家私人机构外，"马歇尔计划"是另外一支。华盛顿的愿望有：

（1）传播资本主义福音——反击战后强烈的社会主义趋势。

（2）为美国公司开放市场提供新客户——这是帮助重建欧洲经济的主要原因，特别是10亿美元（以21世纪的价格估算）的烟草，由美国烟草工业利益集团所推动。

（3）推动创建共同体市场（即未来的欧盟）和北约组织，作为阻断所谓的苏联威胁的防御体的重要部分。

（4）遏制左派在全西欧的发展，特别是破坏法国和意大利共产党合法、非暴力、民主选举的获胜。"马歇尔计划"的资金被秘密抽调为破坏活动提供经费，援助某国的承诺或者威胁切断资金被用作恐吓的大棒。实际上，如果法国和意大利没有沿着排挤共产党员担任任何有影响力的角色的路线走的话，它们肯定会被排除在接受援助的国家之外。

中央情报局也拿走了"马歇尔计划"中的大量资金，暗地里扶持国内外的文化机构、记者和出版社，为遍及每个角落的狂想的冷战作宣传；除了兜售给美国和其他地方公众的"马歇尔计划"，还有打击所谓的"红色威胁"。而且在秘密行动中，中央情报局的人员不时地使用"马歇尔计划"作为幌子。"马歇尔计划"的主设计师之一理查德·比斯尔（Richard Bissell）后来干脆调到了中央情报局，除了中途短暂地在福特基金会工作过外，而福特基金会长期以来一直是中央情报局秘密资金的进出通道。这是一个快乐的、庞大的、诡计多端的家庭。

"马歇尔计划"对资金接受国规定了各种各样的限制条件，所有的经济和财政标准必须满足，而这些标准是为全面开放、回归自由企业经济而设计的。美国不但有权控制"马歇尔计划"中美元的花销，而且有权批准对等数量的欧洲国家本币开支。这给了美国对欧洲国家内部计划和项目相当大的控制权力。美国不赞成、忽视那些为贫困的战争幸存者提供的福利计划；定量配给因为听起来像社会主义而必须缩减规模；工业国有化受到华盛顿更为激烈的反对。

绝大多数"马歇尔计划"中的资金通过购买美国商品直接支付给美国公司回到了美国，而没有留下分文。1999年美国国际开发署（AID）

报告称："美国的外国援助项目的主要受益人一直是美国。"①

这个项目可以看作政府之间的商业合作运营，而不只是美国的"施舍"；项目通常是美国和欧洲统治阶级之间的商业安排，而后者中的一些不久前还在为第三帝国服务，前者也一样。这样，"马歇尔计划"为帮助军事—工业综合体成为美国生活中的固定不变的特征铺就了基石。

关于"马歇尔计划"在 16 个资金接受国经济恢复过程中所起的作用，寻找或者拼凑一段明确的、可信的描述非常困难。同样明确的反对意见是，在没有来自国外的覆盖范围广泛的总体计划以及援助项目的情况下，受过高等教育的、有技能和经验的欧洲人也能独立地恢复过来，而且他们实际上在"马歇尔计划"资金流入之前已经朝发展的方向迈出了巨大的步伐，马歇尔计划中的资金主要不是直接交给非常需要填饱肚子的个人或者用来重建他们的房子、学校及工厂，而是用于强化经济上层建筑，特别是钢铁、电力工业。实际上，这段时间的特征是紧缩政策、失业和经济萧条。一个显而易见的结果是有产阶级的全面恢复元气。②

为什么他们憎恨我们？第一部分

艾森豪威尔总统在 1953 年 3 月的国家安全委员会会议上问道：为什么我们不能让这些受压迫国家中的一些人喜欢我们，而不是恨我们？③

与 60 年前善良的老艾森豪威尔相比，美国现在对此仍旧一头雾水，理解也没有更为接近真理。美国人民和他们的领导人似乎仍然相信弗朗西斯·菲茨杰拉德（Frances Fitzgerald）在美国历史教科书中所观察到的：

> 按照这些教科书，美国一直是世界另外一部分的救世军团。整个

---

① US Agency for International Development, "Direct Economic Benefits of U. S. Assistance Programs", 1999.

② 关于"马歇尔计划"各个方面的讨论，参见 Joyce and Gabriel Kolko, *The Limits of Power: The World and US Foreign Policy 1945—1954* (Harper & Row, New York, 1972), chs. 13, 16, 17; Sallie Pisani, *The CIA and the Marshall Plan* (University Press of Kansas, Lawrence, 1991) *passim*; Frances Stonor Saunders, *The Cultural Cold War: The CIA and the World of Arts and Letters* (New Press, New York, 2000) *passim*。

③ *New York Times*, August 10, 2003.

历史中，它向贫穷的、未受教育的和常暴发疾病的国家施予救济金……美国总是出于最高尚的动机，像一个不追求私利的人，它给予，从不索取。①

　　我对美国军队部署在其他国家的土地上以及遍布世界各地的军事基地感到遗憾。他们是"敢闯敢干"（can-do）的美国人，习惯于我行我素，认为自己是最优秀的。但是他们也非常的失望，弄不明白为什么别人憎恨自己。为什么我们不能赢得他们的认可，甚至为什么我们不能彻底消除这些憎恨？他们不想要民主和自由吗？这些"敢闯敢干"的小伙子时不时地在伊拉克起草一套全面的法律法规体系，甚至一部宪法；在周围建立小的军事基地，建造隔离墙；给之前的逊尼派叛乱分子提供培训和武器来抗击什叶派和"基地"组织，征募什叶派来帮助打击任何人；故意把武器或制作炸弹的材料放在公共区域来看谁捡，然后迅速抓捕他们；使用新潮的车辆、机器和电子设备摧毁路边炸弹；建立他们自己的阿拉伯语媒体，审查其他媒体；对被拘留的人开设关于情绪控制、和平誓言以及生命和财产神圣性的辅导课；定期修改美国来到贵国的官方理由……战术层出不穷，而且当其他人所有没有叫它"成功"的时候，给它取了一个令人激动的行动名字，例如"澎湃"（surge）……一切无济于事。他们是"敢闯敢干"的美国人，利用尖端的美国技术和麦迪逊大街的机智营销策略、公共关系、广告兜售美国品牌，像在家里一样；雇用心理学家和人类学家……仍然无济于事。如果你销售的产品天生就有毒，如果你是在彻底毁灭你客户的生命，毫不顾及任何法律和道德，你还能怎么样呢？他们是"敢闯敢干"的美国人，习惯于按规则——他们的规则——行事。他们非常的失望。

　　现在，"谷歌骑兵"（Google Cavalry）跨上了它的银色战马，通过它的智囊团（或者"智囊及执行团"）——"谷歌理念"（Google Ideas），谷歌公司付钱给80个前穆斯林极端主义者、新纳粹分子、美国帮派成员以及其他曾经的激进分子，让他们2011年6月在都柏林齐聚一堂举行反暴力激进主义峰会（SAVE），探索技术在全球"去激进化"努力中的作用。现在，那个不"敢闯敢干"的又野心勃勃？

　　谷歌给这些人取了个绰号"曾经的"（formers），聚集在这些人周围

①　Frances Fitzgerald, *America Revised* (Vintage, New York, 1980), pp. 129–139.

的有 120 个思想家、行动主义者、博爱主义者和企业领导人，旨在仔细分析是什么吸引部分人特别是青年人加入极端主义运动，为什么一些人又选择离开这个问题。负责这个项目的头头是 Jared Cohen，他曾经管理国务院政策计划署长达四年，很快将是美国对外关系委员会（CFR）的助理。项目研究集中于反激进主义、创新、技术和治国术。①

所以……那个巨大的神话。"暴力极端主义"（violent extremism）才是所有这些智识人破解的对象。为什么暴力极端主义在世界各地吸引了那么多的年轻人呢？对于国务院和外交委员会这些机构来说，也许更重要的是为什么暴力极端主义者单单挑出美国作为他们的行动目标。

我的读者并不需要饱读诗书才能回答后面那个问题。那仅仅是因为美国外交政策在世界各地制造了大量令人发指的事件。至于什么吸引着年轻人加入暴力极端主义？考虑一下：是什么使百万美国青年才俊愿意到阿富汗、伊拉克这些地方冒着生命危险去杀害那些从未给他们造成任何伤害的年轻人呢？而且还去做出令人难以启齿的暴力和刑讯逼供？

这不是极端行为吗？这些美国才俊不能称作"极端主义者"或者"激进主义者"吗？他们不暴力吗？谷歌的专家们理解他们的行为吗？

如果不能的话，他们如何理解外国的穆斯林极端主义者？这些专家准备审视下面的现象吗——从出生开始，"美国例外论"的信念就深入美国人意识的每一个细胞和神经中枢？那么，这些令人尊敬的专家怎能理解那些相信"穆斯林例外论"的人呢？

2009 年，"基地"组织的二把手艾曼·扎瓦赫里（Ayman al-Zawahiri）说，"他（奥巴马）试图告诉我们：不要恨我们……但是，我们会继续送你们上天堂"②。

为什么他们憎恨我们？第二部分

2005 年，五角大楼有一段时间曾经参与打击美国民权同盟、国会成员和其他人的行动。这些人致力于推动"美国的古拉格"（American gu-

① www. foreignpolicy. com/articles/2010/09/07/jared _ cohen；*Washington Post*，June 24，2011.

② Reuters，August 3，2009.

lag）里发生的"虐囚"（也有人说是"刑讯逼供"）的新照片和录像带的公布。五角大楼阻止了所有这些材料的公布，因为他们宣称，这会在国外煽动反美情绪，激发恐怖主义活动。这件事明显地暗示了所谓的反美走到今天这一步，纯粹是美国行动或者美国人的行为的结果。但是奥巴马政府从未废除布什政府的官方立场，而且多次重复。他们认为反美恐怖主义背后的动机与美国过去做的、现在做的任何事情完全无关，只与恐怖分子的人格缺陷有关。[1]

2005 年，负责公共外交事务的助理国务卿卡伦·休斯（Karen Hughes）出访中东，目的是纠正人们头脑对美国的"错误"印象。她想让世界相信，这种"错误"印象是反美仇恨和恐怖主义的根源。她以为那只是关于误解、形象和公共关系的事情。在 7 月份举行的听证会上，她说："公共关系的任务是激发、教育和帮助其他人理解我们的政策、行动和价值。"[2] 但是，如果问题是伊斯兰世界像世界其他地方一样正确地理解了美国怎么办呢？

可以预知，布什总统的这位知心女友（这是她上位的唯一资格）在她的出访途中说的都是废话。她在土耳其说，为了维护和平，我们国家有时候认为战争是必须的，而且宣称伊拉克妇女现在比萨达姆·侯赛因当政时期日子过得好得多。[3] 当她的谈话受到听众席中的土耳其女性激烈反驳的时候，休斯回应："很明显，在这里……也在世界上其他地方，我们还需要面对公共关系挑战的问题。"[4] 非常正确，对于卡伦，那只不过是公共关系而已。你那装满陈词滥调的小脑袋还需要担心什么其他重要的东西呢。

一家中东主流英文日报《阿拉伯新闻》（*Arab News*）总结了休斯的表现：令人讨厌地抓不住要点。[5]

《华盛顿邮报》报道，休斯的听众，特别是埃及听众，通常是一些与美国有长期联系的精英，但是与她交谈过的人都说，造成糟糕的美国形象

---

① 参见作者对这一问题的讨论，killinghope. org/essays6/myth. htm。

② States News Service，July 22，2005.

③ *Washington Post*，September 29，2005.

④ *Los Angeles Times*，September 29，2005.

⑤ *Washington Post*，October 7，2005.

的核心原因仍然是美国的政策，而不是这些政策兜售或展现的方式。① 她和她的老板从这里面汲取了教训吗？一点也没有。

为什么他们憎恨我们？第三部分

2005 年 6 月，五角大楼给了一些公司价值 3 亿美元的合同，它希望这些公司把创造性注入改善海外公众形象特别是美国军队形象的心理战中。心理战联合支持分队主任詹姆斯·特雷德韦尔（James A. Treadwell）上校说：“我们希望能够使用先进的媒体技术。”

美国国防大学信息战专家丹·屈尔（Dan Kuehl）补充道：“有十几亿穆斯林意志未定，我们如何把他们争取过来从而支持我们呢？如果我们做到了，我们就取得了进步，提高了安全。”② 它真的给争取来了，2011 年 9 月 11 日后它又消失了。这个世界上唯一的超级帝国感到被人误解了，不招人喜欢了。“9·11”后一个月，乔治·W.布什问道：“当我在一些伊斯兰国家发现那种对美国的强烈的憎恨，我该如何回应？我告诉你我如何回应：我很震惊，我很震惊他们对我们国家误解得如此之深，以至他们憎恶我们！像绝大多数美国人一样，我不相信这一点，因为我知道我们有多善良。”③

心理战、信息战、先进的媒体技术……当然还有高技术解决方案。但如果不是误解呢？如果世界上的民众只是不相信我们有这么善良呢？如果他们——在他们的无知和卡塔尔“半岛”电视台的洗脑中——得出一个稀奇古怪的结论：密集轰炸、入侵、占领、毁坏家园，刑讯逼供，提炼铀，杀害几十万的人，以及每天对男人、女人和儿童的羞辱，这些并不意味着善良呢？

为什么美国政府不停止唠叨，为什么他们恨我们这样的废话？

恐怖行动发生之后，我们很少从我们官员和媒体听到对恐怖分子动机

---

① *Washington Post*, September 30, 2005.

② *Washington Post*, June 11, 2005.

③ *Boston Globe*, October 12, 2001.

的哪怕一点点严肃的讨论。有人表达过对美国人或政策的一丝不满和厌恶吗？他们愿意纠正觉察到了的错误吗？想过到底在追求什么才遭到别人的报复吗？而且美国成为恐怖活动最普通的目标的原因何在？

然而，在主流世界中，这些疑问几乎是禁止的。在2010年1月的一场白宫新闻发布会上，资深记者海伦·托马斯（Helen Thomas）问了国土安全和反恐事务总统助理约翰·布伦南（John Brennan）一个问题，这个问题与"内裤爆手"阿卜杜勒—穆塔拉布（Umar Farouk Abdulmutallab）企图在2009年圣诞节炸毁一架美国飞机有关。

> 托马斯：我们真正缺乏的是您没有给出他们想伤害我们的动机……动机是什么？我们从未听到您谈过您找到的原因。
>
> 布伦南：基地组织意图谋杀、肆意伤害无辜的人……［他们］吸引像阿卜杜勒先生这样的人，利用他们策划这种袭击。他受到某种宗教冲动感的激励，很不幸，基地组织滥用了伊斯兰教，而且败坏了伊斯兰教的观念，这样，他们就能够吸引这些个人，基地组织有整套的死亡袭击日程表。
>
> 托马斯：您说是因为宗教？
>
> 布伦南：我说的是一个基地组织，它以违反常情和腐化堕落的方式使用宗教的旗帜。
>
> 托马斯：为什么呢？
>
> 布伦南：我认为……这个问题的解释需要很长时间，但是基地组织决定对我们国家施行恐怖袭击。
>
> 托马斯：但您还没有解释原因。①

你们必须好好地教

再重复一次，俘获了更多的国人而不是外国人的美国外交政策，其主要的神话是一种信念，认为在外交政策中美国的意愿是善良的。美国领导人可能犯错误，做错事，甚至在不寻常的时候造的孽比行的善多，但是他们的意愿确实是善良的；如果说没有受到上帝的启发，他们的意图也是崇

---

① White House press briefing, January 7, 2010.

高的。绝大多数美国人是肯定这一点的。一个人只要坚持这种信念，他/
她就不可能怀疑和批评官方的神话了。

在美国人成长的过程中，需要多次重复才能把这个信念灌进年轻人的
意识中，而且以后还要多次重复强化。给真正的美国信仰者传道灌输正在
进行，还将继续……教科书、连环画册、教堂布道、好莱坞电影；所有形
式的媒体，所有的时间；凝结进历史的混泥土中。2009 年美国最高军事
将领、参谋长联席会议主席迈克尔·马伦（Michael Mullen）在《华盛顿
邮报》撰文说：

> 我们美国军队的军人同样坚持高标准要求自己，像早期罗马人一
> 样，人们期望我们做正确的事情。当我们没有做好时，我们改正……
> 每个平民的伤亡，我们或多或少需要担负某种责任；如果不是几年至
> 少几个月，这种伤亡事件将一直阻碍我们赢取阿富汗民众的信任。不
> 管我们怎么努力地避免伤及无辜，而且实际上我们也尽力了；也不管
> 我们部署的军力多么足够比例，打击多么精准，也不管敌人是否躲藏
> 在平民背后，真正重要的是造成的民众死亡和受伤以及我们因可能避
> 免此事而不会失去的良好期盼……失去人们的信任，我们会失去这场
> 战争……我看见了世界各地由我们的军队培植的信任，他们修建学
> 校、桥梁、医院、电站，挖水井，他们每天操劳，建造基础设施，使
> 当地政府能够自立自强。但是，最主要的是他们在创建友谊，当他们
> 追击敌人的时候，他们在建立信任，而且他们做得超级棒。[1]

年轻人是不是经常听到马伦或者其他官员谈论这个话题呢？多少人印
象清晰，甚至激动得说不出话来？读到、听到这种激动人心的讲话，多少
美国人没有把一生的信念再一次强化呢？有多少人甚至会想到马伦主席是
在滔滔不绝地吟诵一堆狗屎呢？而大部分美国人会把它吞下去。当马伦宣
称"重要的是造成的民众死亡和受伤以及我们因可能避免此事而不会失
去的良好期盼"时，他是在暗示没有办法避免此事。但是，这事是可以
轻松地避免的，只要我们不在阿富汗人民身上扔炸弹。

当你告诉真正的美国信仰者，事实与马伦所说的相反，他们会看着

---

[1]　*Washington Post*, February 15, 2009.

你，好像你刚从火星 36 号公交车下车似的。比尔·克林顿连续 78 个日夜轰炸南斯拉夫，他的军事和政治政策摧毁了欧洲最有改良意识的国家。他把轰炸叫做"人道主义干涉"。绝大多数美国人，包括那些如果不是所有起码也是相当多的改良主义者，仍然这样看待这个问题。民主政体中的宣传和独裁政权中的暴力性质一样。

上帝祝福美国，以及它的炸弹

当他们轰炸朝鲜、越南、老挝、柬埔寨、萨尔瓦多和尼加拉瓜时，我一声不吭，因为我不是共产党员。

当他们轰炸中国、关塔那摩、印度尼西亚、古巴和刚果时，我一声不吭，因为我对它一无所知。

当他们轰炸黎巴嫩和格林纳达时，我一声不吭，因为我不理解这事。

当他们轰炸巴拿马，我一声不吭，因为我不是毒品贩子。

当他们轰炸伊拉克、阿富汗、巴基斯坦、索马里和也门时，我一声不吭，因为我不是恐怖分子。

当他们出于"人道主义"原因轰炸南斯拉夫和利比亚时，我一声不吭，因为这事听起来蛮崇高。

然后，当他们轰炸我家时，没人为我呐喊。但是这不重要，因为我已经死了。①

谴责美国选择轰炸目标，仅仅因为是有色人种、第三世界或者伊斯兰国家，这早已成了陈词滥调，但是我们必须记住现代轰炸时间最残忍最长——78 个日日夜夜——是针对原南斯拉夫人民的。他们是白人、欧洲人和基督教徒。美国是一个机会平等的轰炸机。一个国家有资格成为轰炸目标的唯一条件是：（1）该国给美帝国满足欲望设置了障碍——障碍可以是任何事物；（2）该国对于空中打击几乎没有招架之力；（3）该国没有核武器。

---

① 二战以来美国轰炸事件的完整列表，参见 http：//killinghope. org/superogue/bomb. htm。

虚伪的“麦加”，双重标准的“梵蒂冈”

2008 年 2 月 21 日，在抗议美国在科索沃宣布独立一事中扮演角色的游行示威之后，塞尔维亚首都贝尔格莱德的骚乱者闯入美国大使馆，点燃了一间办公室。当时的国务卿康多莉扎·赖斯称攻击不可忍受。[①] 而且美国驻联合国大使扎勒迈·哈利勒扎德（Zalmay Khalilzad）说他会要求联合国安理会公布一则声明，一致同意“表达安理会的愤怒，谴责攻击事件，而且提醒塞尔维亚政府保护外交设施的责任”[②]。

这当然是这种场合的标准语言。但是美国官员和媒体没有提醒我们的是，在 1999 年 5 月美国/北约轰炸当时的南斯拉夫领土塞尔维亚期间，驻贝尔格莱德的中国大使馆遭到美国导弹袭击，造成三名使馆人员死亡，建筑严重损害。当时以及现在的华盛顿官方解释这是一个错误，但是，这绝对是谎言。伦敦《观察家报》和丹麦《政治报》进行的联合调查结论称，中国大使馆之所以被炸，是因为南斯拉夫的常规系统（regular system）被轰炸不能运转后，大使馆被南斯拉夫军队用做传送电子通信的基地。欧洲和美国的高级军事和情报官员告诉《观察家报》，轰炸大使馆是有意而为。这一点也得到了其他几位北约官员的证实——一位在那不勒斯[③]工作的飞行调度员，一位监督南斯拉夫无线电交通的马其顿情报官员，以及一位布鲁塞尔北约总部的高级官员。[④]

而且《纽约时报》当时就报道，爆炸摧毁了大使馆的情报收集神经中枢。三名遇难者中有两人是情报官员。“大使馆被炸那部分建筑物的高度敏感性质暗示了为什么中国人……坚持认为轰炸不是偶然事故……这就是他们不相信我们的原因。”一位五角大楼官员说。[⑤] 还有另外好几个原因使人不相信这个解释。[⑥]

1986 年 4 月，法国政府拒绝飞往利比亚轰炸的美国战机使用驻法美

---

① *Washington Post*, February 22, 2008.

② Associated Press, February 21, 2008.

③ 那不勒斯（Naples），意大利西南部港口城市。——译者注

④ *Observer*, October 17 and November 28, 1999.

⑤ *New York Times*, June 25, 1999.

⑥ *Observer*, October 17 and November 28, 1999.

空军基地后，战机被迫选择另外一条更长的路线。当战机最终到达利比亚后，它们在法国大使馆附近轰炸，造成建筑物受损，通信线路被破坏。①

2003年4月，在美国入侵伊拉克期间，美驻俄大使被召至俄罗斯外交部。驻伊俄罗斯大使馆坐落的巴格达居民区遭到美国多次轰炸。② 有报告称萨达姆·侯赛因当时躲在大使馆里。③

所以，我们可以记下美国国务院对大使馆的不可侵犯性的承诺的违反，作为美国外交政策虚伪性的另外一个例子。但是，我认为我在个别美国外交官那里得到了一丝安慰。虽然他们道德上肯定受到了伤害，但并没有完全失去意识，以致不知道他们生活在虚伪的海洋之中。2004年《洛杉矶时报》报道：

> 政府打算推迟发布原定今日发布的一份人权报告，"部分原因是伊拉克虐囚丑闻的敏感性"，一位美国官员说。一位官员……说这份描述美国政府采取行动鼓励其他国家尊重人权的报告的公布会"使我们看起来很虚伪"。④

2007年《华盛顿邮报》告诉我们，前助理国务卿、现在的民主推进顾问委员会（State Department's Advisory Committee on Democracy promotion）成员切斯特·克拉克（Chester Cracker）曾经写道："我们必须处理那种认为美国政府在推进全球民主工作中前后不一、虚伪的观点。那可能是真的。"⑤

帝国黑暗中的秘密

2011年2月25日，奥巴马政府的国防部长罗伯特·盖茨宣称："我的看法是，任何未来建议总统再次把美国军队派往亚洲、中东和欧洲的国

---

① Associated Press, "France Confirms It Denied U.S. Jets Air Space, Says Embassy Damaged", April 15, 1986.

② 俄罗斯国际文传电讯社（Interfax news agency），2003年4月2日。

③ CBS News, April 9, 2003.

④ *Los Angeles Times*, May 5, 2004.

⑤ *Washington Post*, April 17, 2007.

防部长都应该让医生检查他的大脑！"

了不起。第二次大战后，那些清楚地或者不清楚地提请美国人民考虑的每一场有美国参与的战争都是非打不可的战争，而不是可以选择不打的战争。需要一场战争来保护美国公民、美国盟友、关键利益、自由、民主，或者来杀死危险的反美恐怖分子和其他坏人。奥巴马总统谈及阿富汗时说，"我们必须永远记得，这不是一场可打可不打的战争，这场战争必须要打"①。

在这种情况下，如果这些高尚的理由受到严重挑战时，未来的政府如何说它不会走上战场呢？当然，答案是这些高尚的原因与战争是毫不相干的。美国可以在任何时间进入任何地点的战场，如果高尚的理由不是自明的，在美国媒体的帮助下，美国政府会制造一个理由。现在，盖茨部长承认要打仗总是有某种理由可选的。感谢盖茨告诉我们。你也曾是布什政府的国防部长，在那之前，你在中央情报局和国家安全委员会工作了26年，你当然知道该如何保守秘密了。

印尼军队四十年改革

（2005年6月13日）

2005年5月25日，布什总统宣布美国与印度尼西亚继续维持亲密军事关系意义重大，尽管这件事遭到了人权活动人士的反对，他们说这种合作应该停止，直到印尼政府在处理军队虐待人权方面做出更多的工作。"我希望印尼的年轻官员来我们美国，"布什说，"我希望两军有军事人员交流项目——这样才能帮助实现更好的理解。"布什在与印尼总统会谈后作出以上发言。布什还补充，印尼总统"告诉我，他在改革军队，我相信他"。②（2002年5月，印尼国防部长马托利和美国国防部长拉姆斯菲尔德在五角大楼会谈，马托利说他的政府已经开始"改革军队"了，拉姆斯菲尔德非常相信他，而且号召"重建"两国"军队之间关系"。）③

印尼官员说他们打算改革军队就像内华达州官员说他们打算打击赌博

---

① Veterans of Foreign Wars convention, August 17, 2009.

② *Washington Post*, May 26, 2005.

③ Associated Press, May 14, 2002.

一样。40 年来，印尼军队参与了雅加达、东帝汶、亚齐、巴布亚以及其他地区发生的大规模屠杀和其他暴行，夺去了 100 万人的生命，还包括最近几年几个美国人的生命；40 年来，美国和印尼军队之间的关系是与第三世界国家接触中最为亲密的，尽管不时地有来自国会的反对和禁止；40 年来，美国官员一直在说他们必须继续为印尼军队提供培训和武器，因为与美国军队的接触将产生一些高尚的结果；40 年来，这种结果一点也没有。1999 年，爱荷华州民主党参议员汤姆·哈金（Tom Harkin）曾说过："在我任职国会 24 年来，我没有看到任何的证据显示因为美国军队和其他国家军队的关系，美国人阻止了外国军队向其本国人民施加暴行，没有证据，完全没有。"①

　　但是这种伪装还在继续，除此之外，美国官员还能说什么呢？"我们不在乎印尼军队多么残忍，是因为他们除掉了苏加诺以及他那令人恼怒的民族主义和中立主义。40 年来，他们一直在杀害我们称作共产党或者恐怖分子的人，而且他们保护我们的石油、天然气、矿产和其他企业的利益，避免受到印尼示威民众的影响和破坏。现在，如果那不是民主和自由，我不知那是什么。"

　　[正如我们从维基解密的美国国务院电报中看出的，尽管美国外交人员表达了对印尼军队在西巴布亚省虐待人权的暴行正在该地区煽动骚乱的严重关切，奥巴马政府仍然重启了与印尼的军事关系。

　　美国也废除了一项关于禁止培训印尼陆军特种部队的禁令——尽管该特种部队有一段长期的随意关押、刑讯、谋杀的黑暗历史——在印尼总统威胁破坏奥巴马总统 2010 年 11 月的印尼之行之后。]

---

①　*New York Times*，September 20，1999.

第二章

恐怖主义

对于美国人，他们的国家比外面的世界更安全……

2001 年 "9·11" 袭击事件以来，美国外交政策的支持者们不厌其烦地重复着他们的观点：美国反恐政策行之有效。从何而知？或许是因为自举世震惊的那天起，这些年来在美国本土未发生任何成功的恐怖袭击。

的确如此，在 "9·11" 之前的六年间，未发生任何恐怖袭击。此前最近的一次是 1995 年 4 月 19 日发生的俄克拉荷马城爆炸案。无论有没有 "反恐战争"（War on Terror），美国本土无恐怖袭击已被人们视作理所当然。

然而，在 "9·11" 事件发生后，即使不算上伊拉克或阿富汗的袭击，美国已经成为恐怖分子的主要目标——他们袭击了军事、外交、平民、基督教以及一切与美国有关的目标；他们袭击了中东、南亚和太平洋地区；仅巴基斯坦就已发生多起袭击事件。在印度尼西亚，2002 年 10 月巴厘岛两家夜总会遭到炸弹袭击，造成至少 200 人死亡，其中大部分是美国人及其战时盟军澳大利亚人和英国人；2003 年在由美方经营的雅加达万豪酒店，作为美国大使馆的外交接待处和独立日庆祝地点，也遭到了炸弹袭击；作为美国盟友的西班牙和英国，因支持美国的反恐战争，其首都亦遭到了骇人听闻的袭击。

自由的国度，反恐的沃土

大卫·希克斯（David Hicks），31 岁，澳大利亚人，与美国军事法庭达成认罪协议，现已在狱中服刑九个月，大部分时间在澳大利亚。而这距关岛虐囚事件发生已有五年，没有起诉，没有审判，更没有判刑。在交易中，希克斯同意在一年内不接触任何记者（这无异于扇了言论自由一记大耳光），永久放弃任何因讲述自身经历而得的利益（老天——这又扇了自由企业一耳光），服从美方调查，在今后的美国审判或国际法庭（这简直是公开邀请美国政府纠缠这个年轻人一辈子）中作证，以及否认任何有关虐待的声明或非法扣押（这一要求在美国民事法庭上属于违宪）。"如果美国还对它的行为感到一丝羞耻，它就不应躲在这条禁令背后。"希克斯的律师本·威斯纳（Ben Wizner）如是表态，他是美国民权同盟的成员。①

与近些年来美国抓获的很多"恐怖分子"一样，希克斯因美国政府提供的赏金而被出卖给了美国军事法庭，这一现象在阿富汗和巴基斯坦时有发生。美国官员必须明白一点，他们在一个非常贫穷的地方悬赏缉拿恐怖分子，这意味着几乎每个人都有可能成为被检举的对象。

其他"恐怖分子"则因私人仇恨或是世仇而遭到报复性的告发。他们中的很多人，无论国内外，仅仅是因他们为一些慈善机构工作或捐款而遭到逮捕。根据美国国务院列出的一张明显带有政治色彩的名单，这些机构被认为与其中一些"恐怖组织"疑似或肯定有联系。

近期又有新闻曝光了一名伊拉克籍的英国居民在被关押四年后从关塔那摩监狱释放。他的罪名是拒绝为美国中央情报局和英国国家安全机构军情五处当卧底。他的合伙人因同样的罪名仍然被关押在关塔那摩。②

另外，还有一些可怜的人们，他们被捕只是因为出现在了错误的时间、错误的地点。关塔那摩基地前副司令马丁·卢森提（Martin Lucenti）将军曾指出："大部分都没有参加战斗。他们当时在逃命。"③

成千上万的人就这样因莫须有的罪名被扔进了这星球的地狱中。世界媒体经年累月充斥着他们恐怖而悲伤的故事。然而，关塔那摩前司令杰伊·胡德（Jay Hood）对此轻描淡写："有时我们只是抓错了人。"④ 却未意识到，即使抓对了人，如此折磨亦非合理合法。

2001 年，希克斯在阿富汗被拘留。他改信了伊斯兰教，与千千万其他国家的教徒一样为宗教而来，却被当做 20 世纪 90 年代挑起内战的塔利

① *Seattle Times*，March 31，2007.

② *Washington Post*，March 30，2007.

③ *Financial Times*，October 4，2004.

④ *Wall Street Journal*，January 26，2005.

班组织的成员，并在塔利班军营中接受训练。美方称这些军营为"恐怖主义训练营"、"反美恐怖主义训练营"或是"基地组织恐怖主义训练营"。几乎所有对美国外交政策不满的个人或组织，都被美国蔑称与"基地"组织有关或者已经是其成员——似乎报复美帝国主义暴行的"基地"组织成员与非"基地"组织成员有着显著的区别；似乎"基地"组织向你发放可以塞进钱包的会员证，每周都有印着"基地"组织章程的时事通讯，每月的第一个周一都会聚餐。

值得注意的是，在近半个世纪里，南佛罗里达州大部一直是反卡斯特罗恐怖分子训练大本营。然而他们中的任何组织，即使是在美国本土或国外进行了多起包括飞机人体炸弹在内的恐怖袭击，却没有被列入美国国务院的恐怖组织清单。类似的还有美国 20 世纪 80 年代大力支持的尼加拉瓜反政府游击队，美国中央情报局前局长斯坦菲尔德·特纳（Stansfield Turner）出庭作证时曾指出："我认为游击队的很多行动具有恐怖主义性质，而且是美国支持的恐怖主义行动，这是无可辩驳的。"① 同样地，在科索沃和波斯尼亚一些最近与"基地"组织甚至是本·拉登联系紧密的组织，他们在 90 年代原南斯拉夫战争中曾站在美国这一方，因此也不在名单上。而就我们所知，由塔利班领导的巴基斯坦组织真主旅，声称为造成伊朗边境官兵大量伤亡的一系列绑架袭击事件负责。② 千万不要屏息等待真主旅出现在国务院的恐怖组织名单上，更不要期待中情局支持下在伊朗进行恐怖爆炸和谋杀的民族武装力量列入其中。③

这种政治性选择尤其适用于位列名单上的反美、反以色列政策的组织。

鉴于来自国际社会的人权压力与日俱增，关岛的在押人员在过去的三年里被秘密遣返回国。根据被关在这座堪称 21 世纪魔鬼岛的在押人员代理律师的最新分析，这一遣返政策削弱了华盛顿就监狱人员构成巨大威胁的有关声明。以近三年遣返沙特的在押人员案件档案为依据，相关报告显示，回国几星期内有组织地解除了对他们的关押。在过半的研究案例中，巴基斯坦警察和军队为了美方提供的财政奖励而把这些人员送返美方。还

---

①　美国国会众议院西半球事务小组委员会证词，1985 年 4 月 16 日。

②　ABC News, April 3, 2007.

③　*Sunday Telegraph*, February 25, 2007.

有文件记录了因阿拉伯语昵称与"基地"组织成员数据库匹配而被控与恐怖主义有关系的在押人员。12 月，有关调查显示，80% 被释放的在押人员——可追踪案件信息的 245 人中的 205 人——在遭送回国后获释。报告作者之一阿纳特·洛特（Anant Raut）曾三次到访关塔那摩，他如是评价："在那里肯定有一些该关的人，然而其他大多数情况下，关押原因令人费解。我们试着找出任何理由来安慰自己这并不是随机的，但我们找不到。"

该报告显示，很多情况下，美方试图将在押人员与恐怖主义联系起来的所谓证据极为薄弱，令人高度怀疑，例如他们在中东的商务旅行路线。美国官员将其旅行路线和"基地"组织联系起来，然而这些旅行"不过是正常的国际航班在主要机场转机"。至于其他以类似名义起诉的案件，报告称"他们似乎仅凭着在押人员名字和他们硬盘上那些众多名字发音相似而提出控告"。

洛特震惊于巴基斯坦政府送返沙特在押人员的高比例。事实上，据他的报告显示，对于至少过半数以上的在押人员，美国在逮捕和关押他们之前"对其在阿富汗的行动一无所知"①。

当猎杀本·拉登特工小组负责人迈克尔·舒尔（Michael Scheuer）得知关塔那摩的大部分关押人员是由巴基斯坦送返的，他对此断言："我们绝对是抓错人了。"② 别在意，他们受到了"公平"待遇：囚禁于偏僻之地；戴着眼罩，铐着手铐；被强迫长期保持极其痛苦的姿势；无药可用；精神虐待，长期播放噪音使人无法休息；还有其他花样百出但美国官员并不称其为折磨的折磨（他们若受到如此折磨，也许会承认这只是"近似于折磨"吧）。

一位美国国防部高官在 2003 年透露："原先的想法是营造一种全球的反恐环境，这样一来，在接下来的 20—30 年中，恐怖主义就会像当初的奴隶贸易一样臭名昭著。"③

那么美国对无辜平民使用炸弹，并未受到攻击或威胁时侵占他们的国家，它何时才会因此而威风扫地？什么时候乔治·W. 布什、迪克·切尼

---

① *Washington Post*, March 18, 2007.

② Richard Ackland, "Innocence Ignored at Guantanamo", *Sydney Morning Herald*, February 24, 2006.

③ *New York Times*, January 17, 2003.

和唐纳德·拉姆斯菲尔德（Donald Rumsfeld）才会因太过尴尬而无法为使用贫铀弹和集束炸弹以及中情局虐囚辩护？

现居英国的澳大利亚记者约翰·皮尔格（John Pilger）注意到了乔治·奥威尔（George Orwell）所著《一九八四》中提到的"党的'三句口号：战争即和平，自由即奴役，无知即力量'。而今天的口号，恐怖主义战争，亦是意味相同。战争即恐怖主义"。

再次被拯救了，感谢主，再次被拯救了
（2006 年 8 月 18 日）

> 我们的政府让我们总是对国家安全感到十分担忧，也不断刺激着我们的爱国热情。似乎我们应盲目地团结在政府的周围，为它提供巨大数额的财政支持，否则的话，总会有什么国内外的邪恶势力将我们吞噬。而回顾过去，这些灾难看来从未发生过，也从未变得真真切切。
> ——道格拉斯·麦克阿瑟（Douglas MacArthur）将军①

所以，现在我们似乎逃过了从英国飞往美国的多达十架可能同时爆炸的航班。哇，谢谢英国兄弟，谢谢国土安全部。还要感谢你们阻止了芝加哥西尔斯大厦遭到破坏，使曼哈顿下城免受恐怖主义分子的袭击，粉碎了加拿大的"恐怖主义阴谋"并逮捕了17人和3名托莱多恐怖分子，击破了洛杉矶"基地"组织计划劫机重演"9·11"的阴谋。

2006 年，乔治·W. 布什自豪地宣称，美国成功粉碎了洛杉矶 2002 年恐怖袭击阴谋。自此，整个事件为人高度质疑。一位高级反恐官员曾宣称："根本就没有什么绝对的阴谋。决策层从未制定过实质性的决策或通过相关的决议。"②

而我们的切尼先生利用英国对荨麻毒素的恐惧来组建入侵伊拉克的盟军，他在 2003 年 1 月 10 日告诉一位观众："当时我们面临的威胁最近得到了解释，英方警察在伦敦逮捕了恐怖主义嫌犯，他们发现了小数

---

① Vorin Whan, ed., *A Soldier Speaks*: *Public Papers and Speeches of General of the Army Douglas MacArthur* (Praeger, New York, 1965).

② *The Daily News*, February 10, 2006.

量的荨麻病毒，世界上最致命的毒物之一。"其实根本没有什么阴谋，也没有什么荨麻病毒。英国几乎立刻发现那些物质并非毒药，却保密了至少两年。①

对恐怖主义的恐惧的典型例子，莫过于 2006 年 8 月 10 日在英国被捕的嫌犯，他们可能仅仅犯有乔治·奥威尔在《一九八四》中提到的"思想罪"（*thoughtcrimes*）。也就是说，这些人其实没做过什么。至多，他们也就想想政府会将之标识为"恐怖主义"的事情。也许根本不是什么严重的事情，也许只是把对英美在中东地区所作所为的不满发泄一下，也许只是口无遮拦地喊着"若是让布莱尔和布什也感受一下同样的暴力该多好"。之后，他们的人生毁于一旦：他们的愤怒在错误的时间让错误的人听到，又报告给了有关当局。（在曼哈顿洪水事件中，那些令人生畏的、危险的"恐怖分子"仅在一个网上聊天室里提到要把什么炸掉而已。）②

很快，一名政府卧底特工出现了，他渗透到讨论组里后，鼓励这些人思考和说出恐怖行动的进一步构想，制定实际的方案而非停留于早期的幻想，他甚至还为这些人提供了实施方案所必需的一些工具，例如炸药和制作技术，钱财和交通——总之，就是实施"阴谋"所需的一切。这一行为应叫做"诱使犯罪"，是违法行为。这本应该成为被告的有利辩护条件，然而有关当局总是绕过这一话题；而被告则会被关押很久。由于卧底的参与，我们也许永远无从得知被告人自己究竟会走多远，是否会制造一次爆炸，或者类似现在的情况，甚至预定穿越大西洋的航班——其实大部分被告还没有护照。政府渗透和监视是一回事；怂恿、推动阴谋实施，恐吓公众从而得到政治经费，则是另一回事了。

检察官曾说过，在迈阿密因涉嫌计划炸掉芝加哥的西尔斯大厦和联邦调查局（FBI）以及其他城市的多处建筑而被起诉的七人之前，他们已宣誓效忠"基地"组织。而这发生在与一名作为恐怖组织代表的政府秘密卧底会谈后。我们不禁要问：在这之前，被告人就真的宣誓或者已经效忠于"基地"组织了吗？据英国《独立报》报道，"实际上，整个案件依赖于那个组织的实际领导纳西尔·巴蒂斯特（Narseal Batiste）和所谓'基地'组织代表实为 FBI 南佛罗里达州恐怖主义任务行动小组的卧底之间

---

① *Washington Post*, April 14, 2005; United Press International, April 18, 2005.

② *Time*, July 7, 2006, article by Joshua Marshall; Associated Press, July 14, 2006.

的谈话"。巴蒂斯特告诉卧底，"他在组建一支'伊斯兰军队'来发动圣战"。他还提供了一张所需物品的清单：靴子、制服、机关枪、无线电、车辆、双筒望远镜、防弹背心、枪炮和五万美元现金。不过令人奇怪的是，他并没有要求任何炸药。在仔细搜索迈阿密不同地方后，政府特工并未发现任何炸药或武器。FBI副局长就此说道："这个组织是幻想多于实际。"他的一名特工则将这些人形容为"难以融入社会的人"。而《纽约时报》则报道调查人员公开承认嫌犯"仅是就袭击展开了最初步的讨论"。但切尼在之后的一次政治募捐上为此欢呼，称其为一个"非常现实的威胁"。①

也许它和计划炸掉支撑哈德逊河和地铁间的墙以在曼哈顿下城制造灾难性洪水的嫌犯一样具有威胁。这是有关当局一开始公布的消息；之后，有关当局又声称这些嫌犯的目标其实是河道下面的地铁隧道。② 那么，究竟是网上聊天室的消息可靠，还是中情局伊拉克告密者有关大型杀伤性武器的密告更加真实呢？抑或是英国案件中由巴基斯坦调查人员从嫌疑犯那里获得的信息？要知道，那些调查人员没有一个是热情支持国际特赦组织的。

准备好听到信息了吗？——2006年2月在托莱多和俄亥俄州被捕的三人，将以阴谋招募和训练恐怖分子以攻击美国及其联盟的海外军队定罪。为了将我们从这一"恐惧"中解救出来，我们必须感谢一位收钱的FBI证人。他做了四年FBI的线人，极有可能是每提供一条新线索就可以拿到一笔赏金。在西尔斯大厦案件中，FBI支付给两个秘密线人差不多五万六千美元，而政府官员还保证为其中一个人颁布移民假释以确保他仍能待在美国。③

在美国或是其他地方，肯定有成千上万的人想过"恐怖袭击"。当我得知布什、切尼和各种各样的新保守派将要聚在一起，我也许会成为他们中的一员。考虑到伊拉克、阿富汗、黎巴嫩和巴勒斯坦近几年来的状况。倘若美国及其盟友没有干涉的话，那里也不会每天都经受着恐惧。——想必抱着如此想法的人数在迅速成倍增加吧？如果我就像那些刚刚解密的可

---

① Sears case：Knight Ridder Newspapers, June 23, 2006; *Independent*, June 25, 2006; *St. Petersburg Times*（Florida）, June 24, 2006; *New York Times*, August 13, 2006.

② Associated Press, July 14, 2006.

③ Toledo：Associated Press, April 18, 2006; Sears：*South Florida Sun Sentinel*, July 26, 2006.

怕事件中的人物一样，在一个美国或英国机场排着很长的队办理登机，可航班又被取消，或是不允许携带手提行李，我也许会忍不住在某一点爆发，向和我同样遭遇的乘客大声抱怨："你知道吗，只要美英继续侵略、轰炸、颠覆、占领和折磨这个世界，我们的安全只会越来越差！"而把我拽出队伍关起来，要花多长时间呢？

若是麦克阿瑟将军仍然在世，他是否还敢于公开表达前述想法呢？

据美国联合通讯社报道，决策者和安全专家说过，"执法人员将会对'基地'组织支持者迅速反应，即使被捕人员的计划仍是空中楼阁"。[1]

自 2001 年"9·11"以来，美国就致力于逮捕危险的疑似恐怖分子。还记得那个"鞋子炸弹人"吗？他就是理查德·里德（Richard Reid），2001 年 12 月 22 日登上美国航空从巴黎飞往迈阿密的航班；他试图引爆事先藏在鞋子里的炸弹，却被机组人员和乘客制服了。正因如此，我们在机场安检的时候必须脱鞋检查。

还有一位"内裤炸弹客"，奥马尔·法鲁克·阿卜杜勒穆塔拉布（Umar Farouk Abdulmutallab），他在美国西北航空公司从阿姆斯特丹飞往底特律的航班快要到达时，引爆了藏在内裤里的炸弹。但是由于引爆失败，只引起了些小的火花和声音；另一名乘客立即跳起将其制服，而其他人则将火扑灭。而因为他，我们如今在机场进行安检的时候几乎就跟脱下内裤差不了多少。

那么，我们上飞机为什么要限制随身携带的液体呢？或许是因为欧洲某些个年轻人抱着不切实际的幻想，妄图利用液体炸药炸毁十架飞机；然而至今无一成功。公众被强迫接受了"液体和啫喱可以制作炸弹"，而化学家和其他专家则指出，除非在飞机卫生间待上至少一两个小时，否则的话，在一架移动的飞机上制造这样的炸药在技术上几乎毫无可能。

"时代广场炸弹客"费萨尔·沙赫扎德（Faisal Shahzad）在 2010 年 5 月 1 日将他的车子停在了纽约市中心，想要引爆藏在车上的爆炸装置未遂。他走出汽车后被立即逮捕。也许因为他，纽约广场将不能停车（这只是开玩笑，但也许快了）。

然而，这些失败的炸弹客即使没有成功制造炸弹袭击，他们的影响亦是不可忽视的。你会觉得这些人应该可以提前完成关键也相对容易的操作部分。令我更加不可思议的是两位飞机上的袭击者，他们竟然都没有想到

---

[1]　Associated Press, July 8, 2006.

躲在卫生间里关着门然后引爆炸药。恐怕连八岁孩子都能想到这个吧？我们应该煞有介事地对待类似的"威胁"吗？

"国土安全部在此提醒各位乘客不可携带任何液体登机，包括冰激凌，因为它融化后会成为液体。"这是我的一位读者 2012 年在亚特兰大机场听到的。他为此大笑出声，还告诉我他想不到任何比这更加怪诞的事情了——这个通知，以及只有他对此有所反应。

恐怖分子造成威胁的另一例，是 2010 年 10 月我们被告知两个运往芝加哥的行李分别在迪拜和英格兰登上美国货机，它们可能是爆炸装置，也可能不是；可能曾被引爆过，也可能不是。有关当局表示是否要在飞机上或是芝加哥引爆这些行李，尚不得而知。

现在明白了吧？我们被告知，恐怖分子利用行李将炸弹运到美国境内。当然了，他们肯定是尽量让行李看着不起眼，对吧？没有什么可以引起一个已然十分令人怀疑的美国安全机构的怀疑了，对吧？那么我们知道些什么？行李是从也门邮寄到芝加哥的一个犹太教堂……好了，各位，这儿没什么值得看的，继续往下读吧。[①]

两个恐怖分子的故事

萨卡里亚斯·穆萨维（Zacarias Moussaoui）是美国起诉的"9·11"恐怖袭击嫌疑人，在弗吉尼亚州亚历山大市的审判中，他声称：做不利证人证词的"9·11"幸存者和家属十分"恶心"……他和其他穆斯林想要灭绝美国的犹太人……已被执行死刑的俄克拉荷马市爆炸元凶蒂莫西·麦克维（Timothy McVeigh）是"最伟大的美国人"[②]。他还表达了"随时随地"想要杀美国人的想法……"我希望这不仅仅发生在 11 号，还能在 12号、13 号、14 号、15 号和 16 号。"[③]

1976 年 10 月 6 日古巴飞机爆炸案造成机上 73 人死亡，包括整个古巴击剑青年队。主谋之一奥兰多·博施（Orlando Bosch）接受了迈阿密 41频道胡安·曼努埃尔·高（Juan Manuel Cao）的采访：

---

① *Christian Science Monitor*, October 29, 2010.

② *Washington Post*, April 14, 2006.

③ Deutsche Presse-Agentur, April 13, 2006.

高：你在 1976 年把那架飞机炸下来了吗？

博施：如果我告诉你我牵涉其中，我将使自己归罪……如果我告诉你我没有参加那次袭击，你会说我在撒谎。所以我不会回答这个或类似问题。

高：在那次袭击中 73 人丧生……

博施：别天真了，在一场战役，好比热爱自由的古巴人反对独裁者［菲德尔·卡斯特罗］的战斗，你不得不击落飞机，打沉战船，你必须得准备好供给所达范围内的任何事物。

高：但是你不为那些罹难者和他们的家属感到一丝愧疚么？

博施：当时是谁在飞机上？四名古巴共产党员，五名朝鲜人，五名圭亚那人……他们是谁？是我们的敌人。

高：那么那些击剑运动员呢？当时在飞机上的年轻人呢？

博施：我在电视上看到这些年轻女孩了。飞机上有六名队员。在比赛结束后，队长将这一荣誉归功于卡斯特罗，她在演讲中为那个独裁者歌功颂德。我们已经在圣多明哥达成一致，所有歌颂独裁者的古巴人必须和那些为自由而奋斗的男男女女们承担同样的风险。

高：如果你碰到那些罹难者的家属，你不会觉得难受吗？……

博施：不，因为最终那些人要知道他们在和古巴独裁分子合作。

萨卡里亚斯·穆萨维（Zacarias Moussaoui）和奥兰多·博施之间的不同在于，前者受审并判刑，而后者则在迈阿密逍遥自在，甚至可以接受电视访谈。1983 年，迈阿密市委员会甚至设立了"奥兰多·博施博士日"。①

博施在古巴飞机炸弹袭击中还有一个搭档：路易斯·波萨达（Luis Posada），古巴裔委内瑞拉人，现居美国，自由公民。因其犯下多次密谋飞机爆炸案，有些甚至发生在委内瑞拉境内，委方政府几次要求引渡波萨达。尽管如此，布什和奥巴马政府却拒绝了他们的请求，只因为波萨达是美国的盟友，而委内瑞拉和古巴却不是。华盛顿方面更不会在美国审问他的罪行。但是，根据《制止危害民用航空安全的非法行为公约》（1973年），作为缔约国，华盛顿是没有任何自主权的。相关法条规定："若在

---

① *Miami Herald*, March 26, 1983.

其他国家发现嫌犯踪迹，所在国若未引渡犯人，则无论其所犯行为是否在所在国领土范围内，都必须向有关司法机关上交案情以备诉讼。"① 要么引渡，要么起诉，美国却什么也没做。

---

① www. unodc. org/unodc/terrorism_ convention_ civil_ aviation. html.

第三章

伊 拉 克

伊拉克。始于弥天大谎。终于弥天大谎。铭记于心。

军事指挥官罗恩·凯利（Ron Kelley）说："大多数人都不懂得他们在这里的意义。"2011 年 12 月中旬，罗恩·凯利及其他美国驻军准备撤离伊拉克。"作为一个国家，我们做了一件十分伟大的事情。我们让这里的人民获得了自由，并且把国家重新交到人民的手中。"

另一位驻扎在伊拉克的美国大兵说："这简直太令人兴奋了，你可以说，我们将会被载入史册。"①

哦，是的，这些用皮革包边、花纹繁复的多卷本历史书被称作《国家大毁灭》。在这套书的最新一卷里，图文并茂地记载着一个现代、进步、教育水平颇高的伊拉克如何沦为一个半瘫痪的国家；记载着美国是如何自 1991 年起，凭借一个又一个模棱两可的理由轰炸了这个国家 12 年，记载着美国的入侵、占领、推翻政府、无节制的虐待、视人命为儿戏，还记载着伊拉克人民在这片失乐园里失去了一切。

教育体系已经崩溃。联合国 2005 年的一项调查表明，伊拉克 84% 的高等教育设施已经"被破坏或者掠夺"。大量的学者和专家被绑架，暗杀或者逃往国外，国内知识分子所剩无几。

成千上万，或许有 100 万伊拉克人，在受到死亡威胁之后逃往了约旦、叙利亚以及埃及。他们中的绝大多数都是受过教育的中产阶层。"我现在是孤立无援，"一位决定离开的逊尼派阿拉伯人说道，"政府不复存在，我无法受到政府的保护，任何人都可以到我家来，把我抓走，杀死

---

① *Washington Post*, December 18, 2011.

我，然后扔到垃圾箱里面。"①

卫生保健体系已经崩溃。公共健康无法得到保障。包括伤寒以及肺结核在内的一些致命传染病肆虐全国。曾经享誉中东的伊拉克医疗健康系统在战乱及劫掠中濒临崩溃。

联合国世界粮食计划署的报告显示，40 万伊拉克儿童正在面临"严重的蛋白质不足"。由于联合国长达 12 年的制裁，营养不良以及易防疾病造成的死亡，尤其是儿童的死亡，早已成为突出问题。加上贫穷和战乱，合理膳食、有效治疗变得难上加难。

美国投下的那些没有爆炸的集束炸弹形成了地雷阵，数以千计的伊拉克人因为触碰到炸弹而失去了一条胳膊或一条腿。人权组织强烈谴责集束炸弹这类武器，认为这些炸弹随意且残酷地折磨平民，尤其是那些捡拾到炸弹的孩童们。

从美国大炮中溅射出来的贫油颗粒飘散在伊拉克的大气中，它们被人体吸入并且永久地辐射下去。这些粒子还将污染水源、土壤、血液以及基因，他们是导致婴儿畸形的罪魁祸首。凝固汽油弹以及白磷的使用也会造成婴儿的先天畸形。根据英国广播公司从伊拉克费卢杰（Fallujah）市医生那里获得的消息，婴儿先天畸形率居高不下，美国在 2004 年强力攻击所使用的武器难辞其咎。猛攻导致大片城区化为废墟，据报道，新生婴儿心脏缺陷率比欧洲高出 13 倍，英国广播公司的记者也亲眼见证了城市里饱受瘫痪和脑损伤折磨的儿童。照片里的婴孩生下来有三个脑袋。记者补充道，他有很多次都听到费卢杰市的官员警告妇女们禁止生育。费卢杰市的一位女医生对比了 2003 年前和 2010 年的婴儿先天畸形率。在 2003 年之前，每两个月会出现一例，但现在每天都会遇到先天缺陷的婴儿。女医生还说道："我见过一个先天畸形的婴儿的照片，它的鼻子在额头上，一只眼睛长在额头中间。"②

（数年过去，当美国面对着一个自由民主蓬勃发展的中东，美国人将心怀敬畏地谈论费卢杰市之战，如同［二战中的］瓜达尔卡纳尔和硫磺岛战役一样。——乔治·W. 布什③）

安全饮用水的供给、有效的污水处理以及可靠的电力供应，都纷纷跌

---

① *New York Times*，May 19，2006.

② BBC，March 4，2010；*Washington Post*，December 3，2005.

③ Associated Press，November 11，2006.

回低于战前的水平，这就意味着，在 115 华氏度（约 46.1 摄氏度——译者注）的高温中，民众饱受痛苦。雪上加霜的是，伊拉克人民需要在酷热中等待一天才能买到汽油。部分原因是石油开采量大幅减少。作为这个国家的主要收入来源，现在的开采量连之前的一半都不到。

1991 年第一次海湾战争期间，美国有意炸毁了自来水、污水以及其他基础设施。到 2003 年，设施的最基础部分已经修复完善，然而等待它们的是美国新一轮的轰炸。

美国军队至少袭击了一家医院，因为这些医院向来都会公布与美国官方数据不同的伊方伤亡人数。

无数的家庭被美国摧毁。男人被带走，女人惨遭凌辱，孩子们的心灵也已经伤痕累累；伊拉克人无数次公开发声，美国士兵肆无忌惮地掠夺他们家庭的钱财。

作为可能是人类历史上最伟大的博物馆，伊拉克的古代遗迹遭到破坏与劫掠。这些遗址被美军弃置一边，因为他们正忙于保护油气设备。

作为中东地区世俗化程度最高之一的法律制度，独立于政治之外的伊拉克法律体系曾经给人留下了深刻的印象。而现在，整个制度充斥着越来越多的宗教律法戒条。

妇女曾经享有的权利，现在不断滑向服从严酷伊斯兰教义的旋涡之中。如今的伊拉克处于什叶派的统治之下，他们允许攻击那些露出胳膊或者与男性友人外出就餐的妇女。男人在公共场合穿短裤，孩子们穿着短裤在外玩耍，同样也会遭受攻击。

这一周美国公共广播公司（PBS）的"前线"（Frontine）栏目播出了一部名为《布什的战争》（Bush's war）的纪录片，这个名字其实我已经叫了很久。这并不是伊拉克战争，伊拉克什么也没做，伊拉克并没有策划"9·11"恐怖袭击，也没有大规模杀伤性武器。以前，这里有电影院和酒吧，妇女们想穿什么就穿什么，有人口众多的基督徒，而且还有公开的犹太教堂，这在阿拉伯国家的首都中很是少见。但是现在，这些都消失了。播映一部电影你就会被爆头，超过 100 名妇女因为没有佩戴头巾而被随意枪决。

——电影制作人迈克尔·摩尔（Michael Moore），
2008 年 3 月 24 日

非法性交易，这一之前几乎不存在的事情，现在已经成为一个十分严重的问题。

犹太人、基督徒以及其他非穆斯林族群，已经基本失去了他们曾在萨达姆世俗化时期所享受的安全保障；许多人已经移居国外。伊拉克北部的库尔德人把阿拉伯人驱逐出他们的家园，但在伊拉克的其他地方，阿拉伯人却在驱逐库尔德人。

美国以及伊拉克新政府设置的监狱以种类繁多的折磨和虐待著称；那里是人权问题的重灾区。在被美国关押的成千上万人中，只有非常少的一部分被宣判有罪。

联军临时当局（the Coalition Provisional Authority）是 2003 年美国在伊拉克设立的第一个行政机构，作为这一机构的第一任最高行政长官，保罗·布雷默（Paul Bremer）给自由企业制定了指导原则，并且关停了 192 家国有企业。根据世界银行的统计，当时有 50 万人就职于这些国有企业。①

许多人因为是萨达姆·侯赛因（Saddam Hussein）所领导的复兴党的成员而遭到驱逐。美国驻军参与了其中的一些驱逐，而且这些驻军也因为同伴的阵亡而怒不可抑，随意拆毁房屋。

当美国驻军找不到他们要找的人，他们就把找到的人带走。妻子被关押起来，直到丈夫投案自首，这种方式是美国人熟知的好莱坞影片中纳粹的卑劣手段。但这也是驻军对平民集体惩罚的一种方式，这种惩罚方式被日内瓦公约所禁止。

美国对于居民社区持续的轰炸，使不计其数的民宅、工作场所、清真寺、桥梁、道路等建筑设施被毁，这些建筑设施正是构建现代文明生活的基石。

哈迪塞（Haditha）、费卢杰、萨马拉（Samarra）、拉马迪（Ramadi）……这些地方因为肆意破坏、谋杀以及袭击平民而声名狼藉，这些地方恰好就是美国驻军捍卫人权的地方。

美国士兵以及安全警卫公司经常杀人，并把尸体留在大街上；内战、敢死队、绑架、汽车炸弹、强奸，每天如此……伊拉克到处都是世界上最危险的地方。美国培训下的伊拉克部队以及警察杀的人更多，就像他们在

---

① United Press International, July 25, 2007.

暴乱时那样。全新的一代人的生长环境充斥着暴力以及教派伦理，这将在今后的许多年间毒害伊拉克人的心智。

美国情报机关以及军队官员经常释放一些危险的罪犯，以自由为交换让他们去监视叛乱分子。

针对特定问题抗议的伊拉克民众屡次被美国军队射杀。

在各种不同的时段，伊拉克报纸都会因为印刷内容而被美国驻军关停；记者被美国军队射杀，美军杀死、伤害或者监禁半岛电视台的记者，关闭电视台办公室，并且在某些地区禁止播放，因为驻军官员不喜欢节目内容。五角大楼在伊拉克出版界提供有偿新闻以满足政治宣传的需要。

> 伊拉克战争是自"马歇尔计划"以来，美国最重要的一个推广美国民主、自由、革命的计划，是美国在国外尝试进行的最宏伟的事情之一。①
>
> ——《纽约时报》外交事务评论员托马斯·弗里德曼
> （Thomas Friedman），2003 年 11 月

> 布什总统史无前例地将人权问题放在了其外交政策议程的中心。②
>
> ——《华盛顿邮报》专栏作家、乔治·W. 布什前演讲稿
> 撰写人迈克尔·葛森（Michael Gerson），2007 年

> ［伊拉克战争］是美国抑或其他大国所进行的最宏伟的尝试之一。③
>
> ——美国全国公共电台评论员、《纽约时报》专栏作家
> 大卫·布鲁克斯（David Brooks），2007 年

如果这就是美国公共知识分子所相信并且传递给他们受众的事实，那么是否可以说，媒体可以一并削弱人们的批判力？另外值得注意的是，这

---

① *New York Times*，November 30，2003.

② *Washington Post*，September 7，2007.

③ Mary Eberstadt，ed.，*Why I Turned Right*：*Leading Baby Boom Conservatives Chronicle Their Political Journeys*（Simon & Schuster，New York，2007），p. 73.

三位记者都来自"自由"媒体。

> 对于厌战的伊拉克人来说，一个常见的说法就是现在比美国在2003 年入侵之前要好。
>
> ——《华盛顿邮报》，2007 年 5 月 5 日

这真是一个"常见"的说法。2006 年，美国全国公共电台驻巴格达处的记者洛伦·詹金斯（Loren Jenkins）采访了一位什叶派高级牧师。援引美国全国公共电台的话来说，这位牧师个性沉稳，并且尝试以一己之力领导信众实现和平与和解。在萨达姆当政时期，曾被捕入狱并被强制流放。

詹金斯向他问道："如果让你回到萨达姆时期，你会怎么想？"这位牧师回答道："萨达姆当政也比现在要好得多。"[1]

同年，在英国广播公司（BBC）的一次采访中，对于"一些伊拉克人认为现在的生活比萨达姆当政时要差得多"这样一种说法，联合国秘书长科菲·安南表示赞同。

> 就普通伊拉克民众的生活而言，我认为他们是对的。如果我是他们中的一员，我也会进行比较。虽然暴君当权但是街道完整，可以外出，孩子们可以去上学，而且回家的时候父母也不用担心是否再也见不到孩子。[2]

无论……鼓点敲起来……我们美国的高大威猛的英雄大兵们！

道歉或者是赔款，想都别想。1990 年伊拉克入侵科威特，此后在美国的强迫下，伊拉克一直在向科威特支付赔款。（入侵在很大程度上是受了美国的唆使。）这里需要深吸一口气！越南一直在向美国支付补偿费。自 1997 年起，越南已经偿还了高达 1.45 亿美元的债务。这些债务来源于失败的南越政府当时向美国申请的食物费和基础设施援建费。所以，越南

---

[1]　National Public Radio（NPR），*Day to Day*，June 6，2006.

[2]　Associated Press，December 4，2006.

自己挨过打，还要向对方支付了一部分挨打费。① 那伊拉克该向美国支付多少钱呢？

2011 年 12 月 14 日，在北卡罗来纳州的布拉格堡（Fort Bragg），贝拉克·奥巴马面向台下的士兵讲起了伊拉克战争。正是在这一刻，美国总统在备受支持的知识分子中间，竭诚宣布：

> 这真的是一项意义非凡的成就，我们用了将近九年去实现它。现在，我们记得你们为了让它变为可能而付出的每一次努力……在以后的岁月里，以刻在阿灵顿公墓上的你们阵亡战友以及全国各地那些沉默的纪念碑之名，你们的馈赠将会延续。当你随着队伍行进，听到源源不断的溢美之词时，当我们的子孙后代享受自由之时……所以，上帝会保佑所有人，会保佑你们的家人，保佑美利坚合众国。因为你们为素未谋面的人所做出的牺牲，你们已在历史上赢得了一席之地。

作为诺贝尔和平奖得主，奥巴马真的相信他自己说的话吗？贝拉克·奥巴马只相信自己是美国总统。这是他唯一坚定的信仰。

但自由的确降临了。对于大型跨国公司而言，它们可以任意索取伊拉克的资源以及劳动力，无须顾虑公共利益、环保法规和劳动保障。

除了以上所提到的，当谈到伊拉克并且和我讨论的人没有其他可以为美国政策辩护的论点时，至少在那一刻，我会被问道："就跟我说一件事，萨达姆倒台你会开心吗？"

我说："不会。"

那个人问："不会吗？"

我说："不会开心。告诉我，如果你去外科看膝盖，大夫误把你整条腿给截掉了，如果这个时候有人问你：'膝盖再也没问题了，你开不开心？'你会怎么想呢？"伊拉克人也像这样，再也没有萨达姆问题了。

而且的确有许多伊拉克人是支持萨达姆的。

---

① William Blum, *Rogue State: A Guide to the World's Only Superpower* (Common Courage Press, Monroe ME, 2005), p. 304.

美国外交政策，主流媒体以及老年痴呆症

没有中止不是吗？美国以及全世界对于死亡和破坏（D&D）粉墨登场的期待从来没有中止。

每个地堡炸弹重达3万磅，是之前模型的六倍。战争策划者们需要拥戴，他们需要你去相信他们别无选择。众所周知，伊朗是最新的威胁，所以时间紧迫。

人们的心理预期就像2003年伊拉克战争前夕一样强烈。但是结果表明伊拉克并没有大规模杀伤性武器的时候，我们的权贵给他们的入侵找到了其他的借口，毫无反思。有些人斥责伊拉克："为什么不告诉我们你们没有这些武器呢？难道想被狂轰滥炸呀？"

实际上，在美国入侵之前，伊拉克高层官员就已经再三申明他们没有大规模杀伤性武器。2002年8月，伊拉克副总理塔里克·阿齐兹（Tariq Aziz）在接受美国哥伦比亚广播公司（CBS）主播丹·拉瑟（Dan Rather）的采访中说，"我们不拥有任何核武器以及生化武器"①。12月份的时候，他在与美国广播公司（ABC）记者泰德·科佩尔（Ted Koppel）的谈话中也说："事实就是我们不拥有任何大规模杀伤性武器，也没有化学、生物武器以及核武器。"② 2003年2月，萨达姆自己在接受拉瑟采访时也说道："这些导弹已经被销毁，伊拉克境内已经没有任何违背联合国规定的导弹，违反规定的导弹早已不复存在。"③

不仅如此，在1995年的时候，伊拉克前秘密武器计划负责人，也即萨达姆女婿——侯赛因·卡梅（Hussein Kamel）将军，就已经在与联合国的会谈中表明，1991年海湾战争后不久，伊拉克就已经销毁了所有违反规定的导弹以及生物及化学武器。④

还有其他的例子表明伊拉克官员向世界宣告本国并不存在大规模杀伤性武器。

如果还有疑虑的话，那么下面的例子更具有说服力。联合国前首席武

---

① CBS, *Evening News*, August 20, 2002.

② ABC Nightline, December 4, 2002.

③ 60 *Minutes II*, February 26, 2003

④ *Washington Post*, March 1, 2003.

器检查员汉斯·布利克斯（Hans Blix）曾经领导了在伊拉克境内寻找大规模杀伤性武器的活动。2010 年 7 月，他向英国一家调查机构承认，之前百分之百确信存在大规模杀伤性武器的人，到最后一点也不相信这种传言。他证实说，他不但在 2003 年 2 月的会面中就已经警告过首相托尼·布莱尔（Tony Blair），而且在与美国国务卿康多莉扎·赖斯（Condoleezza Rice）的许多次会谈中也警告过她，警告内容就是萨达姆并不拥有大规模杀伤性武器。①

如果您对于美国主流媒体关于美国外交政策的报道和解读不存在严重质疑的话，请您认真思索下面这段话：除去美国哥伦比亚广播公司丹·拉瑟的节目披露以及之前所提到的报道，2008 年 1 月，哥伦比亚广播公司记者佩利（Pelley）采访了 FBI 特工乔治·皮洛（George Piro），乔治·皮洛曾在萨达姆被处决前采访过他：

    佩利：关于大规模杀伤性武器的销毁，他（萨达姆）说过什么吗？

    皮洛：他告诉我说，大部分武器已经在 90 年代被联合国检查员销毁了，没有被他们销毁的也被伊拉克单方面销毁了。

    佩利：他要求销毁的？

    皮洛：是的。

    佩利：那为什么还要保守秘密呢？为什么要把国家置于危险之中？为什么要为了保守秘密而置自己于危险境地呢？②

美国与以色列准备打击伊朗，是因为他们声称伊朗在研发核武器。对此，伊朗已经在许多场合公开否认。许多伊拉克人告诫美国说大规模杀伤性武器是个误会，萨达姆·侯赛因已经被处决，塔里克·阿齐兹正在等待行刑。在伊拉克正在走向荒废的日子里，还将有哪位伊拉克官员会被美国和以色列送上断头台呢？

如果在伊拉克声称其不存在大规模杀伤性武器时布什政府就完全相信

---

① Associated Press, July 28, 2010.

② 60 *Minutes*, January 27, 2008. 另参见 Fairness and Accuracy in Reporting, Action Alert, February 1, 2008。

了，事情就会变得有所不同吗？或许不会。有足够的证据表明，布什知道伊拉克的确不存在大规模杀伤性武器，或者至少严重怀疑存在的可能性。托尼·布莱尔也同样如此。萨达姆·侯赛因没有弄清楚他的两个对手是多么的精神错乱。考虑到以色列、控制原油以及扩展美国的新基地，布什下定决心要击败伊拉克，尽管最后并未完全如预想般奏效。因为一些奇怪的原因，伊拉克人民似乎怨恨轰炸、入侵、占领、破坏和虐待。

但是如果伊朗真的是在研发核武器，我们会问：有什么国际法表明美国、英国、俄罗斯、中国、以色列、法国、巴基斯坦和印度有权研发核武器，伊朗却不行呢？如果美国知道日本有原子弹的话，那么广岛和长崎还会被轰炸吗？以色列军事历史学家马丁·冯·克里费德（Martin van Creveld）写道："全世界都见证了美国因为莫须有的原因（后来证实根本没有）入侵伊拉克，如果伊朗人不尝试研发核武器的话，那他们真的是疯掉了。"[1]

我们来研究一下地图：伊朗位于美国两块心腹大患之地，伊拉克和阿富汗之间……也位于世界上两大原油产地——波斯湾和里海之间……同时，它还是美国两大潜在威胁国——俄罗斯和中国——包围圈的一部分。伊朗永远不会成为美国的附庸和走狗，所以说，那些有"自尊心"的美帝国主义者怎么会放过这个目标呢？开炸！

门前招牌已经立好："伊拉克开门营业"

2005 年，英国非政府组织发表了一篇报道，题为《简单粗暴的计划：偷窃伊拉克石油财富》（Crude Designs：The Rip-off of Iraa's Oil wealth）。这篇报道披露了美国大肆占领伊拉克最重要的商品——石油。

这篇报道揭露了美国国务院起草的一项在伊拉克实施的石油政策，12月投票之后，这项政策并没有进行公开辩论并且花费不菲。根据政策，伊拉克至少64%的石油储量将会由跨国石油公司进行开发。

与在政府手上剩余的石油开发相比，伊拉克新石油合同的预算高达 740 亿—1940 亿美元。合同将会保障外国公司的巨大利润，回报

---

① *New York Times*，August 21，2004.

率高达 42%—162%，能够提供如此高回报的合同，又称"产量分成协议"（production sharing agreements）。协议受到美国政府的大力推广，并且石油巨头背后有伊拉克石油高层的支持。这些协议的年份长达 25—40 年，通常秘密执行，以防支付在后期变更。①《简单粗暴的计划》一文作者兼研究带头人格雷格·穆提特（Greg Muttitt）说道："推广这类协议是大家最高最不民主的选择。伊拉克的石油惠及伊拉克人民而不是外国石油公司。"②

诺姆·乔姆斯基（Noam Chomsky）评论道："我们理应相信，如果伊拉克是印度洋上的一座岛屿，而且它的主要出口产品是腌菜和莴苣，美国也会入侵的。这才是我们应该去相信的。"③

崇高使命的另一个魅力童话

2004 年 4 月 6 日，身处伊拉克的陆军中将里卡多·桑切斯（Ricardo Sanchez）与美国总统布什、美国国务卿科林·鲍威尔（Colin Powell）以及国防部长唐纳德·拉姆斯菲尔德（Donald Rumsfeld）举行了电话会议。美国的一项进攻计划正在实施当中，另一项即将启动。根据桑切斯的回忆录，鲍威尔那天语气强硬：

"我们必须快速地给他来一下子"，鲍威尔说道，"某个地方必须取得全胜，我们必须要这样粗暴地展现出我们的实力。"然后布什发话了："战争结束的时候，萨德尔（al-Sadr）必须消失，至少得抓起来。把他抹去是很有必要的事情。打败他！如果有人试图阻挠民主进程的话，我们就把他们找出来杀掉！我们必须下狠手！这家伙是越南人，不是自己人。这是思维定式，我们不能传递这样的信息。准备撤军是借口……有许多个时刻而这就是其中一个。我们的意志正在接受考验，但我们必须要坚定下去！我们有更好的方法！保持坚强！持续

---

① www.crudedesigns.org.

② Interview with Institute for Public Accuracy, Washington, DC, November 22, 2005.

③ Interview by Andy Clark, Amsterdam Forum, December 18, 2005; audio and text at www.informationclearinghouse.info/article11330.htm.

到底！杀掉他们！对自己有信心！战胜他们！抹杀他们！我们连眼睛都不会眨一下的！"

　　　　——摘自《战争中智慧：一个士兵的故事》，第 349—350 页

谁能想到？布什是对的

（2007 年 12 月 11 日）

　　我们在伊拉克取得了进展！我们被告知增兵正在发挥效果。不要介意这场战争是非法的行动，更不必去提它有多么的不道德。我们取得进展，这是件好事，不是吗？与此同时，"基地"以及同类组织也已经在整个中东和南亚增派了许多人手，他们的增援也在发挥效用。真是了不起啊。说到反恐战争的进展，有人能比塔利班的进展更快更好么？

　　美国方面在伊拉克的进展可以用暴力的减少来衡量。那是谁在计数呢？为什么？过去五年，他们一直在伊拉克死亡人数上欺骗我们，并且完全忽视了流行病学的研究。（真正的美国人不会去统计阿拉伯人的死亡人数。）《华盛顿邮报》的分析报道称，美国官方的声明漏洞百出。这篇报道是这样开头的：美国军方宣称，最近数月，伊拉克的暴力活动锐减。这一数据是在众多专家的监督下得到的，他们称，这些数据尚有疑问，它们选择性地忽略了消极的趋势。因此，这篇文章继续遵循了批判的方向。[1]

　　在某种程度上来说暴力活动的确是减少了，但是我们也应该记住的是，由于这场"小"战争，数百万的伊拉克人死亡，逃亡国外，或者是充斥在美国以及伊拉克建造的监狱之中，同时，仍有几百万伊拉克的民众受伤或者活动受限，所以说潜在的受害者和杀手数量急剧减少。此外，大量的种族清洗活动正在伊拉克上演。（这是不是进展的新迹象？）跟以往相比，逊尼派和什叶派的生活范围更局限于他们自己的领地，没有人因为异派通婚而杂居在一起。这样说来，派系之间的暴力也减少了。[2] 除此之外，美国士兵外出巡视活动也急剧减少（因为害怕……死亡），所以与这些"高贵的小伙子"发生冲突的机会也减少了。需要记住的是，针对美

---

[1]　*Washington Post*, September 6, 2007.

[2]　对此的深入讨论，参见 the Inter Press Service report of November 14, 2007 by Ali al-Fadhily。

国军队的攻击就是伊拉克暴力事件（2003 年之后的入侵）发生的导火索。

　　噢，我提到过 2007 年是美国驻军开战以来伤亡最惨烈的一年了吗?[①]那一年，驻阿富汗的美国军队也同样损失惨重。

　　美国官方希望我们相信的关于伊拉克暴力活动减少的表现之一，就是许多的伊拉克家庭从战火纷飞的叙利亚返回自己的家乡。然而《纽约时报》的报道指出，数月的政治僵局之后，伊拉克政府饱受要求公布统计结果的压力，因此才继续公布回国人数，然而这些数字明显具有夸张成分。事实是，以任何原因回国的人数都被算在了统计范围之内。联合国的一项调查显示，46% 的人离开叙利亚是因为那里生活成本太高；25% 的人说他们受制于叙利亚更严格的签证政策；只有 14% 的人说他们回国是因为听说安全保障得到了提高。[②]

　　需要多久，电视上才会展播异域伊拉克的度假之旅？"巴格达魅力海滩在召唤你"只要跨过尸体就好了。的确，伊拉克国家部门正在招聘商业发展及旅游业的专家来巴格达工作，工作中心围绕旅游业以及相关服务而展开。[③]

　　我们常常被美国的领导人以及媒体告知，因为战乱，因为屠杀还存在，所以美军不能离开。现在所谓的暴力事件已经明显减少了。那这不就是美国可以趾高气扬离开的绝佳机会吗？当然不是。

过去不可预知：离开伊拉克 vs. 离开越南
（2007 年 8 月 10 日）

　　要求美军撤离伊拉克的呼声越来越高，于是那些支持战争的人们试图描绘 1973 年 3 月美军撤离越南后的骇人景象来重现历史。

　　他们提到了北越共产主义者的入侵，但却没有提及美军离开后越南长达 20 年的内战，对美国炸弹以及化学武器所造成的恶劣影响更是轻描淡写。

　　他们提到了美军撤离之后的大屠杀，说大量的平民因为不支持共产主

---

① Associated Press, November 6, 2007.

② *New York Times*, November 26, 2007.

③ *Washington Post*, December 5, 2007.

义者而遭到屠戮。但这却从来也没有发生过。如果美国支持越战的反共人士大肆宣传"消灭共产党人"的话，那么全世界的新闻头条都会是这个了。

事实上你找不到任何显示大屠杀发生的事情。否则反驳这一消极论断就会变得很难。

最近，保守的《世界网络日报》（*World Net Daily*）网站声称，"有60万越南人为了逃离而溺死在中国南海"①。那些不偏听右翼宣扬的美好生活的人们，你们之前听过这个消息吗？

他们把越南和柬埔寨混为一谈，并且还把波尔布特②留下的骇人听闻的印象加给了越南。这是保守的"国家评论在线"（National Review On-line）刊出的新闻：

> 六周之后，最后的美国士兵将从美国驻胡志明市的使馆乘直升机离开，将数百名恐慌的南越人以及这片区域留给了共产主义者。这与发生在［柬埔寨］首都金边的情况类似，折磨与谋杀过后将是尸横遍野。③

下面是2007年7月26日福克斯新闻频道播出的一条旧新闻，新闻涉及肖恩·汉尼迪（Sean Hannity）和艾伦·考姆斯（Alan Colmes）两位记者以及客座嘉宾——演员乔恩·沃伊特（Jon Voight）。沃伊特说道："现在，有许多人不清楚状况，哭喊着让我们从伊拉克撤军。我们从越南撤军的时候发生了大屠杀事件。在柬埔寨和南越有250万人遭到屠杀。"艾伦·考姆斯的回应总体上来看持赞同意见。汉尼迪什么也没说。许多福克斯新闻的忠实听众听到新闻后都点头称是。

实际上，越南人并没有将那些与敌为伍的人赶尽杀绝，而是把他们送进了再教育的营所。这待遇可比欧洲在二战后对待那些与德国为伍之人的

---

① 约瑟夫·法拉（Joseph Farah），一家名为 *World Net Daily*（worldnetdaily. com/news/article. asp? article_ id =56769）的保守报纸的编辑，2007年8月6日。

② 波尔布特（Pol Pot, 1928—1998），曾担任柬埔寨共产党总书记，1976—1979年任民主柬埔寨总理。1997年，他因下令杀害"国防部长"宋成及其家属以及"对人民和国家犯下严重的罪行"而受到红色高棉的公开审讯，被判终身监禁，次年4月病逝。——译者注

③ Mona Charen, *National Review Online*, July 20, 2007.

态度要文明得多。那些跟德国沆瀣一气之人被当众游街，剃光头发，用其他的方式羞辱，或者是就近吊死。但时至今日，一些保守人士仍然希望人们相信那些越南营所就是小型的奥斯维辛集中营。①

另外一个历史的告诫就是：既然美国输掉越南战争这一事实已经被人们广泛接受，并且我们被告知这场战争是为了自由而战，所以"为了我们的自由而战"一定不会成功的，我们必须活在北越军队的统治之下。下次上街的时候，你会看见经过的国家人民军（NVA）巡逻队，请向他们挥手并且代我问好。

有人能发现这里隐含的消息吗？

下面的引用全部出自 2006 年 8 月 4 日《华盛顿邮报》的同一篇关于伊拉克被袭城镇的文章，作者是安妮·斯考特·泰森（Ann Scott Tyson）：

居民们很快就议论纷纷，说美国的存在刺激了那些攻击事件的发生。他们把责任归咎于美国军队而不是叛乱分子，是军队把县城变成了战场。美军应该撤离，他们说道，他们应该解决自己的问题。

"我们的想法也是一样，我想回家，回到我妻子身边。"一位美国士兵这样说道。

另外一位美国官员表达得更加直接："没有人想让我们待在这里，那我们为什么还在这里呢？这真是一个大问题。"

"如果我们离开，所有的攻击都会因为我们的离开而停止。"

"问题出在美国人那里，他们只会带来麻烦，"一位 35 岁的西瓜小贩塞夫阿比·甘尼杜姆（Sefuab Ganiydum）说道，"关闭桥梁、实行宵禁，医院关张。美军离开这座城市才是更好的选择。"

"我们到底做了什么，让我们如此受苦受难？"60 岁的拉姆齐·阿卜杜拉·欣迪（Ramsey Abdullah Hindi）坐在一家茶店外说道。他忽视近在眼前的驻伊美军，伊拉克人攻击他们合情合理。"因为他们的宗教和受到的糟糕待遇，他们有资格和美军对着干。我们将抵抗到底。"他神情严峻地说道。

---

① 更多案例可搜索 Google 新闻："bloodbath iraq vietnam"。

城市官员也是一样，他们坚定地认为美军让城市饱受战火。

"我是个好人，但我时刻被打。这城市里没有人支持美国人，他们要不然就是在默默隐忍，要不然就是恨透了我们。"一位美国海军少校这样说道。

"如果我们离开，那么这座城市将会变得更好，他们也会建设得更好。"

最新消息：布什总统读完这篇文章后说，这其中隐含的意思就是美国为伊拉克带来了自由和民主。

帝国的肆无忌惮

你还记得那个关于肆无忌惮的经典例子吗？年轻人杀死了他的父母，却基于自己是孤儿这个理由乞求法官的宽容。布什总统肆无忌惮的最新版本就是发起了一场完全非法、不道德同时是毁灭性的战争，然后基于"我们正在交战"这个理由摒除全部批评。

他们用这个理由来为自己未经授权的间谍活动辩护，为自己成年关押未被指控犯罪的民众辩护，虐待他们，无视日内瓦公约和其他国际公约；他们用这个理由来抗衡民主党人，控诉他们在战争期间依然搞党派偏见；他们还用这个借口来为总统权力的扩张以及权力制衡的削弱而辩护。总而言之，他们宣称："因为我们正在交战，所以我们能做跟战争有关的一切事情。"

"战争就是战争"，最高法院法官安东宁·斯卡利亚（Antonin Scalia）说道，"当你逮捕了一名参战者，你不可能把他交给民事法庭去审判。让我休息会儿吧。"[1] 在他的公开谈话中，斯卡利亚暗示美国在其远方集中营关押的人全部都是"从战场中俘获的"[2]。但这并非事实。极少部分可怜人是从战场上俘获的，但几乎没有谁持有武器；大部分人则是处在了错误的时间、错误的地点，或者是被觊觎美国奖金的告密人或者是因为个人恩怨而被告发的。

---

[1]　*Newsweek*，April 3，2006.

[2]　*Washington Post*，April 15，2006.

　　跟其他国家的民众一样，美国民众只希望从可靠的来源那里反复了解游戏规则。2006 年 4 月，威斯康星州的许多城市就从伊拉克撤军这个议题展开全民公投。吉姆·马丁（Jim Martin）是埃文斯维尔市（Evansville）一位 48 岁的杂务工，他认为他的城市不应该为了没有意义的公投浪费纳税人的钱。"事实就是问题依然存在，我们处在战争之中。"他说道。① 克里斯·西蒙科克斯（Chris Simcox）是民兵运动一位领导，负责在墨西哥边界的巡视工作："如果我们处于战争中，而且我在你半夜试图进入我们国家的时候抓住了你，那么你可能就是一个敌人，我才不管你是不是来这边刷盘子的餐馆工。"②

　　美国 Slate 电子杂志网站（Slate. com）③ 的戴利娅·利西克（Dahlia Lithic）总结了布什政府提出的法律依据：

> 　　现存法律无法适用，因为这是一场不同的战争。战争之所以与众不同，是因为总统是这么说的。总统这么说因为他是总统……我们遵从法律除非它无法适用。囚犯享有法律赋予的权利，除非我们改变法律限制他们的权利。④

　　然而布什却大力削减税费，这或许是战争期间前所未有的事吧，他到底意没意识到我们在打仗啊？

重建，你的名字并不叫美国
（2006 年 1 月 9 日）

　　2006 年 1 月，布什政府宣布，政府无意在 2 月份提交国会的预算中寻求伊拉克重建的新经费。当上一笔重建经费花完的时候，美国驻巴格达的官员就已经明确表示，其他外国捐赠人以及新生伊拉克政府将会承担起价值数十亿美元的工作，为伊拉克 2600 万人民提供可靠的电力、饮用水

---

① Associated Press, March 27, 2006.

② *Philadelphia Inquirer*, March 26, 2006.

③ 美国知名网络杂志 Slate 于 1996 年创刊，由 Slate 集团出版。——译者注

④ Dahlia Lithic, Slate. com, March 28, 2006.

以及其他服务。①

　　应该注意的是这些服务，包含医疗卫生系统在内，大部分都被美国轰炸摧毁，这其中又有大部分是在第一次海湾战争中被故意破坏掉的：40天日夜轰炸，毁掉了一个现代社会所需要的一切。随后又是12年无情的经济制裁，在这12年间又有时不时的日间轰炸，美其名曰保护所谓的禁飞区。到了2003年的3月，轰炸、入侵和大规模的破坏重新开始并一直持续。这时，你读到了这个。"美国从来没想过完全重建伊拉克。"说这话的人是威廉·麦科伊（William McCoy）准将，作为负责审查工作的美国陆军工程兵团的指挥官，他在最近的一次新闻发布会上对记者这样说。麦科伊还说："这本来只是一个开始。"② 这真是一个了不起的模式。美国轰炸他国的历史由来已久，将社区、大部分城市炸成碎片，摧毁基础设施，毁灭那些炸弹没炸死的生命。在此之后，他们几乎在补救损失方面毫无作为。

　　1973年1月27日，美国在巴黎签署了《关于在越南结束战争、恢复和平的协定》，美国同意的条款在第21款中有具体表述："根据惯例，美国将会援助越南民主共和国（北越）在整个中南半岛进行战后重建。"

　　五天过后，尼克松总统向北越总理发去信息，其中他保证了以下几点：

　　　　一是美国政府将会援助北越进行战后重建，不会附加任何政治条件。二是美国初步研究表明，美国战后援助重建的适合项目将会高达32.5亿美元，拨款援助时间将超过五年。

　　然而，以上所说的重建援助费用根本就没有支付，以后也不打算支付。

　　同一时期，老挝和柬埔寨也像越南一样，因为遭受美国无情的轰炸而变得一片荒芜。中南半岛的战争结束后，这些国家也同样享受了美国惯例上所提供的重建"空头支票"。

　　到了20世纪80年代，美国开始轰炸格林纳达和巴拿马。于是我们的

---

① *Washington Post*, January 2, 2006.

② Ibid. .

邻国采取行动了。数以百计的巴拿马人向美国的州以及美国的法庭请愿，最后一路告到了美国最高法院，希望能够获得美国正义事业行动（这真的不是一个玩笑称谓，虽然美国搞的是入侵和轰炸）造成破坏后的合理补偿。

1998 年，凭借其过人的智慧，美国朝着苏丹的一栋建筑发射了超过 12 枚巡航导弹。他们宣称这栋建筑里有人在制造生化武器。这栋被炸成粉末的建筑其实只是一座大型的制药厂，对苏丹人民意义重大。美国很快承认了自己的过失，解冻了工厂所有者的资产。现在又到了赔偿的时间了。所有者一分钱也没有拿到，于是他诉诸法律。那些在轰炸中受伤的人们也没有获得赔偿。①

接下来的几年南斯拉夫战争正好打响了。78 天不分昼夜的轰炸，几乎使一个发达国家退回到了工业化前期，重建的需求大得惊人。南斯拉夫的桥梁坠入多瑙河中，整个国家的工厂和居民被夷为平地，道路支离破碎，交通陷入瘫痪……南斯拉夫没有收到任何来自这场轰炸战争元凶以及主谋——美国的任何重建资金。

提出终止资助伊拉克重建声明后的几天，美国据说也要终止援建阿富汗的计划。② 连续数年习惯性地朝城镇与村庄发射炸弹，这里也是一如往常般的残垣断壁。

战争背后的童话
（2005 年 12 月 6 日）

很明显，美国发动的伊拉克战争已经成为令人难堪的悲剧，围绕着共和党和民主党的谴责之声层出不穷。随之而来的是反指控，国会调查和要求进行进一步的调查……谁说了什么？他们什么时候说的？这番话对于战争起到了什么作用？情报工作的失误，当局者应该了解，我们被误导，他们说了谎，但是民主党人也相信了，并且投了赞成票……如此反反复复，就成为美国在 21 世纪最严肃的议会辩论……

---

① William Blum, *Freeing the World to Death*: *Essays on the American Empire* (Common Courage Press, Monroe ME, 2004), pp. 134 – 138.

② *Washington Post*, January 3, 2006.

又一次，我们需要提醒自己这是个弥天大谎，这个谎言使所有的争议变得无关痛痒。伊拉克有没有大规模杀伤性武器不再重要，情报工作是对是错也已经不再重要，布什政府撒了谎或者是谁信谁不信都已经没有关系了。有关系的是布什政府声称伊拉克利用这种武器已经威胁到了美国，这种迫在眉睫的威胁会给美国造成巨大灾难。"我们越来越相信美国会成为那些［伊拉克核］活动的目标。"副总统切尼在入侵六个月前说过的这番话就是例子之一。①

好好想一想。除了迫不及待地进行大规模自杀性袭击，还有什么理由会让萨达姆·侯赛因去攻击美国？有些人会想说，"哦，他是一个疯子，谁知道他会做出什么？"但是在 2002 年底的时候，美国意欲入侵伊拉克的意图已经十分明显，而这个时候萨达姆向联合国武器检查员打开国门，几乎是前所未有地全力配合。这肯定不是疯子的行为；这是活命主义者（survivalist）的行为。在 1991 年遭到入侵的时候，尽管当时手里的确有这类武器，但是他都没使用过。此外，我们现在知道，在 2003 年初的时候，伊拉克为阻止战争而进行了和平试探。② 他们一点也没疯。

美国入侵伊拉克并不是因为它存在使用大规模杀伤性武器对抗美国的威胁，更不会仅仅因为拥有武器这个原因。如果是这个原因的话，美国入侵俄罗斯、法国、以色列等国的理由也就足够充分了。

萨达姆·侯赛因审判室中的大象
（2005 年 11 月 10 日）

针对萨达姆·侯赛因的审判已经开始。他以杀人罪被指控。1982 年，在巴格达北部一个什叶派穆斯林的主要聚居地杜贾尔村（Dujail），数名枪手在其车队行进时试图开枪行刺。正因此事，他下令处决了 140 多人。这看起来是他犯下的唯一罪行。然而这几年来，我们听到了 1988 年 3 月萨达姆在哈拉布贾市（Halabja）利用化学武器攻击"自己人"的消息。［实际上这些人是库尔德人，如果塞米诺尔人是安德鲁·杰克逊（Andrew Jackson）总统的自己人，那么库尔德人就是萨达姆的自己人。］布什政府

---

① Associated Press, September 8, 2002.

② *New York Times*, November 6, 2003.

从未厌倦向我们重复那些话。就在最近的 10 月 21 日，白宫负责公共外交的大使卡伦·休斯（Karen Hughes）向一名印度尼西亚的听众说道，萨达姆"利用大规模杀伤性武器对付自己人，他已经用毒气杀死了几十万自己人了"。当人数受到质疑时，休斯回应道："关于数字，美国政府已经提过许多次了，这是他攻击库尔德人后被广泛使用的数据。我相信这一数字接近 30 万。这是我在战争中每天都会提到的信息。这是我们在美国经常提到的情报。"美国国务院后来纠正了休斯提到的数字，说在哈拉布贾的受害者人数大约为 5000 人。① （这一数字可能也因为政治原因被夸大了，在哈拉布贾受袭后的至少六个月里，人们在主流媒体报道中看到的死亡人数也只有数百人。即使是在 1981—1988 年与伊拉克交战的伊朗，他们报告的数字也是如此；然后不知怎么回事，这一数字就激增到了"5000"人。②）

需要注意的是，这里顺便提一句，实际上亚伯拉罕·林肯在内战中也杀死了自己人，成千上万的自己人！鉴于美国一直在重复强调哈拉布贾事件，人们会预料到这也将成为法庭指控萨达姆的罪证。那，我能想到两点为什么美国不愿意把这件事弄到法庭上去说。第一，犯罪证据一直都备受争议；比如五角大楼的一个部门的报告曾经指出，其实是伊朗在哈拉布贾使用了毒气。③ 第二，美国除了给萨达姆提供了大量资金以及情报支持，还给他提供了许多可以帮助伊拉克实现生化武器作战能力的材料，如果萨达姆在法庭上提出此事来辩护的话，那场面将会尴尬不已。但是美国已经精心安排了这场审判，不会让他们不希望出现的证词出现在法庭之上。这其中就包括在 1982 年大屠杀之后，美国国防部长唐纳德·拉姆斯菲尔德与萨达姆在 1983 年 12 月那次众所周知的会面。拉姆斯菲尔德清楚地知道伊拉克政府的计划以及伊拉克将使用化学武器对抗伊朗的军队。在飞抵巴格达之前，唐纳德·里根把他送上飞机，并交给他加强两国关系的任务。④ 可以查到的照片和影像资料展现出萨达姆以及拉姆斯菲尔德亲切问候彼此的场景。

---

① *Washington Post*, October 22, 2005.

② *New York Times*, April 10, 1988, sect. 4, p. 3, re Iran; *Washington Post*, August 4 and September 4, 1988.

③ *New York Times*, January 31, 2003.

④ Barry Lando, "Saddam Hussein, a Biased Trial", *Le Monde*, October 17, 2005.

战争就是和平，占领即是主权

（2005 年 10 月 17 日）

　　伊拉克北部的拉瓦（Rawa）镇现在被美军占领着。驻伊美军在那里建立了前哨，以切断据传是从叙利亚进入伊拉克的外国反抗者的补给。美国军队进行房屋搜查，挨家挨户地敲门、拘留，封锁道路，实施空中打击等，这些策略使拉瓦人民怨声载道。最近，前哨指挥官、陆军中校马克·戴维斯（Mark Davis）向 300 名愤怒的群众发表了演说。"我们哪儿都不去。"他向小声嘀咕的人群说道。"你们有人担心武装直升机以及基地里射出来的破击炮"，他说道，"我告诉你们：那些是和平的声音。"① 他可以说那些是主权的声音，意思也差不多。美国向我们担保，伊拉克是一个主权国家，尤其是在进行公民投票的时候，这些选票不会赋予伊拉克人任何缓解每日不幸的力量，它只能为美国承担公共关系的职能。值得一提的是，这些选票是在美国军事基地进行计票，而且在进行大选的日子里，美国的战斗机以及直升机在拉马迪市（Ramadi）附近杀死了大约 70 个人。②

　　英国也坚持宣称伊拉克是一个主权国家。近日，有上百位伊拉克南部城市巴士拉的居民涌上街头，他们振臂高呼，谴责英国突袭监狱并释放两名英国士兵的行为。伊拉克警方日前逮捕了几名英国士兵，他们装扮成伊拉克平民，据称他们开了枪。（朝什么人或者朝什么东西开枪还不清楚。）他们要么在安置爆炸物，要么在车内藏有爆炸物。英国军队随后集合了几辆装甲车辆，撞烂了监狱的墙壁，释放了这几个人。当时还有武装直升机在监狱上空盘旋。③

　　一个有趣的问题是：英国士兵装扮成平民（至少有一则报道说他们装扮成阿拉伯人），开着载有爆炸物的车辆四处游荡，并且开了枪……这难道不能佐证联合部队在某种程度上也是暴乱的一部分这一猜测么？联合部队以暴乱为借口留在了伊拉克，这两种暴乱不是同一种吗？

---

① *New York Times*, October 3, 2005.

② Reuters news agency, October 17, 2005.

③ *Washington Post*, September 20, 21; Al Jazeera, September 19, 2005.

第四章

阿 富 汗

请再告诉我一遍，阿富汗战争究竟为何而打

（2012 年 2 月 3 日）

美国在伊拉克的战争可能已经取得了好的结果，（或者是好坏参半……聊胜于无……趁我们中的一些人还活着，一些伊拉克人我们还没杀掉，赶紧离开这里。）于是我们政府和媒体中的那些人上人转而打起了阿富汗的主意。看起来没人记得，即使他们曾经知道，阿富汗战争跟"9·11"抑或对抗恐怖分子无关（除了美国在侵略和占领过程中制造出来的许多恐怖分子）。却跟石油管道有关。

奥巴马总统在 2009 年 8 月发表的一项声明中说：

> 但是，我们要永远记得这场战争不是可打可不打，而是非打不可。那些在 9 月 11 日袭击美国的人还会继续密谋下一轮袭击。如果我们不加以抑制，塔利班的暴乱将会更加猖狂，基地组织将会密谋杀死更多的美国人。①

美国及北约在阿富汗所杀的成百上千人中没有一个人被证实与"9·11"事件有任何瓜葛。这件事请你不要介意。

也请你不要介意，2001 年密谋攻击美国这件事是在德国、西班牙以及美国实施的，而不是在阿富汗，为什么美国没有攻击这些国家呢？

实际上，买机票以及在美国上飞行课究竟需要策划什么呢？一间配备

---

① 谈话由美国海外战争退伍军人大会主席提供，2009 年 8 月 17 日。

椅子的教室？"一个更大的安全港"是什么意思呢？房间更大？椅子更多？或许再加上一个黑板？密谋袭击美国的恐怖分子几乎可以在任何地方碰头。

阿富汗唯一吸引美国目光的，就是可以在阿富汗建设一个毗邻中亚里海区域的军事基地。据报道称，这片区域已成为目前业已探明的世界第二大油气储备区，从那片区域修建油气管道可以横穿阿富汗。

阿富汗的位置可以很好地为许多南亚地区输送油气资源，这些管道可以绕开美国不喜欢的伊朗和俄罗斯。只要塔利班不攻击这些管道就好。2007年，美国负责中南亚问题的助理国务卿包润石（Richard Boucher）谈道："我们的目标之一是让阿富汗安定下来，这样一来，它就能变成连接中亚和南亚的一条枢纽，这些能源也就可以输送到南方去了。"①

自20世纪80年代以来，各种各样的线路都考虑过在这一地区铺设，但是由于军事、财政以及政治等方面的问题被迫延误或者取消。举个例子，所谓的TAPI（土库曼斯坦—阿富汗—巴基斯坦—印度）管道的修建得到了美国方面的大力支持，这条线路有望成为原本从伊朗输送到巴基斯坦以及印度线路的有力竞争对手。到了20世纪90年代末，塔利班政府与大本营在加利福尼亚州的石油公司——优尼科公司（Unocal Corporation）举行了会谈。双方在会谈中充分交流了关于克林顿政府的情况，而且并未受到塔利班方面的极端压迫。塔利班当局甚至安排了去美国会谈的行程。② 1998年2月12日，优尼科公司代表约翰·马瑞卡（John Maresca）在众议院对外事务委员会亚洲和太平洋事务小组委员会作证，并且讨论了这些管道工程的重要性以及在与塔利班方面协商中遇到的越来越多的困难：

> 这一地区的石油总储藏量可能达到600多亿桶，有些人的估算甚至高达2000亿桶……从一开始，我们就清楚，我们计划的，横跨阿富汗的管道建设无法开工，直到当地被公认的政府对于各级政府、领导人以及我们的公司有信心，工程才有可能开始。

---

① 在保罗·H. 尼采高级国际研究学院的谈话，华盛顿特区，2007年9月20日。

② 例如，"Oil Barons Court Taliban in Texas"，*Telegraph*，December 17, 1997。关于土库曼斯坦—阿富汗—巴基斯坦—印度（TAPI）天然气管道及其相关问题的进一步讨论，参见国际石油工程师约翰·福斯特（John Foster）的文章：www. ensec. org/index. php？ option = com_ content&view = article&id =233：afghanistan_ the_ tapi_ pipeline_ and_ energy_ geopolitics&cati。

2001 年 7 月，这些谈话在布什在任期间停滞了下来。美国威胁塔利班政府，如果不同意美国方面的要求的话，那么美国将会采取军事报复行动。在"9·11"事件发生一个月前，这项会谈终于永久性地终止了。

美国的确是在严肃对待里海以及波斯湾这片油气区域。自 1990—1991 年的海湾战争起，这片区域的战事一个接一个。在这一阶段，美国分别在沙特阿拉伯、科威特、巴林、卡塔尔、阿曼、阿富汗、巴基斯坦、乌兹别克斯坦、塔吉克斯坦、吉尔吉斯斯坦和哈萨克斯坦成功建立了军事基地。

不杀光阿富汗所有的人，美国打击塔利班的行动是不会"成功"的。美国可能会再次尝试与塔利班就管道安全等问题进行协商，然后离开这里，宣告"胜利"。毫无疑问，贝拉克·奥巴马可以根据他的讲词提示器发表一篇洋洋洒洒的胜利演说，演说内容可能包含"自由"以及"民主"字眼，但是绝对没有"管道"两个字。

德国介入为哪般

德国总统霍斯特·克勒在 2010 年 6 月辞职，因为他说了一些政府官员不该说的话。他说道，德国是因为经济原因而在阿富汗作战的。没有提到民主，没有提到自由，更没有说这是好人在与坏人斗争。"恐怖主义"这几个字压根也没提到。同样，"上帝"这个词也是只字未提。在前往驻阿富汗德军的旅途中，他宣称，像德国这样一个依靠出口和自由贸易的国家，必须做好使用武力的准备。他还说道，国家需要采取行动，"保护诸如自由贸易路线，或者是为了防止因为地区不稳定而可能产生负面的影响。这些负面影响可崩会波及我们的贸易、工作以及收入"。

"克勒公开发表的言论从一开始就显而易见"，德国左翼政党领袖说道，"德国士兵在阿富汗冒着生命危险保护带来巨大经济效益的出口利益。"[1] 其他反对派则要求克勒收回相关言论，并且指责他损害了德国军队执行国外任务的公共认可度。[2]

正如托马斯·斯特尔那斯·艾略特（Thomas S. Eliot）的名言一般：

---

① *The Times Online*，May 31，2010.

② Associated Press，May 31，2010.

"人类无法接受十分现实的情况。"

阿富汗的神话，过去与现在

2009 年 7 月 4 日，美国参议员帕特里克·莱希（Patrick Leahy）公开表达了他的乐观态度，与苏联军队在 20 年前被驱逐出阿富汗不同，美国军队可以在那里取得成功。来自美国佛蒙特州的民主党人说道：

> 俄罗斯人早就应该离开了。在送他们走的时候我们帮了忙。他们是为了征服那个国家而待在那里。我们已经明确表示过，在阿富汗和我交谈过的每个人也是这么认为的：他们知道我们是来帮助他们的，而且我们也会离开。我们明确说过我们会走的。而且这些都会回到他们手中。在过去犯错的是那些试图征服他们的人。①

莱希在外交政策上一直是一个自由主义者，是遏制美国获得国外反麻醉援助的冠军，这些国外军事力量都犯了严重侵犯人权的罪行。他还公开批评那些侵犯恐怖分子人权以及法定权利的人们。他愿意把无数的美国年轻人送入可怕的死亡或者是让他们变成残废。这是为什么呢？他陈述的每一点都是错的。

俄罗斯人并不是为了征服阿富汗而进驻那里。作为阿富汗的邻居，苏联在 60 多年间没有以任何形式入侵过阿富汗。只不过当美国介入阿富汗，企图支持好战的反共人士顶替与苏联关系交好的政府时，苏联人进驻阿富汗来与美国支持的穆斯林圣战者展开战斗。美国的做法与阻止加拿大和墨西哥的共产党政府的做法如出一辙。

至于美国的撤离，在真正离开前都是毫无意义的政治宣传。去问问韩国人民吧，美国人在那里驻扎了 56 年，并且还在继续。去问问日本人吧，美国在日本待了 64 年了。还有，苏联人被送走的说法是不正确的。从本质上来看，这是时任苏联最高领导人米哈伊尔·戈尔巴乔夫（Mikhail Gorbachev）的决定，这更像是一个政治决定而不是军事决定。戈尔巴乔夫的最大目标是把苏联变成一个西方欧洲模式的民主国家，他热切希望得

---

① Vermont television station WCAX, July 4, 2009, WCAX.com.

到欧洲领导人的认可。事实上，这些领导人都是冷战中的反共人士，他们反对苏联介入阿富汗。

考虑到 30 多年间阿富汗受压迫人民承受的所有伤害与折磨，美国宣称的"驻扎是为了帮助阿富汗人民"说辞是很难说出口的。

好人与坏人之间永恒的斗争

美国以及其全盘掌控的附庸——北约，定期在阿富汗投掷炸弹。这些炸弹杀死了大量的恐怖分子。（这些"恐怖分子"也被称为平民，又名妇女和儿童。）面对这些对于空袭毫无招架之力的人民，他们的攻击依旧十分频繁。

美国或是北约的发言人告诉我们，这些不幸事故发生的原因是敌人故意让平民受到伤害，以激起他们对外国军队的敌意。我们被告知，敌人偶尔会藏身于无辜平民的建筑中，把他们当作"人肉盾牌"。[①] 因此，情况看起来就是，敌人不知怎么就提前知道了将要遭到空袭的建筑是哪个，然后在炸弹落地前把一拨平民驱赶到那里。另一种情况是，这栋建筑是平民日常居住所在，当敌人发现即将轰炸的目标就是这栋建筑时，他们就把自己的一部分人驱赶到里面，所以他们会和平民一起死去。更可能发生的一种情况就是，敌人并不知道将要遭到轰炸的建筑物是哪个，但是平民总是会待在那里，因为他们居住在那里，他们甚至可能就是敌人的老婆孩子。这些聪明的邪恶分子还有底线吗？

西方的官员还告诉我们，敌人故意在平民区朝他们开火，希望能吸引到他们的火力，好让平民与国际部队产生间隙。[②] 大概这些叛乱分子是在攻击就近的西方军事设施以及军队营地。那么问题就来了：为什么西方军队会把军事设施或者驻扎地建设在靠近平民居住区的地方，将平民置于危险之中呢？

美国/北约的军事指挥辩解道，对比西方部队与塔利班造成的伤亡人数，从根本上来说就是不公平的。因为在战争中意外死亡与无辜平民被激进分子故意杀死有着清楚的道德界限。"没有一个［西方］部队的士兵每

---

① *Los Angeles Times*, July 6, 2007.

② Article by Kim Barker, *Chicago Tribune*, July 8, 2007.

天睁开眼就会想要伤害阿富汗平民。"作为北约领导的驻阿富汗国际维和部队发言人,约翰·托马斯(John Thomas)少校这样说道:"即使意外发生了,那真的会造成深深的自责。"① 这难道不是安慰的话语吗?任何有着正常思考能力的人会分不清谁是好人吗?

从越南到伊拉克,在许多次的轰炸中,美国都不停地向世界重复宣称平民死亡是意外发生的,并且感到深深的"后悔"。但是如果你在人口密集区投下一颗威力十足的炸弹,然后发现造成了许多"无意"的死伤;第二天投出更多的炸弹,又发现造成了"无意"的伤亡;第三天依旧循环往复……得到什么程度,你才不会说这些伤亡是"无意"的呢?

1999年,在美国/北约轰炸塞尔维亚的78个日夜里,无数的平民被杀死,一幢位于贝尔格莱德的办公大楼遭到了轰炸,大楼里有多家政党、电视台、广播电台以及100家私企等。在导弹射向大楼之前,北约的策划者将风险讲得很清楚:"政府以及政党人员伤亡50—100人,爆炸半径内无辜平民伤亡在250人左右。"② 策划者是在说,住在附近公寓大楼里的约250位平民会死于爆炸,另外也会造成50—100位政府以及政党人士的死亡,这就像是受害人也需要被执行死刑一样……那我们现在是在讲什么?我们的成年人彼此说道:我们执行A,但也可能会造成结果B;即使B就是实际造成的结果,我们事先已经说过了——就像我们后来将会坚称的那样——造成这样的结果并不在计划之中。

情况其实更加糟糕。正如我在其他地方详细说明的一样,轰炸塞尔维亚的主要目的北约官员已经承认,那就是让公众的生活变得无比艰难,这样斯洛博丹·米洛舍维奇(Slobodan Milosevic)政府的支持就必然减少。③ 这实际上就是"恐怖主义"的典型定义,这项定义已经得到了美国联邦调查局、美国中央情报局以及联合国的认可:对平民使用或威胁使用武力来迫使政府改变相关政策。

---

① *Los Angeles Times*,July 6,2007.

② *Washington Post*,April 22,1999.

③ William Blum, *Rogue State*: *A Guide to the World's Only Superpower* (Common Courage Press, Monroe ME, 2005), pp. 103 – 104.

妇女：最后的良机

为了捍卫美国驻扎阿富汗的合理性，许多美国人借口妇女在阿富汗遭受严酷压迫，并且让我们相信美国是这些穷苦妇女最后的良机。然在，在20世纪80年代，在推翻一个世俗并且相对进步的阿富汗政府的过程中，美国发挥了不可替代的作用。当时的政府赋予了妇女比现在多得多的自由，那或许是她们从来没有享受过的自由。下面的内容摘自1986年的美国军队手册，手册中谈到了当时的阿富汗政府颁布的相关女性政策："享受绝对自由的选择结婚伴侣的权利，合法结婚年龄女性为16岁，男性为18岁"；"废除包办婚姻"；"将女性从蛰居中解放出来并创办相关社会事业"；"开展大量的识字工程，女性是工程开展的重点对象"；"男女同室上课"；"改变性别分工，并在政治中让女性发挥更加积极的作用"。①

世俗政府的推翻为伊斯兰极端势力政权的上台铺平了道路，很快，政权就到了可怖的塔利班手中。为什么绝顶聪明的美国选择去做这样一件事呢？或许是因为阿富汗政府与苏联结盟，而美国想借此将苏联拖入绝望的战争泥潭。

阿富汗的妇女绝对不会想到，这场为恢复她们完整人权而发动的战争竟是这样的一个情况。但有些人会说，她们的人权只不过是为了冷战的神奇胜利而付出的小小代价。

---

① US Department of the Army, *Afghanistan*, *A Country Study* (1986), pp. 121, 128, 130, 223, 232.

第五章

伊 朗

一个怪物谋划家：马哈茂德·艾哈迈迪—内贾德
（2006 年 12 月 17 日）

伊朗总统马哈茂德·艾哈迈迪—内贾德（Mahmoud Ahmadinejad）简直就是为美国量身定做之人。历届美国政府都在不断地寻找那些敢于恐吓美国国会、美国人民以及全世界的人，这样就可以为这个帝国的高额成本以及争议行为找到解释的理由。我们无数次地听人说起，艾哈迈迪—内贾德公开宣称他想要把"以色列从地图上抹掉"；他坚称大屠杀从来没有发生过，他为"大屠杀的否认者"在伊朗举行了会议，他的政府通过了一项法律，要求犹太人身着黄色纳粹标志。除此之外，我们还被告知，他计划制造核弹，其中一颗毫无疑问将会对准以色列。试想，有哪个正派的人不会被这样一个人吓到呢？

然而，冷战中美国宣扬的所有怪物谋划家都存在夸张成分，因此关于艾哈迈迪—内贾德的真相也是有一些复杂诡异。据那些懂得波斯语的人说，这位伊朗领袖从未说过"把以色列从地图上抹掉"之类的话，2005年10月29日，当他第一次发表演说的时候，报道中根本就没有提到"地图"这个词。根据美国现代中东以及南亚历史学家胡安·柯尔（Juan Cole）教授的翻译，艾哈迈迪—内贾德说的是"占领耶路撒冷的政权必将从时间的长页中消失"。根据柯尔教授所说，他的这句可能让人感到威胁的话，"并不是在暗示采取军事行动或者杀死任何人"。[①]

在 2006 年 12 月的会议中，艾哈迈迪—内贾德说道："就像是苏联那

---

① AlterNet，www. alternet. org/，May 5，2006.

样，犹太复国主义政权很快就会被抹去，人类将会获得自由。"① 很明显，他并不是在呼吁针对以色列的任何形式的暴力袭击，因为苏联是和平瓦解的。

至于大屠杀之谜，我还没有读到或者听到艾哈迈迪—内贾德亲口准确明了地说，他认为我们所了解的大屠杀是根本不存在的。事实上，想要找到任何所谓否认大屠杀的人是很难的。（是的，我非常确信你的确可以在某个地方找到至少一个疯子。）

欧洲的大屠杀导致犹太人现在身处中东而不是欧洲。伊朗总统对于这场大屠杀的特性发表过评论。他问道：为什么巴勒斯坦人要为德国人的罪行买单？他同时也对大屠杀中犹太人死亡数量——600 万人——的准确性表示怀疑。这其中有许多人带有政治色彩，包括大屠杀幸存者、作家普里莫·莱维（Primo Levi）。（一战中过分宣扬的暴行后来证实是虚假消息，这使公众在很长时间对大屠杀产生了怀疑。）

2007 年 9 月 24 日，艾哈迈迪—内贾德在哥伦比亚大学的谈话中说道："我不是说大屠杀完全没发生过，这不是我所表达的判断。"② 这样一来，这一风波应该平息了。实际上却没有。两天后，即 9 月 26 日，众议院第 3675 号议案在国会得到通过，议案禁止向哥伦比亚大学提供联邦补助金或者与其签署合同，以惩罚学校邀请艾哈迈迪—内贾德来校发表演说。（你不是喜欢国会议员喜欢言论自由的方式吗？）这一议案的首要证据就是"伊朗总统艾哈迈迪—内贾德呼吁摧毁美国重要盟国之一的以色列"。同一天，电视喜剧演员杰·雷诺（Jay Leno）就拿艾哈迈迪—内贾德开涮，说他无视所有证人的说辞，否认大屠杀的存在。

德黑兰会议［"回顾大屠杀：全球视野"（Review of the Holocaust：Global Vision)］为许多观点提供了发表的舞台。这其中就包括反犹太复国主义的犹太人联盟（Jews United Against Zionism）的六名成员，其中至少有两位是拉比（rabbi）。③ 其中一位是来自伦敦的阿伦·科恩（Ahron Cohen），他说："毫无疑问，在二战中纳粹政府向犹太人展开了惨无人道的种族屠杀。"他还说："犹太复国主义将此事闹大，来实现他们非法的

---

① Associated Press，December 12，2006.

② washingtonpost. com/wp_ dyn/content/article/2007/09/24/AR2007092401042. html.

③ rabbi：意为"先生"、"夫子"，犹太人对师长和有学识者的尊称。——译者注

目标理念。"同时他也表明，600 万这一数字存在争议。另外一名拉比是摩西·大卫·韦斯（Moshe David Weiss），他告诉参会代表："我们不想否认二战中犹太人惨遭屠杀这一事实，但是犹太复国主义者将受害者的数字故意抬高了。他们把这场屠杀当作他们镇压巴勒斯坦人的挡箭牌。"他的团队认为，以色列的建立违反了犹太宗教法。宗教法宣称，除非弥赛亚救世主回归，否则不可以存在犹太国家。①

另外一位发言人是西拉兹·多莎（Shiraz Dossa），他是加拿大圣弗朗西斯泽维尔大学（St Francis Xavier University）政治学方向的教授。在会后的采访中，他把自己称作反帝国主义者以及诺姆·乔姆斯基（Noam Chomsky）的崇拜者。他说，他被邀请与会是因为"我在德国—犹太领域过硬的专业知识以及自己对大屠杀有着深刻的研究。我跟大屠杀否认说毫无瓜葛"。他的演讲是关于"反恐战争以及大屠杀在其中起到的作用。其他［与会］的人有着他们自己的见解，但是［否认大屠杀］绝对不是我的看法……人们看法各异，言论自由，没有任何的压力"。② 很明显，这场被白宫方面称为对"整个文明世界蔑视"③ 的会议，并不是单单为那些否认大屠杀之人搭台演讲的。

至于那个黄色之星的故事，完全就是著名的伊朗籍美国人、新保守派人士阿米尔·塔赫里（Amir Taheri）肆意捏造的谎言。关于艾哈迈迪—内贾德的政策以及言论，在西方媒体上还有很多臭名昭著的扭曲的例子。这些例子使得他对于那些体面人来说就是一个危险人物。政治学教授弗吉尼亚·蒂利（Virginia Tilley）写了一系列关于这个问题的文章。"为什么艾哈迈迪—内贾德先生的言论这么有组织地被错误引用，他本人也被妖魔化了呢?"蒂利问道："需要我们问吗? 如果世界都相信伊朗准备攻击以色列，那么美国或者以色列就可以以此为由先下手为强。在这个问题上，这场关于散播艾哈迈迪—内贾德先生虚假言论的斗争已经和第二套谎言连接了起来：散播伊朗（不存在的）核武器计划。"④

《时代》周刊在其 2006 年的年末刊中，并没有按照惯例选择年度人

　　① www. nkusa. org/activities/Speeches/2006Iran-ACohen. cfm （Cohen's talk）; Alex Spillius, *Telegraph*, December 13, 2006; Associated Press, December 12, 2006.

　　② *Globe and Mail* （Toronto）, December 13, 2006.

　　③ Associated Press, December 12, 2006.

　　④ counterpunch. org/tilley08282006. html.

物，而是选择了"你"——互联网使用者。总编辑理查德·斯坦格尔（Richard Stengel）说道，如果具体选择一个人的话，那或许就是艾哈迈迪—内贾德了。但是"对我而言，我有一点想选他"。① 《时代》周刊以往的年度人物包括约瑟夫·斯大林（Joseph Stalin）以及阿道夫·希特勒（Adolf Hitler）。

最后的一点想法：如果艾哈迈迪—内贾德跟他所被描绘成的、令人讨厌的反犹分子有一点点的相似，那伊朗为什么没有展开屠杀，把国内约三万犹太人杀死或者扔进集中营呢？这些伊朗犹太人在议会中有自己的议员，并且多年来一直可以自由移居以色列但是却没有这样做。

成功需要真诚，如果你能假装，那么你就做到了
（古老的好莱坞格言）

> 几个月前，我告诉美国人民，我没有用武器来换人质。我的内心告诉我这是真的，但是事实和证据告诉我这不是。②
>
> ——唐纳德·里根总统，1987 年

2012 年 4 月 23 日，贝拉克·奥巴马总统在华盛顿的大屠杀纪念馆发表演说，他告诉在场听众，作为总统，"我已经尽我可能……去阻止以及结束暴行"。难道事实和证据没有告诉他这不是真的吗？

嗯，让我们看看……奥巴马执政期间，美国部队在伊拉克进行了许多的暴行，在阿富汗进行了许多的暴行，在巴基斯坦进行了许多的暴行，（和北约一道）在利比亚进行了许多的暴行。同样，在索马里和也门，也有上百起（现在有上千起了？）针对平民和房屋的攻击，在也门还有针对美国公民的袭击。这些受害人的朋友和家人，会把谋杀心爱之人和破坏他们家庭看成是暴行吗？

唐纳德·里根在说上面那些话的时候，已经是老年痴呆症前期了，那贝拉克·奥巴马会用什么样的理由呢？

总统一直采取相同的方式，他说："我们有很多的工具，并且在过去

---

① Associated Press, December 16, 2006.

② *Washington Post*, March 5, 1987.

三年使用了这些工具，我相信——我知道——我们已经拯救了无数人。"
奥巴马指出这也包括利比亚。在那里，美国与北约一道，进行了为期七个
月的轰炸行动，轰炸几乎每天都在进行。我们或许永远也无法从支持北约
的利比亚政府那里获悉，炸弹究竟造成多少人死亡，或者对民居以及基础
设施造成了什么程度的破坏。但是，美国总统却对他大屠杀纪念馆的听众
们保证道，"今天，利比亚人民正在创造自己的未来，世界会为被我们拯
救的无辜生命而骄傲"。

语言使人们否认自己的所作所为成为了可能。

奥巴马总统以这样激动人心的话语结尾："举起双手，不再为人类永
无止境的残忍能力而劳心是多么的令人神往，有时候去相信我们什么也不
用去做是多么的令人神往。"但是贝拉克·奥巴马并不是怀疑者中的一
员。他知道，对于人类永无止境的残忍能力，他可以做些事情，那就是增
加这种残忍。大大地增加。我也确信，除了极个别人，在场的听众都毫无
疑问地确信这个人获得诺贝尔和平奖是实至名归。

美国未来的历史教科书可能也会证明总统之言的确如此，他演讲的动
机真的具备载入教科书的品质。

"以色列人—美国人—伊朗人—大屠杀—诺贝尔和平奖"马戏团

现在每个人都知道，2005 年的时候，艾哈迈迪—内贾德发出了武力
威胁以色列的言论——"把以色列从地图上抹去"。谁能够统计出未被质
疑报道真实性的这句话出现在世界各地各式各样媒体上的次数？根据
2012 年 Lexis-Nexis 数据库的调查显示，如果搜索过去七年所有英语新闻
中"把以色列从地图上抹去"这几个字眼，那么得到的消息就是：搜索
被迫中断，因为搜到了超过 3000 个结果。

现在，我们终于有了来自广播电视同时联播的"*Democracy Now*！"节
目的如下播报，2012 年 4 月 19 日，节目说道：

一名以色列官员承认说，伊朗总统艾哈迈迪—内贾德从来没有说过
伊朗力图将"以色列从地图上抹去"这句话。这条被错误翻译的言论被
广泛地认为是发自于艾哈迈迪—内贾德，并且被美国以及以色列官员再
三复述，以此来为对伊朗采取的军事行动和制裁正名。在与半岛电视台

网络的泰摩尔·纳比利（Teymoor Nabili）的谈话中，以色列副总理丹·梅里多尔（Dan Meridor）承认艾哈迈迪—内贾德被错误引用。

泰摩尔·纳比利：众所周知，艾哈迈迪—内贾德并没有说过他打算除掉以色列，也没有说过伊朗的政策是除掉以色列。艾哈迈迪—内贾德以及伊朗的态度已经重申许多次，多得跟艾哈迈迪—内贾德批评以色列的次数一样多，他也多次重复说他无意攻击以色列……

丹·梅里多尔：呃，尽管我十分尊敬您，但我不能同意。你谈到艾哈迈迪—内贾德，我谈的是哈梅内伊（Khamenei）、艾哈迈迪—内贾德、拉夫桑贾尼（Rafsanjani）和沙姆哈尼（Shamkhani）。他们在思想上和宗教上基本都带有这种观点：以色列是一个非自然产物，它不会存活下来。他们没有说："我会把它抹去。"这一点你是对的。但是"他不会存活下来，他是一块必须被切除的肿瘤"这句话，确实在两周前被再次提及。

泰摩尔·纳比利："是的，我很高兴你承认了他们没有说把以色列抹去这句话。"

这件事情就这样到此为止了，是吗？当然不是。福克斯新闻（Fox News）、美国国家公共电台（NPR）、美国有线电视新闻网（CNN）、美国全国广播公司（NBC）等媒体，很可能继续宣称艾哈迈迪—内贾德会对以色列进行武力威胁，威胁"将把它从地图上抹去"。这只是以色列杀手艾哈迈迪—内贾德，还有大屠杀否认者艾哈迈迪—内贾德，当然后面这个称号根本就是空穴来风。

现在让我们来听一下埃利·维塞尔（Elie Wiesel），这个头脑简单的保守男人在说些什么吧。埃利·维塞尔的事业建筑在自己是一个大屠杀幸存者这个身份之上，因为正是他推荐奥巴马总统在大屠杀纪念馆发表了上述演讲，演讲就是在丹·梅里多尔言论发表的五天后。

为什么大屠杀的最大否认者艾哈迈迪—内贾德还在当总统呢？他威胁要使用核武器，要用核武器来摧毁犹太国家。我们还没有认识到吗？我们必须认识到当邪恶获得了全力，几乎是为时已晚。

"核武器"当然是在老神话后面的加上的新神话了。

像奥巴马一样，维塞尔也是一名诺贝尔和平奖获得者。亨利·基辛格（Henry Kissinger）以及梅纳赫姆·贝京（Menachim Begin）也都是此奖得主。当然还有一些战争爱好者也是。汤姆·莱雷尔（Tom Lehrer）是20世纪50年代以及60年代著名的政治歌曲作家，他曾经说道："当亨利·基辛格被授予诺贝尔和平奖时，政治讽刺已经过时了。"这个胡闹的奖项什么时候才能终止呢？

为准确起见，我们还需要注意奥巴马在2002年3月4日发表的演讲，他在美国以色列公共事务委员会（AIPAC）说道："我从一个你们都知道的基本事实说起，任何一届以色列政府都不会容忍核武器掌握在一个否认大屠杀的政权手中，这个政权还威胁要把以色列从地图上抹去，并且资助决心摧毁以色列的恐怖组织。"①

万能的威胁之人，具有核威胁的阿亚图拉
（2012 年 2 月 3 日）

我们都十分清楚，美国和以色列都痛恨看见伊朗拥有核武器。"中东唯一的核力量"是以色列手中的一张好牌。但是，在一个真实的、没有政治宣传的世界里，美国和以色列真的会怕拥有核武器的伊朗吗？这里不妨先做一个备忘录——

2007年，在一次非公开讨论中，以色列外长齐皮·利夫尼（Tzipi Livni）说道，在她眼中，"伊朗的核武器并不会对以色列构成实质上的威胁"。同样她还"批评了以色列总理埃胡德·奥尔默特（Ehud Olmert）对于伊朗炸弹的夸大其词，她认为，埃胡德·奥尔默特是在试图利用公众的恐惧来使民众团结在他身边"。②

2009年，以色列一名高级官员在华盛顿声称，"由于担心报复，伊朗很可能不会利用导弹来攻击以色列"③。

2010年1月10日，《星期日泰晤士报》的报道称，作为战争英雄，同时也是以色列防卫支柱以及以色列原子能委员会前总干事的陆军准将乌

---

① whitehouse. gov/the_ press_ office/2012/03/04/remarks_ president_ aipac_ policy_ conference_ 0.

② Haaretz. com（Israel），October 25，2007；print edition October 26.

③ *Washington Post*，March 5，2009.

兹·艾拉姆（Uzi Eilam），他认为"伊朗要花上七年时间才能造出核武器"。

2012 年 1 月，美国国防部长莱昂·帕内塔（Leon Panetta）向一位电视观众说道："伊朗是要发展核武器吗？不，据我们所知，他们是在尝试发展核技术。"①

一周之后，我们可以在 1 月 15 日的《纽约时报》中读到，"三位以色列国防知名专家——摩萨德（the Mossad）② 领导人塔米尔·帕尔多（Tamir Pardo）、摩萨德前领导人埃夫拉伊姆·哈勒维（Efraim Halevy）以及军方前参谋长丹·哈鲁兹（Dan Halutz）最近都宣称说，拥有核力量的伊朗不会对以色列构成实质上的威胁"。

几天之后，以色列国防部长埃胡德·巴拉克（Ehud Barak）接受了以色列军方电台的采访（1 月 18 日），采访对话如下：

> 问：伊朗还没有决定将核潜力发展成大规模杀伤性武器，这一情况是不是以色列方面的判断呢？
>
> 巴拉克：人们在问，现在伊朗是否下定决心从一个受到控制（接受核检查）的政权中挣脱出来……试图制造核武器或者是尽快建设可操作的核设置。很显然还没到这一步。

最后，美国国家情报局局长詹姆斯·克拉珀（James Clapper）在给国会的报告中说："然而，我们并不知道伊朗是否最终决定制造核武器。……但是可以确定，伊朗还没有完成制造弹头所必需的材料。"③

类似上述的证据，当然不止这么多。不过，这些永远都不会成为美国大众媒体的头条；的确，他们只是轻描淡写，有时则是直接歪曲。在 1 月 9 日美国公共广播公司《PBS 新闻一小时》栏目中，非商业网是受美国自由主义者广泛喜爱的，帕内塔的如上言论是这样被引用的："但是我们知道他们在努力发展核技术，这才是我们关心的。"前边的话语被明目张胆地略去了："他们在设法制造核武器么？并没有……"④

---

① CBS, "Face the Nation", January 8, 2012; see video at http://ufohunterorguk.com/2012/01/12/us_ defense_ secretary_ leon_ panetta_ admits_ iran_ not_ making_ nuclear_ weapons.

② 以色列情报机关。——译者注

③ *Guardian*, January 31, 2012.

④ Fairness and Accuracy in Reporting, www. fair. org/index. php.

以色列知名军事史学家马丁·冯·克里费德（Martin van Creveld）在2007年6月接受了《花花公子》杂志的采访。

> 《花花公子》杂志：这个世界能接受一个拥有核力量的伊朗吗？
>
> 克里费德：美国已经接受了苏联和中国，为什么不能接受一个拥有核力量的伊朗？我研究了美国过去反对核扩散的方式。每次一个国家打算进行研究，美国就提出反对，并谈及这个国家非常危险的原因，且认为其不配拥有核武器。美国认为自己是唯一值得拥有核武器的国家，因为国家强大，民主，而且他们尊重母亲，喜欢苹果派和国旗。但美国是唯一动用过核武器的国家……我们不必担心伊朗会把核武器丢到我们头上。我们不能太过于公开地这么说，因为我们在历史上为了获得武器而利用过各种威胁……由于伊朗的威胁，我们从美国和德国那里得到了武器。

这些年来，美国以及以色列官员向我们保证说伊朗是世界上头号核威胁，我们不能放松警惕，我们应该不加限制地向伊朗人民和政府施加最严酷的制裁。伊朗核专家不断遭受谋杀以及谋杀未遂，通过电脑病毒来破坏伊朗核设施，售卖残缺零件以及原材料，无法解释的空难，伊朗设施的爆炸……这一切的背后，除了美国和以色列，谁还能解释这些现象呢？我们是怎么知道的呢？这叫做"常识"。难道你认为是哥斯达黎加？或者是南非还是泰国？

就一位伊朗科学家遇到的一次暗杀事件，国防部长帕内塔在最近发表了一次简短的回应："这不是美国做的。"① 有人知道莱昂·帕内塔的电子邮箱吗？我想给他寄一封美国刺杀阴谋的长长的单子。这些年来，有50多位外国领导人被列为暗杀目标，许多暗杀取得了成功。②

就在不久前，伊拉克和伊朗被美国和以色列列为以色列中东霸权最主要的威胁。于是这才有了伊拉克大规模杀伤性武器的神话。美国想把伊拉克变成一个无能国家。到了伊朗这里，才有了伊朗核威胁的神话。当伊朗作为核威胁这一图谋慢慢破产，或者说无法让世界其他国家感到信服的时

---

① Reuters, January 12, 2012.

② killinghope. org/bblum6/assass. htm.

候，美国和以色列决定，至少它需要进行政权的变革。下一步或许就是封锁伊朗的生命线——利用霍尔木兹海峡出售石油。因此，美国和欧盟海军最近在波斯湾集结，刺激伊朗先动手。

如果伊朗想要打破封锁，那么这可能就是成为下一个无能国家的信号，这将会是十年间的第四个。在哀鸿遍野的利比亚、阿富汗还有伊拉克之后。现在的伊拉克正享受着美国带来的独一无二的自由以及民主。

1月11日，《华盛顿邮报》的报道称："除了直接影响伊朗领导人，（一位美国情报官员）说道，另外一个选择就是制裁。制裁会增加伊朗街头的憎恨与不满，这会迫使伊朗领导人改变他们的方式。"作为21世纪"自由世界"（这个表达现在还用吗？）的领导人，采取这样的手段达到目的真是太厉害了。

新保守派的思路更加厉害。（贝拉克·奥巴马经常被认为是其中的一员。）丹尼尔·普莱特卡（Danielle Pletka）是美国企业研究所研究外交国防政策领域的副所长，这个研究所被认为是美国新保守派最杰出的智库。她认为：

> 美国最大的问题不是伊朗拥有核武器并且正在进行测试，而是它拥有核武器却并不使用。因为他们拥有却并不作恶，所以所有的反对者会反过头来说："看吧，伊朗是一个负责的国家，我们说过伊朗拥有核武器并不是为了立即使用。"……他们最终不会把拥有核武器的伊朗视为一个问题。[①]

我们为什么会提到这个以及以上其他的引述？我想还是要回到我的开场陈述："中东唯一的核力量"是以色列手中的一张好牌。那么美国和以色列会为了守住这张牌而大动干戈吗？

阿拉伯领导人：阿拉伯人民

贯穿维基解密文件的一个最常见的线索，就是美国对于伊朗的"疯狂迷恋"。美国不断向一个又一个国家施加压力，来迫使他们向伊朗施

---

① Video of Pletka making these remarks at http://politicalcorrection.org/fpmatters/201112020008.

压，如此一来，美国的制裁范围扩大，痛苦程度也不断加深。所谓的伊朗核威胁的流言不断扩散，而且美国还阻挠伊朗与其他国家的正常往来，仿佛伊朗是一个麻风病人一样。

2010 年 11 月 28 日，英国《卫报》的标题这样写道：如果伊朗拥有了核武器，"那么这将是一个'不同的世界'。大使馆的通讯揭露了美国是如何无情地哄骗和欺凌其他国家，好让他们不向伊朗提供物资"。我们被告知，其他阿拉伯国家的政府也支持美国的行为，因为伊朗威胁论已经散播开来。作为参议院外交关系委员会的民主党领袖约翰·克里（John Kerry）也赶了一回潮流。他说道："我从［沙特阿拉伯］阿卜杜拉国王、［埃及总统］穆巴拉克（Hosni Mubarak）以及其他人那里听说的事情，现在已经传遍大街小巷了。"他接着说，现在大家已经在伊朗问题上"达成了一致"（英国《卫报》，12 月 2 日）。如果这些话都有意义，那么其中的含义就是：阿拉伯人民真的是这样想的，而不仅仅是他们独裁领导人的意思。我们来看几组数字吧。

2010 年夏天，一年一度的"阿拉伯民意测验"在埃及、约旦、黎巴嫩、摩洛哥、沙特阿拉伯以及阿联酋进行。这项测验由佐格比国际（Zogby International）以及美国马里兰大学主办。结果的样本如下：

- "如果伊朗拥有核武器，那么中东地区可能会出现以下哪种结果？"回答更加乐观占 57%，不会影响占 20%，更加消极占 21%。
- 相信伊朗在谋求制造核武器的人中，70% 相信伊朗有权实施核计划。
- 如果世界上只有一个超级大国，那么你希望谁是这个超级大国？回答法国占 35%，中国占 16%，德国占 13%，英国占 9%，俄罗斯占 8%，美国占 7%，巴基斯坦占 6%。
- "说出你认为对你威胁最大的国家。"回答以色列占 88%，美国占 77%，阿尔及利亚占 10%，伊朗占 10%，英国占 8%，中国占 3%，叙利亚占 1%。
- "除了自己的国家，哪个国家领导人你最崇敬？"（部分名单）回答雷杰普·埃尔多安（Recep Erdogan）［土耳其］占 20%，乌戈·查韦斯（Hugo Chávez）占 13%，穆罕默德·艾哈迈迪—内贾德占 12%，哈桑·纳斯拉拉赫（Hassan Nasrallah）［真主党/黎巴嫩］占 9%，奥萨马·本·拉登（Osama bin Laden）占 6%，萨达姆·侯赛因占 2%。（而贝拉克·奥巴马根本没被提到。)①

另外的和平恐慌。天啊，真够近的。

(2007 年 12 月 11 日)

2007 年，美国情报界发布了最新国家情报评估（NIE）。在评估报告中，《伊朗：核目的以及核能力》这篇报道，最上面用黑体写道："NIE 没有（在一开始就强调）认定伊朗在试图制造核武器"。报道还说道："我们信心十足地认为，在 2003 年秋天，伊朗终止了它的核武器计划。"

伊朗没想用核武器来攻击美国以及以色列，这难道不是好消息么？每个人都十分兴奋，痛苦以及恐怖将不复存在，更不必说美国以及以色列的报复和先发制人。我们来看看美国领导人的一些幸福反应吧——

共和党议员们正打算呼吁国会委员会审查 NIE 关于伊朗在 2003 年终止核武器计划的结论。②

国家安全顾问斯蒂芬·哈德利（Stephen J. Hadley）说道，这项报告"告诉我们伊朗可能拥有核武器依然是一个十分严峻的问题"③。

国防部长罗伯特·盖茨（Robert Gates）"在波斯湾安全会议中激烈争辩道……美国情报部门暗示说，伊朗可能'随时'重启秘密的核武器计划，会对这一领域造成极大威胁"④。

布什总统前任驻联合国大使以及新保守主义卫士约翰·博尔顿（John R. Bolton）对报告结果予以驳斥，他说道："我的观点从来没有建筑在本周的这一情报上。"⑤

布什自己也补充道：

看吧，伊朗过去危险，现在还是危险，如果他们掌握了制造核武器的必要技术，那么未来也会十分危险。NIE 说，伊朗存在一个秘密

---

① www. brookings. edu/ ~/media/Files/rc/reports/2010/08_ arab _ opinion _ poll _ telhami/ 08_ arab_ opinion_ poll_ telhami. pdf.

② *Washington Post*, December 7, 2007, p. 8.

③ *New York Times*, December 3, 2007.

④ *Washington Post*, December 9, 2007.

⑤ *Washington Post*, December 4, 2007.

的核武器计划。报告里是这么说的。谁能说得准他们不会重新开始一项秘密的核武器计划呢？……报告中说："好吧，为什么我们不停止忧虑这个呢？"这篇评估报告的内容一点也没变。相反我认为报告说得很清楚，伊朗需要被严肃对待。我的观点也没有改变。①

嗯，好吧，或许以色列的反应会更乐观些吧？下面是来自以色列知名专栏作家乌里·阿弗纳瑞（Uri Avnery）的一篇报告：

地球晃动了。我们的政治以及军事领导人全都震惊了。标题都充满着愤怒的怒吼……我们不应该感到狂喜吗？以色列的民众不应该在街上跳舞吗？毕竟，我们得救了!!……你瞧，现在没有炸弹了，邪恶的艾哈迈迪—内贾德可以尽情地威胁我们，只是他没有手段来伤害我们了。这难道不是庆祝的理由吗？但这感觉为什么像是一场国家灾难呢？②

我们必须记住：美国，像以色列一样，珍惜对手。没有了对手，美国就像是一个失去了道德目的和方向的国家。国家安全部门的许多经理需要敌人保障他们的工作，为他们庞大的预算正名，夸大他们的工作，给他们制定任务，把大量纳税人的钱送到他们离职后工作的公司里。他们也十分理解对手的需要。在冷战结束之后的 1992 年，美国陆军上校丹尼斯·朗（Dennis Long）发表演说，当时他还在诺克斯堡担任"总装甲部队战备"的总指挥。演讲中他说道：

50 年间，我们的足球队装备精良并且每周训练五天，但是一场比赛也没打过。我们已经侦察过了，敌人目标明确且实力显而易见。（现在）我们夜以继日地训练，但是其他队伍的情况我们一无所知。我们没有他的战略图解，不清楚体育场在哪里，也不知道他会派多少人上场。对于军事部署而言，这是十分令人沮丧的。尤其是到了当你

---

① *Washington Post*, December 5, 2007.

② "How They Stole the Bomb from Us", December 8, 2007, http://zope. gush_ shalom. org/index_ en. html.

想要为自己的组织和系统的存在正名时候。①

　　无论如何，即使伊朗现在拥有大量核武器，只要它无意攻击美国和以色列，以上内容全都是无稽之谈。

蓄意的误解
（2007 年 11 月 6 日）

　　　　国际误解几乎都是自发形成的：这就是一种自相矛盾的说法，因为为了故意造成误会，即使没理解你要误会的内容，你至少也得提出质疑。②

　　　　——英国国会议员伊诺克·鲍威尔（Enoch Powell），1983 年

　　2007 年 10 月，以色列外长齐皮·利夫尼在联合国对与会的各国领导人说，现在是向伊朗采取行动的时候了：

　　　　没有人不同意，伊朗否认大屠杀并且公开表达将我国从地图上抹去的意愿这件事。没有人不同意，伊朗违背联合国安理会的决议，积极寻求达到目的的手段。许多人看到了危险，但却若无其事地走开——指望其他人会来管管。……现在是联合国以及世界各国实践诺言的时候了。说也说够了，现在是展开行动捍卫基本价值观的时候了。③

　　正如前面所提到的，我们从以色列《国土报》（Haaretz，经常被称为以色列的《纽约时报》）中获悉，在几个月前，还是这位外交部部长齐皮·利夫尼，在一系列的秘密讨论中，发表看法称"伊朗的核武器并不会对以色列构成实质性威胁"。《国土报》的报道称："利夫尼还批评了以色列总理埃胡德·奥尔默特对于伊朗炸弹的夸大其词，她认为，埃胡德·奥尔默特是在试图利用公众的恐惧来使民众团结在他身边。"④ 我们应该

---

① *New York Times*，February 3，1992，p. 8.

② *Guardian*，October 10，1983.

③ Haaretz. com，October 1，2007.

④ Haaretz. com，October 25，2007；print edition October 26.

如何看待这样一个说话自我矛盾、堪称完美的伪善之人呢？

下面是《国际新闻》（*Newsweek International*）周刊编辑法里德·扎卡利亚（Fareed Zakaria）的观点：

我们上一次与伊朗进行严肃协商还是在阿富汗战争结束的时候，那时我们的目标是在这个国家创建一种政治新秩序。（20 世纪 90 年代初期）布什政府在波恩会议的代表詹姆斯·多宾斯（James Dobbins）说道："伊朗人十分的专业，坦率，值得信赖并且乐于助人。他们对我们的胜利至关重要。他们说服了北方联盟（塔利班的阿富汗敌人）做出我们要求的最后让步。"詹姆斯·多宾斯还说在 2001 年的时候，伊朗人想通过他或者其他人跟美国建立起更好的关系。但这之后再无下文。即使在邪恶演说发表之后，他回忆道，伊朗也想与我们在阿富汗进行合作。多宾斯将此提案带到了华盛顿的领导人会议上，但所有人都对此默不作声。之后国防部长唐纳德·拉姆斯菲尔德发话了，说他蔑视这种议题。之后伊朗再未得到回应。为什么还要麻烦呢？他们都疯了。[①]

多宾斯继续写道：

波恩协议的最初版本……没有提民主或反恐战争，是伊朗的代表发现了这些缺失，并成功督促新诞生的阿富汗政府承认以上两点。[②]

在哈米德·卡尔扎伊（Hamid Karzai）宣誓就职阿富汗临时领导人的几周后，布什总统把伊朗列入了"邪恶轴心国"的名单。这真是对伊朗在波恩会议上帮助的意外回报啊。一年之后，也就是在入侵阿富汗不久之后，两国与伊朗的双边交流都暂停了。自此之后，针对伊朗核计划的对峙开始加强。[③]

就在 2003 年美国入侵伊拉克后不久，伊朗通过瑞士大使向美国国务

---

① *Newsweek*, October 20, 2007.

② *Washington Post*, May 6, 2004.

③ *Washington Post*, July 22, 2007, p. B7, op-ed by Dobbins.

院发送了一封传真。《华盛顿邮报》将此形容为"伊朗希望与美国展开广泛交流的请求书，传真中说，什么都可以谈，包括核计划的全面合作，承认以色列以及终止伊朗对巴勒斯坦武装力量的支持"。布什政府"十分轻视这封提议，而且他们向中间人瑞士大使提出控诉"。时任美国国务院政策计划方面负责人，现在是美国对外关系委员会主席的理查德·哈斯（Richard Haass）说道，伊朗的示好很快就被拒绝了，因为本届美国政府的政策偏向于推进改朝换代。①

　　因此，以色列人知道，美国人也知道，伊朗不是任何形式的军事威胁。在入侵伊拉克前我提出了一个问题：除了进行大规模国家层面的自杀袭击外，萨达姆·侯赛因攻击美国以及以色列的其他可能动因是什么呢？他没有动因，伊朗人也没有动因。

---

① *Washington Post*, June 18, 2006.

第六章

乔治·布什

"举起双手走出白宫!"

(2006 年 5 月 21 日)

约翰·艾伦·穆罕默德①本月在马里兰州接受审判时说:"人们曾称我为兄弟、约翰、爸爸、叔叔、朋友,而现在人们称我为恶魔。"此前,穆罕默德以"华府狙击手"著称,曾于 2002 年因六起命案在马里兰州受到审讯。他在弗吉尼亚州因其他几起谋杀案已被判处死刑,但他坚称自己是清白的,尽管 DNA、指纹以及在他车上发现的一杆步枪的弹道分析等证据都无法支撑他的观点。②

丧失了一切实实在在的政治权力,我被迫做起了白日梦——不太遥远的将来,在世界上的某个地方,那里充满了自由的气息,一个法庭、一个审判席……一名被告在辩护,"人们曾称我为兄弟、乔治、儿子、爸爸、叔叔、朋友、'达不溜'(Dubya)③、州长和总统。而现在人们称我为战犯。"他伤心地诉说着。尽管有确凿证据表明他是有罪的,但他仍坚称自己是无辜的。

美国的免疫系统正在试图吞噬他,可他在内心有没有意识到这一点?

---

① 约翰·艾伦·穆罕默德(John Allen Muhammad),1961 年生于美国。在 2002 年 10 月 2 日到 10 月 24 日,穆罕默德与 17 岁的同伙马尔沃在华盛顿周边地区潜伏在车内对过往行人进行"任意狙击",共造成 10 人死亡,3 人受伤。2009 年 11 月 10 日,穆罕默德在弗吉尼亚州里奇蒙德市的格林斯韦尔拘留中心被执行注射死刑。——译者注

② *Washington Post*,May 5,2006,p. B1.

③ Dubya:美国总统小布什的昵称,因小布什经常将姓名中的 W 发音为"dubya",故人们用此昵称嘲讽他的得克萨斯口音。——译者注

答案是可能没有，并且不会比他的同伙认识更多。

2004 年，美国副总统迪克·切尼访问洋基体育场（Yankee Stadium）的棒球比赛。在第七局中场唱响"上帝保佑美国"时，记分牌上出现了切尼的图像。体育场迎来嘘声一片，洋基工作人员迅速删除了图像。① 然而，副总统出席了上个月的主场揭幕战，并为华盛顿国民队（Washington Nationals）打出第一球。根据《华盛顿邮报》的报道，他"在赛场上行走和慢跑时，引发了喧闹的嘘声。考虑到代表两党的全国性娱乐活动，这种带有嘲弄意味的致敬显得出奇的响亮和经久不息，并淹没了来自观众席的少许掌声"②。

如果切尼再次出现在一个未经精心选择的赛场中，周围人群簇拥，却不能保证他们个个都思想健全，这将是件趣事。甚至可能会情不自禁。在过去的几个月时间里，唐纳德·拉姆斯菲尔德（Donald Rumsfeld）的公开讲话两次被听众席的听众打断，称他是战犯，并指责他说谎而让美国陷入战争。一次发生在华盛顿非常体面的全国新闻俱乐部的一间会议室，还有一次发生在亚特兰大同样体面的南方国际政策中心。

2005 年 11 月，智利前独裁者奥古斯托·皮诺切特（Augusto Pinochet）因造成成千上万的人失去生命而遭受审判，临近审判时，他向法官声明："我为这些损失感到悔恨，并遭受因此而带来的痛苦。上帝安排了这些事情，如果我做了一些我不相信自己做过了的过分的事情，上帝会宽恕我的。"③

"达不溜"不可能说得更好。我们希望有一天我们能迫使他站在法官面前接受审讯，并且不是由他任命的法官。

在战争罪审判后，我们将需要第二个法庭来审判无耻的谎言、对民众智商的明显侮辱以及非常怪诞的愚蠢行为和非常愚蠢的怪诞行为

2006 年 3 月 29 日，乔治·W. 布什在华盛顿自由之家（Freedom

---

① *New York Times*，June 30，2004.

② *Washington Post*，April 12，2006，p. C3.

③ Associated Press，November 16，2005.

House）讲道：

> 我们是一个拥有深切同情心的国家。我们有顾虑。美国最伟大的事情之一，我们国家的美德之一是，当我们看到一个年轻的、无辜的孩子被简易爆炸装置（IED）炸到时，我们会哭泣。我们不关心孩子的宗教信仰是什么，不关心孩子在哪里居住，我们都会哭泣。它搅得我们心烦意乱。敌人知道，他们想要扼杀和动摇我们的信心。[①]

伏尔泰说："那些能让你相信谬论的人，能让你犯下暴行。"

如果你有时会认为沉默、谎言、伪善、愤世嫉俗、残酷和傲慢可能没有现在那么糟糕……

下面是 1991 年 5 月 29 日美国总统乔治·W. 布什在美国空军学院的演讲：

> 世界上没有哪个地方比中东地区的武器扩散危险更为紧迫。在向该地区和其他地区政府咨询如何减缓以及再进一步减少不必要的和不稳定的武器积累后，我今天提出一个中东军备控制倡议。这一倡议主要突出以下几点：制定出口常规武器的供应商指导原则，设置有助于大规模杀伤性武器出口的障碍，在该地区即刻冻结并在将来禁止地对地导弹以及禁止生产核武器材料。

第二天（即 1991 年 5 月 30 日），时任国防部长迪克·切尼宣布，美国将向以色列提供价值 6500 万美元的美国战机，并为以色列新的导弹计划承担大部分资金。[②]

在同一场演讲中，老布什宣称："我们在海湾服役的士兵们，几个月在沙漠里疲惫不堪，现在帮助正遭受苦难的库尔德人。"而事情的真相

---

① Talk by Bush at Freedom House, Washington, DC, March 29, 2006.

② *Los Angeles Times*, May 31, 1991.

是，由于海湾战争已经在 2 月停战，美国正尽最大努力压制库尔德人反对
萨达姆·侯赛因统治的起义，一场布什政府曾以华盛顿长期自称的民主解
放者角色公开鼓动库尔德人和什叶派发动的起义；但当一时的激情冷却下
来时，一个与美国的盟友土耳其相邻的库尔德自治区域和/或一个与沙特
盟国相邻的伊拉克—伊朗—什叶派联盟的起义的成功前景，却令美国感到
不快。于是，库尔德人和什叶派都被交给了他们［不太好］的命运。但
是，嘿，这才是最要紧的。

在讲完这些才几秒钟后，老布什继而歙动双唇，说出了下面的话：
"我们没有规定各国效仿的这些做法。"

公民自由在布什政府言论的核心部分占据重要地位

2006 年，对于美国国家安全局未经法院允许在境内秘密监听美国人
一事，乔治·W. 布什总统说，"这是一个旨在防止在美利坚合众国受到
攻击的小范围项目，我重申一遍，只是个小范围的项目"①。让我们平心
而论。制止这一项目很容易，但事实是，总统说得对，这的确是个小范围
的项目。它仅限于那些被监听的人。那些没被监听的人，没有一个，我重
申一遍，没有一个被监听。

托马斯·杰斐逊②说，自由的代价就是永远保持警惕。但无疑他说的
是民众监督政府，而不是相反。

在天堂……或在阿尔巴尼亚的联姻

前白宫顾问哈里特·迈尔斯（Harriet Miers）曾称乔治·W. 布什是
她见过的最聪明的人。③ 她现在待在自己的奇特的小房间里，不再感到孤
单了。2007 年 6 月 10 日，布什总统访问阿尔巴尼亚。阿尔巴尼亚可以说
是整个欧洲最落后的国家，不论是今天还是在作为苏联卫星国的时期。访

---

① Associated Press, January 2, 2006.

② 托马斯·杰斐逊（Thomas Jefferson, 1743—1826），美国第三任总统（1801—1809），同
时也是美国《独立宣言》（1776 年）主要起草人之一以及美国开国元勋中最具影响力者之
一。——译者注

③ Copley News Service, October 10, 2005.

问期间，欢乐的富舍克鲁亚（Fushe Kruje）市民大喊"布谢（Bushie）！布谢！"而且阿尔巴尼亚总理也不断地称他是"我们一直以来到访的最重要、最尊贵的客人"。

《华盛顿邮报》专栏作家尤金·鲁宾逊（Eugene Robinson）报道了这些情况，并收到一名读者写来的一封信，信中说："关于6月12日尤金·鲁宾逊的专栏……不可避免有人会讥笑阿尔巴尼亚接待布什总统……〔鲁宾逊〕神气十足地写到'一个精彩的反波拉特（Borat）时刻'……阿尔巴尼亚感谢美国源于美国支持阿尔巴尼亚追随推翻共产主义的浪潮。"①

是啊，共产主义精彩的崩溃，民主、自由、资本主义更加精彩的诞生……以及原苏联领土上日益增多的贫穷和匮乏。实际发生的情况是，1991年3月"解放阿尔巴尼亚"的第一次选举，结果是共产党得到了压倒性的支持。那么，紧接下来美国怎么做的呢？理所当然，它接下来着手发动一项运动来推翻这个同样是民选的政府。上一年，在邻国保加利亚——另一个苏联的卫星国，共产党人也赢得了大选。美国也推翻了他们。② 这是后冷战时期美国主导并资助非暴力地推翻苏联及其卫星国政府的开始。③

---

① *Washington Post*, June 16, 2007, letter from Andrew Apostolou.

② killinghope. org/bblum6/bulgaria. htm.

③ 对此的进一步讨论，参见 William Blum, *Freeing the World to Death*（Common Courage Press, Monroe ME, 2004）, pp. 166 – 171。

第七章

康多莉扎·赖斯

废话能否毁了你的大脑？

2006年4月5日，美国前国务卿康多莉扎·赖斯（Condoleezza Rice）在参议院外交关系委员会讨论一项美印核协议时作证说：

> 印度社会是开放的、自由的，是透明的、稳定的，是多民族的。它是一个多宗教的民主国家，其特点是个人自由和法治。它是一个与我们享有共同价值观的国家。……印度是一个正在崛起的全球大国，我们相信在瞬息万变的亚洲，它能成为稳定的支柱。换句简单的话说，印度是美国的天然伙伴。

就在同一天，美国国务院发布了人权报告，其中对印度的描述如下：

> 政府总体上尊重其公民的权利，并为遏制侵犯人权作出了持续努力，但印度依然存在许多严重的问题。这些问题包括法外处决、失踪、监禁死亡、过度使用武力、任意逮捕、施用酷刑、监狱条件恶劣以及长期的审前拘留，在打击查谟和克什米尔叛乱时更是如此。针对妇女的社会暴力和歧视、拐卖妇女和儿童并强迫卖淫和劳动以及堕掉女胎和杀害女婴等问题仍然值得关注。法律执行较差、腐败现象普遍、责任感缺乏以及法院系统严重超负荷削弱了正义的释放。

龙女士得到了一点报应

我们这些持不同政见者；我们这些在美国处于社会边缘的人，我们这些贫民，在主流政治舞台上，我们没有机会公开辩护和赎罪。"坏人"似乎总是出人头地，并毫发无损。因此，在 2005 年 1 月 18 日参议院关于提名赖斯为国务卿的听证会上，我的确感到有些荣幸地听到赖斯受到参议员芭芭拉·柏克瑟①的语言攻击。柏克瑟用文件详细证明了曾涉及赖斯的几个非常严重的谎言和反驳，涉及她试图为伊拉克战争辩护；前段时间，很多地方都没有我们这些持不同政见者不曾报道过的东西，但龙女士一脸的难堪却另当别论。

在赖斯请求"不要通过攻击我的信誉或我的诚信"来质疑她时，她的声音明显紧张起来。她继续为她过去的言论辩护，并在这一过程中改写了更多的历史——她说，多年来用于美国和英国反复轰炸伊拉克的禁飞区已经得到联合国授权。事实并非如此，这是华盛顿和伦敦私下联合的产物。接着她说，美国有充分的理由担心萨达姆·侯赛因，因为我们了解到他拥有生产生物武器的能力。我们知道，那是因为我们在 20 世纪 80 年代给了他这种能力。但对此她却只字不提。

我曾想，如果赖斯的这些进一步的陈述，与其在讨论古巴、海地和委内瑞拉（她说，她想不出什么正面的言辞来谈论查韦斯政府）问题上所做的许多其他有问题的陈述一道受到参议员质疑，龙女士可能会有些崩溃。这让我想到电影《凯恩舰叛变》（*The Caine Mutiny*）中的亨弗莱·鲍嘉②，在受到海军调查委员会紧锣密鼓的审问时，他突然从他的口袋里拿出一对金属球，并开始紧张和着迷地把玩。并且那就是舰长奎格的结局。

嗯，一个贫穷、不安的持不同政见者可以有梦想，难道不是吗？

没有什么比得了作秀

（2010 年）

她演奏莫扎特的 D 小调钢琴协奏曲。

---

①　芭芭拉·柏克瑟（Barbara Boxer），生于 1940 年，1992 年被选为参议员。在从政生涯中，柏克瑟一直大力鼓吹环保议题、妇女权利、枪械管制以及政府资助的医学研究。她被认为是民主党内更为左派和进步派的人物。在第 110 届国会里柏克瑟担任参议院环境及公共工程委员会主席，并因此成为美国第一个担任此职位的女性参议员。——译者注

②　亨弗莱·鲍嘉（Humphrey Bogart, 1899—1957），美国男演员，在电影《凯恩舰叛变》中饰演男主角舰长菲利普·弗朗西斯·奎格（Philip Francis Queeg）。——译者注

并且只有艾瑞莎·富兰克林①一个人伴奏。

在费城举行的一个盛大义演。

在费城交响乐团。

在 8000 人面前。

并且他们也喜欢。

有多少人知道弹钢琴的人是一个不折不扣却未被起诉的战犯？

犯有反人类罪。

为施用酷刑辩护。

她弹钢琴的双手沾满鲜血。

她多年的行政风格的特点是伪善、虚假信息以及赤裸裸的谎言。

但是观众在乎什么？

这就是美国。

好人的栖所。

她曾与坏人作斗争。

我们都知道，这场作秀必须继续下去。

那么，伙计们，我们来听听吧……让我们拥有一只真正代表全美国的手……

我们来听听吧，为我们自己心爱的艺术大师……巴格达的情人……康多莉扎·赖斯！

---

① 艾瑞莎·弗兰克林（Aretha Franklin），美国流行音乐歌手，1942 年生于流行音乐圣城孟菲斯，被称为"灵魂歌后"或"灵魂乐第一夫人"。——译者注

第八章

人权、公民自由和酷刑

人类抹不去的污点

（2007 年 6 月 8 日）

2007 年 3 月，美国医学协会《普通精神病学文献》（*Archives of General Psychiatry*）杂志上刊载了一份报告，该报告以访谈 20 世纪 90 年代原南斯拉夫冲突的几百个幸存者为基础，得出了如下结论：

> 剥夺基本需求、接触恶劣环境状况、强迫受压体位、戴头罩或眼罩、隔离、限制走动、强迫裸体、威胁、羞辱性对待以及其他心理上的处置等富有侵犯性的审讯手段或拘留程序，从它们导致的精神痛苦程度、背后的创伤应激机制以及创伤的长期影响而言，与肉体上的折磨似乎并没有实质上的不同。

该报告还补充说，这些研究结果并不赞同酷刑和"其他残忍、不人道和有辱人格的待遇"（这一表述来自 1948 年《世界人权宣言》，并经常用于国际人权公约和宣言）之间的区别。报告指出，虽然这些公约禁止这两种类型的行为，"然而这样的区分加深了这一误解——残忍、不人道和有辱人格的待遇造成的伤害较小，因此在特殊情况下可能是允许使用的"。①

这些结论对乔治·W. 布什、美国国防部等经常发表"我们没有施行酷刑"的声明构成直接反击。他们想让世界相信，侵犯性的心理折磨不

---

① From a March 5, 2007 press release by Archives of General Psychiatry.

属于真正意义上的酷刑；尽管他们肯定也经常施用肉体上的酷刑，并在一定程度上多次导致囚犯死亡。［英国高等法院的法官安德鲁·柯林斯（Andrew Collins）说："美国关于什么是酷刑的想法与我们不同，并且与大多数文明国家的想法不一致。"①］

然而，该杂志的报告结论没有反击那些像哈佛大学法学院教授艾伦·德肖维茨②的人的言论，他喜欢提出这一经典问题："如果有一枚炸弹已经被设定要爆炸，而爆炸会炸死很多人，并且只有你的囚犯知道它的位置，你会怎么做？是否可以通过施行酷刑让他透露这个信息？"

数百年来，人类一直为降服自身的恶行而苦苦挣扎，而摆脱酷刑的折磨在这些恶行的名单里排在前列。最后，1984 年联合国大会迈出具有历史性的第一步，它起草了《禁止酷刑和其他残忍、不人道或有辱人格的待遇或处罚公约》（该公约 1987 年生效，1994 年美国批准该公约）。该公约第二条第二款规定："任何特殊情况，不论是战争状态或战争，国内政局动荡或任何其他社会紧急状态威胁，均不得援引为施行酷刑的理由。"

为了给一个越来越难以对人类引以为傲的世界设定一个统一的标准，我们使用了这种极为清楚的、明确的和原则性很强的语言为全。我们不可能再回到过去。如果今天开始讨论施行酷刑的可能性，那么它就会成为现实。如果我们今天认为，对知道重要信息的人施行酷刑是可以接受的，那么明天就会接受对他的那些有知道同样信息嫌疑的同事、妻子或者子女施行酷刑。为了某种"国家紧急状态"或一些其他"更高的目标"，我们是否允许将奴隶制恢复一小会儿？

"就个人而言，我宁可死，也不愿为了救我一命而对任何人施行酷刑"，英国前驻乌兹别克斯坦大使克雷格·穆雷（Craig Murray）如是说。穆雷曾因公开谴责 2003 年乌兹别克斯坦政权常态化地施行酷刑而丢了工作。③

如果你为酷刑打开了一扇窗子，哪怕仅仅只是一条缝隙，那么"黑

---

① *Guardian*, February 17, 2006.

② 艾伦·德肖维茨（Alan Dershowitz），哈佛大学教授，美国当代最伟大的律师之一，曾为辛普森杀妻、克劳什·冯·彪罗杀妻、克林顿绯闻与弹劾等轰动全球的大案成功辩护，著有《最好的辩护》等书。——译者注

③ 布什政府反人类罪行国际调查委员会证词，2006 年 1 月 21 日纽约会议。

暗时代"① 的冷空气将填补整个房间。

严肃对待酷刑，还是相反

(2009 年 3 月 4 日)

在柬埔寨，他们再度竭尽全力地对 1975—1979 年犯有战争罪和危害人类罪的原红色高棉高级官员进行审判并绳之以法。目前，在联合国组织的审判中，被告人原红色高棉酷刑中心②负责人康克由（Kaing Guek Eav）已承认暴行，但坚称他是奉命行事。③ 大家都知道，这正是纳粹被告人的抗辩，但纽伦堡法庭没有采纳。人人都知道这事，对不对？没有人再重视这种抗辩，对不对？纳粹分子宣称："我只是奉命行事！"对此，除了布什政府和奥巴马政府发表赞成言论，我们都拿它当玩笑。下面是美国中央情报局局长莱昂·帕内塔（Leon Panetta）的话：

> 正如总统说过的一样，我要说的重点是，那些按照司法部长在[关于酷刑的] 司法解释中提供的规则行事并遵守这些规则的人不应该受到惩罚。而且……显然，我也不会支持调查或起诉那些人。我认为他们在干他们的工作。④

按照规则行事……遵守规则……干他们的工作……无疑都与服从命令一样。

美国已批准《联合国禁止酷刑公约》，其中很清楚地表述："上级官员或政府当局的命令不得援引为施行酷刑的理由。"这一公约明令禁止使用酷刑，这是国际法的基石，也是与禁止奴役和种族屠杀相等同的原则。

毫无疑问，那些下命令者多少有些罪责。在奥巴马就职典礼的当天，联合国酷刑特别报告员援引公约，呼吁美国追查前总统乔治·W. 布什和

---

① 所谓"黑暗时代"（the Dark Ages），是指西欧历史的中世纪早期，具体来说，是指西方没有皇帝的时期（476—800 年），更通常的说法是指公元约 500—1000 年。它的比较普遍和轻蔑的含义是指一个文化上的愚昧和野蛮的时期。——译者注

② 指红色高棉 S-21 监狱。

③ Associated Press, August 1, 2007.

④ Press conference, February 25, 2009, transcript by Federal News Service.

国防部长唐纳德·拉姆斯菲尔德对关塔那摩囚犯施行的酷刑和不良对待。①

在几个不同场合，奥巴马总统表示，他不愿意追查对布什政府官员的战争罪指控，并表达了如下观点，"我不认为任何人可以凌驾于法律之上。另一方面，我也有这样的信念，我们需要向前看，而不是向后看"。这与柬埔寨首相洪森（Hun Sen）给出不惩罚红色高棉领导人的借口完全如出一辙。1998年12月，洪森宣称："我们应该挖一个洞，埋葬过去，并以清白的历史展望21世纪。"② 在洪森当权以来的那些年里，没有因为在过去的大屠杀中应担当的责任而给任何一位红色高棉领导人定罪。

对于布什政府的官员，没有起诉，甚至没有进行调查，但奥巴马确实说过他们凌驾于法律之上。正如红色高棉官员曾凌驾于法律之上一样。哥伦比亚大学法学院教授、美国宪法权利中心主任迈克尔·拉特纳（Michael Ratner）表示，起诉布什政府的官员对于制定未来的反酷刑政策来说很有必要。

> 为防止这种情况再次发生，唯一的方法就是确保那些酷刑项目的负责人付出代价。如果让那些深入参与酷刑项目的人轻松地走下台并且无须承担责任地继续生活，我看不出我们有什么办法能恢复我们的道德地位。③

不起诉的一个原因可能是，对那些促成酷刑政策的布什政府官员进行严肃审判，可能会暴露出民主党作为在野党以各种形式对共和党的政策不提出反对意见并与之相勾结。

还应当指出的是，在1979年越南将波尔布特和红色高棉推翻后的几年里，美国还对他们提供了支持。这些支持始于吉米·卡特（Jimmy Carter）以及他的国家安全顾问兹比格纽·布热津斯基（Zbigniew Brzezinski），后来由罗纳德·里根（Ronald Reagan）延续下来。④ 对于越南这个没有被

---

① Agence France Presse（AFP），January 20，2009.

② *New York Times*，December 29，1998.

③ Associated Press，November 17，2008.

④ 参见 William Blum, *Rogue State: A Guide to the World's Only Superpower* (Common Courage Press, Monroe ME, 2005), ch. 10, "Supporting Pol Pot".

美国如此强大的力量打败的小国，美国的冷战分子有一种挥之不去的怨恨，加上感觉到它对苏联的亲近，似乎是对这一政策的唯一解释。当你是一个超级大国时，屈辱总是根深蒂固。

这个复杂的警世故事中，不应忘记的是，如果不是因为美国在1969—1970 年对柬埔寨实施大规模的"地毯式轰炸"以及在 1970 年支持推翻西哈努克亲王并由一个与美国有紧密联系的人继任，红色高棉很可能就不会上台，甚至也不会认真尝试这样做。① 感谢理查德·尼克松（Richard Nixon）和亨利·基辛格（Henry Kissinger）。干得好，伙计。

顺便说一句，如果你没有被奥巴马任命的职位拒绝，那就来听听2009 年 2 月 8 日詹姆斯·琼斯在慕尼黑安全政策会议上的发言是怎么开头的："感谢昨天你们对亨利·基辛格的赞扬。表示祝贺。作为美国新近的国家安全顾问，我每天听命于基辛格博士。"②

最后，西班牙高等法院最近宣布，将对以色列前国防部长和其他六个高级安全官员发起一项战争罪调查，因为他们对 2002 年在加沙发动的袭击负有责任，而这次袭击造成一名哈马斯指挥官和 14 名平民死亡。③ 西班牙一段时间内曾是世界上对侵犯人权实行"普遍管辖权"的领先实践者，例如十年前他们对智利独裁者奥古斯托·皮诺切特的起诉。以色列的案件涉及向一名哈马斯领导人的家投送炸弹；大多数遇害者是儿童。美国在阿富汗或巴基斯坦也隔三岔五做着与此相同的事情。鉴于美国总统拒绝对美国官员暨战犯运用他们的"国家管辖"，我们只能寄希望于有人向西班牙当局提起这些人的名字，例如布什、切尼、拉姆斯菲尔德、鲍威尔、赖斯、费斯（Feith）、珀尔（Perle）、柳（Yoo），以及其他一些缺少社会良知的人。由于美国有针对战争罪的法律，它于 1996 年由共和党控制的国会通过，竟然不需要单独依靠国际法。④

著名的以色列专栏作家乌里·阿弗纳瑞（Uri Avnery）写下了以色列案件，试图捕捉在以色列导致出现这样的战犯和战争罪的社会精神。他指出：

---

① 参见 William Blum, *Killing Hope: US Military and CIA Interventions since World War II* (Zed Books, London, 2003), ch. 20, "Cambodia, 1955—1973"。

② www.realclearpolitics.com/articles/2009/02/jones_ munich_ conference.html.

③ Reuters news agency, January 30, 2009.

④ The War Crimes Act (18 U.S.C. 2441).

　　这种体制向学生灌输暴力部落崇拜、完全的种族中心主义，在整个世界历史中，它看到的只是无穷无尽的犹太人受害者的故事。这是一种对他人漠不关心的上帝选民的宗教，一种对犹太人以外的人没有同情之心的宗教，它崇拜在圣经《约书亚书》中所描述的上帝下令进行的种族屠杀。①

　　用这段话来描述美国，基本上不需要做什么置换，只需把"犹太人"换成"美国人"以及将"上帝的选民"换成"美国例外主义"即可。

　　这两个国家还拥有其他的重要共同点：无论是美国还是以色列，建国时面临的主要问题是如何对待原住民。他们选择了相同的解决方案——杀了他们。既不合法，也毫不心慈手软。

不是你父亲的那种酷刑

（2005 年 12 月 6 日）

　　我们已提出与酷刑相关的行为，例如二战期间德国和日本对待囚犯的做法、塞勒姆女巫审判案、西班牙宗教裁判所以及我们在酷刑博物馆、好莱坞电影和我们的漫画书上所见到的景象：将身体拉伸在架子上，将人体固定在能将金属钉状物刺入受害者的肉体以及能够扭曲肌肉和骨骼令其保持极度痛苦的姿势的器械上，用烧红的铁钳烙烫肉体，撕裂指甲，用指夹夹压手指和脚趾，剜眼……而施刑者的助手，一个名叫伊戈尔（Igor）的驼背人，看上去对凌虐之乐垂涎欲滴。

　　就切尼、布什、冈萨雷斯（Gonzales）以及其他酷刑的辩护者和抵制者所认为的酷刑的范围而言，他们想让我们将酷刑与各种各样的景象相联系，但他们希望这些景象能显示美国的所作所为不属于酷刑。但是，关于历史上的酷刑方法，不论是真实的还是想象的，它所包括的界定酷刑的必要条件，是由谁来决定的，并在哪儿记载的？在经受伊拉克、阿富汗、关塔那摩湾地牢或者美国中央情报局秘密设施以及遭受相同经历的那些人中，对于将他们所遭受的对待称为"酷刑"，没有人会有半点犹豫。仅仅读读其中的一些故事就足以说服任何人一个有感知的人。（是的，回答你

---

　　①　*Haaretz*，January 30，2009.

的问题，切尼、布什和冈萨雷斯不在其列。）我已将所采用的技术手段列了一个又长又形象的清单——从剥夺睡眠、使用夹钳、溺水模拟、赤裸地躺在冰板上，到电击、用各种器具侵犯肛门、连续数小时被保持高度痛苦的姿势，还有其他 99 种完完全全羞辱人的方式；纳粹分子和日本人等已经能从中得到教训。①

有趣的是，战后美国授予许多德国和日本酷刑施加者豁免权，以换取他们施行酷刑手段方面的信息。

奥巴马政府施行酷刑了吗
（2012 年 4 月 6 日）

"奥巴马的忠实拥护者"（Obamabot）为了捍卫他们所拥护的男人，热衷于声称奥巴马已经废除了酷刑。这听起来很不错，但却没有足够的理由去接受它的表面价值。宣誓就职后不久，奥巴马和新上任的中央情报局局长莱昂·帕内塔明确指出，没有禁止"引渡"。正如《洛杉矶时报》（Los Angeles Times）的报道所说："按照奥巴马最近发布的行政命令，美国中央情报局仍然有权开展所谓的引渡、秘密绑架和转移囚犯到那些与美国合作的国家。"②

"合作"的英文翻译就是"酷刑"。引渡就等于施行酷刑。美国国家安全事务团队经常将囚犯带到立陶宛、波兰、罗马尼亚、埃及、约旦、肯尼亚、索马里、科索沃，或者印度洋岛屿迪戈加西亚岛（Diego Garcia），并将其中的一些命名为大家熟知的酷刑中心，这是毫无道理的。美国在科索沃和迪戈加西亚岛都建立了隐秘的大型军事基地，如果其他地方没有施行酷刑的话，那么这两处很可能仍然让酷刑大行其道。关塔那摩监狱也同样如此。此外，1 月 22 日颁布的有关酷刑的行政命令（"第 13491 号行政命令——确保合法审讯"）存在漏洞，例如它只适用于"在发生武装冲突的情况下"。因此，并不禁止美国人在"武装冲突"以外的情况下施行酷刑，而世界上的很多酷刑都是在这种情况下发生的。比如，在"反恐"的情况下，施行酷刑会怎么样？

---

① *Los Angeles Times*, February 1, 2009.

② Blum, *Rogue State*, pp. 71 – 76.

奥巴马先生的一项行政命令要求美国中央情报局只能使用经修订的《陆军战地手册》（*Army Field Manual*）中列出的审讯方法。但是，作为对待和审讯囚犯指南的《陆军战地手册》，仍然允许单独拘禁、剥夺知觉或感觉、剥夺睡眠、诱致恐惧和绝望、服用改变心智的药物、改变温度和可能存在的噪音等环境控制，以及可能产生痛苦的姿态强调位置和感官超载等。

帕内塔在受到一个参议院小组质询后，《纽约时报》写道，他曾——

让中央情报局寻求允许使用比奥巴马总统根据新规则授权的范围有限的目录更具侵略性的审讯方法成为可能……帕内塔先生还表示，该机构将继续布什政府的"引渡"做法——在街上抓获恐怖疑犯并将其送到第三国。但他表示，该机构拒绝将犯罪嫌疑人提供给以施行酷刑或者"违背我们人性价值"的其他行为而著称的国家之手。①

对于什么是这样的地方，他没有举例说明。

约翰尼上战场
（2007 年 1 月）

在过去的一年中，伊朗对于美国或以色列发动的袭击将产生的后果已多次向美国发出警告。2006 年 11 月，一名伊朗高级军方官员发布的一份声明宣称："如果美国对伊朗发动袭击，美国在该地区的 20 万军队和 33 个基地将极容易受到攻击，而且美国的政治家和军事指挥官都意识到了这一点。"② 伊朗显然认为，对于那些受到威胁并可能丧命的美国年轻人的前途，美国领导人会深感痛心并因此断然放弃对伊朗的任何粗暴的攻击。将美国年轻人抛尸伊拉克或者阿富汗这样深不可测的乱象之地所带来的痛苦，仿佛已经深深地刺伤了美国领导人，或者将 5.8 万个年轻的生命喂给越南这只怪兽所引起的惧怕报复或道德上的不安使其有所克制。仿佛美国领导人，就像全世界的领导人一样，曾经有过这样的顾虑。

---

① *New York Times*, February 6, 2009.

② Fars News Agency（Iran），November 21, 2006.

让我们简短地浏览一下一些美国现代历史，这可能有助于理解这个方面。1994 年美国国会的一份报告告诉我们：

> 20 世纪 40 年代，大约有 6 万名军事人员被作为人体试验对象测试两种化学药剂——芥子气和路易氏剂（起疱毒气）。这些试验对象大多数在参与研究后没有被告知试验的性质，也从未接受过医学随访。此外，其中的一些人体试验对象还受到威胁，如果他们与任何人谈论这些试验，包括他们的妻子、父母和家庭医生，将被监禁在利文沃思堡（Fort Leavenworth）。几十年来，五角大楼否认曾进行过此项研究，而它导致许多在接受秘密试验后生病的退伍军人痛苦了数十年。[①]

在 20 世纪 40 年代和 90 年代之间的几十年中，我们发现种类非常繁多的政府项目，无论是形式上的，还是付诸实施的，它们将士兵当作豚鼠来使用：通过派飞行员穿越蘑菇云行军到核爆地点，强迫接受化学和生物武器试验、辐射试验，使用麦角酸二乙基酰胺（LSD）洗脑进行行为矫正试验，在朝鲜和越南大范围接触剧毒的橙剂二噁英……毫不夸张地讲，试验对象数以百万计，几乎没有给他们选择的权利或充分的信息，往往对他们的身体和/或精神健康造成灾难性的影响，而很少得到适当的医疗护理或检查。[②]

20 世纪 90 年代，成千上万的美国士兵带着不寻常的衰竭性疾病从海湾战争的战场回到家中。人们怀疑他们接触了有害化学或生物制剂，但五角大楼否认了这种情况的发生。随着岁月的流逝，这些退伍军人吃尽了苦头：神经问题、慢性疲劳、皮肤问题、瘢痕肺、记忆力减退、肌肉和关节疼痛、严重头痛、人格改变、昏迷，等等。最终，五角大楼一步一步地被迫不再否认，并承认——是的，化学武器仓库遭到轰炸；接着承认，是的，有可能释放出致命的毒物；接着承认，是的，有 400 名美国士兵确实在这些有毒的排放物附近；接着承认，士兵人数可能是 5000 人；接着承

---

① Senate Committee on Veterans' Affairs, "Is Military Research Hazardous to Veterans' Health?" Lessons Spanning Half a Century, December 8, 1994, p. 5.

② Ibid., *passim*.

认，"一个非常大的数字"，大概超过 15000 人；接着承认，最后的精确数字是 20867 人；再接着，"五角大楼宣布，期待已久的计算机模型估计，近 10 万名美军士兵可能接触到微量的沙林毒气"。①

关于这些不同的物质和武器，如果五角大楼一开始就对一直都知道的情况持更加坦率的态度，那么那些战士可能会得到适当的早期诊断并尽快接受适当的治疗。从人所经历的痛苦来看，代价是无法估量的。

士兵们也被迫注射未被美国食品药物管理局承认安全有效的炭疽和神经毒气疫苗；如果遭受拒绝，有时像对待罪犯一样对他们进行惩罚。（二战期间，士兵们被迫注射黄热病疫苗，这导致其中的 33 万人感染了乙肝病毒。②）

而且在最近爆发的所有战争中，无数美国士兵被投送到与战场上贫化铀炮弹和导弹爆炸后的放射性尘埃非常邻近的地方；贫化铀与一长串的罕见、可怕的疾病和先天性缺陷有关联。美国发动的战争引起了贫化铀的大范围扩散——从塞尔维亚到阿富汗再到伊拉克——这就如艾滋病一样，应该是一个国际丑闻和危机，在这样一个不被美国吓倒的世界。

五角大楼虐待美国士兵的纪录还在继续。在伊拉克服役的军队或军人家属已经爆出这样的新闻：出于自己安全的考虑，用自己的钱购买防弹背心、更好的盔甲武装他们自己的车辆、医疗用品和全球定位设备，而这些都不是由军队提供的……服役的女兵持续不断地投诉遭到男性战友性侵犯和强奸，高级军官通常对此淡化处理或者不予理睬……从每场战争退役下来的无数伤残退伍军人不得不进行持续的斗争，以获得他们承诺过的医疗保障……为了了解在美国基地近乎残酷成性地对待士兵，读读《关于限制虐待受伤新兵的军法》（《纽约时报》，2006 年 5 月 12 日）……重复的服役，导致家庭生活支离破碎，不仅增加了伤亡的几率，还增加了创伤后应激障碍（PTSD）的可能性。③

2006 年 12 月 4 日以及其他几天，美国国家公共广播电台的《全面考虑》（*All Things Considered*）栏目制作了一个关于从伊拉克回国的受部队虐待以及患严重创伤后应激障碍的士兵的系列节目。在科罗拉多州的卡森

---

① 关于受影响的士兵的估计人数，参见 *Washington Post*，October 2 and 23，1996，and July 31，1997。

② *Journal of the American Medical Association*，September 1，1999，p. 822.

③ *Washington Post*，December 20，2006，p. 19.

堡，那些饱受折磨的士兵正在承受的各种虐待和惩罚远比他们所需要的帮助要多，由于情感上的"脆弱"而受到官员骚扰和惩罚。

下次你在阵亡将士纪念日听到总统或将军谈论"荣誉"和"责任"以及我们有多"亏欠那些为了自由和民主事业做出了最大牺牲的勇敢的青年人"时，请记住上面所说的这些。这些官员几乎不再关心这些倒霉的美国军人，甚至还比不上他们对视频游戏中杀死的外国人所做的。读一读达尔顿·特朗勃（Dalton Trumbo）写的《约翰尼上战场》（*Johnny Got His Gun*）吧。

人类的道德进步

当涉及支持犹太人的权利时，没有比第三帝国更伟大的领导者；当人们侵犯我们犹太公民的权利时，我们通过让他们承担责任来得以表现。我们通过支持推进宗教和种族宽容以及支持那些生活在诸如奥地利等人权受到剥夺或侵犯的国家的犹太人得以表现。

——纳粹德国宣传部部长约瑟夫·戈培尔（Joseph Goebbels），

1941 年 3 月 6 日

当涉及人权时，没有比美利坚合众国更伟大的领导者；当人们违反法律或侵犯人权时，我们通过让他们承担责任来得以表现。我们通过支持推进自由和民主以及支持那些生活在诸如朝鲜等人权受到剥夺或侵犯的国家的人们得以表现。

——美国白宫发言人斯科特·麦克莱伦（Scott McClellan），

2005 年 12 月 2 日

你能猜出这些声明哪一条是我编出来的吗？

无人机攻击，很快就来到您附近的国家（或城市）？

2006 年 1 月 13 日，美利坚合众国以其令人震惊和敬畏的智慧，认为在主权国家巴基斯坦的一个偏远村庄上空适合"捕食者"（Predator）无人驾驶机飞行，并为试图杀死一些"坏人"向一个住宅区发射了一枚"地狱火"（Hellfire）导弹。几座房屋被烧毁，18 人死亡，其中包括数目不详的"坏人"；此后，报告提供的种种迹象表明，数目不详为低至零，主要袭击目标基地组织二号头目艾曼·扎瓦希里（Ayman al-Zawahiri），并不在其中。在巴基斯坦，人们仍在表达愤慨。在美国，参议院的反应代表了美国的愤慨。

"我们道歉，但我不能向你们承诺我们不会再做同样的事情。"亚利桑那州的参议员约翰·麦凯恩（John McCain）说。

"这是一个令人遗憾的局面，但还有什么是我们应该做的呢？"印第安纳州的参议员埃文·贝赫（Evan Bayh）问道。

"据我了解，根据情报这次袭击显然是有道理的。"密西西比州的参议员特伦特·洛特（Trent Lott）说。①

美国使用这种无人驾驶飞机和导弹的类似袭击激怒了阿富汗、伊拉克和也门的市民和政治领袖。这种破坏并不少见，它破坏得如此彻底，以致不可能确定谁被炸死，甚至死掉了多少人。大赦国际（Amnesty International）每次发现疑似捕食者袭击后，就对布什维克（Busheviks）提出控诉。在2002年袭击也门后，一份联合国报告称它为一个违反国际法和国际条约的"令人担忧的先例［和］法外处决的确凿案例"②。

可以想象美国官员会因为怀疑基地组织高级成员在哪里出现而向巴黎、伦敦或渥太华的住宅发射导弹吗？即使美国知道他们的存在是一个绝对的事实，而不仅仅出于推测，上面提到的"捕食者"袭击案例会发生吗？嗯，他们很可能不会攻击，但我们可以放下过去所有的耀武扬威—超级自大—超级强权—王牌牛仔吗？终于，他们搬起的石头砸到了自己头上——2011年，在也门的一次美国无人机袭击中两名美国公民丧生；1985年5月13日，一架警用直升机在宾夕法尼亚州费城投下了一颗炸弹，烧毁了整个街区，60家房屋被毁，11人死亡，其中包括几名幼儿。警察、市长办公室和联邦调查局（FBI）都参与了这项工作，将一个被称为"MOVE"的组织从他们居住的房子驱逐了出去。

在费城，受害者当然都是黑人。因此，让我们把提问再改一下：可以想象美国官员会向比佛利山庄或曼哈顿上东区的住宅区发射导弹吗？敬请关注。

---

① Associated Press, January 15, 2006.

② *Los Angeles Times*, January 29, 2006.

精神锻炼的权利

（2005 年 12 月 6 日）

2005 年美国最高法院宣布，将审查宾夕法尼亚州关于监狱禁止有危险的囚犯阅读大多数的读物、观看电视和收听广播的案例。这些囚犯只被允许阅读宗教和法律材料以及从监狱图书馆获得的平装书。一个由三位法官组成的联邦上诉法院取缔了这一政策，但根据布什总统的最高法院大法官提名人小塞缪尔·阿利托（Samuel A. Alito, Jr.）法官的异议，又维持了这一政策。

"'在他们的脸上'，阿利托写道，'这些法规按理都与依法遏制监狱不当行为的刑法学目标相关。'——因为可能会通过将囚犯送到没有电视和杂志的地方的预期来阻止他们的行为不端。"[1]

不必在意阿利托对堕胎、公民自由或同性恋权利的看法，这些都已经成为最高法院评价他的合适性的焦点。但细想人类深层次的、简单的、朴素的卑鄙，他们希望通过将囚犯夜以继日、长年累月地关在铁窗内来剥夺囚犯的脑力锻炼。他为什么不主张剥夺这些囚犯的食物？毫无疑问，这可能是对不良行为的更大的威慑。

自从我放弃了希望，我感觉好多了

（2008 年 5 月 1 日）

人类要比历史上任何时候都更面临十字路口的选择。一条路通往无望和绝望。另一条通往灭绝。让我们祈祷我们有智慧做出正确的选择。

——伍迪·艾伦（Woody Allen）

就在 21 世纪，在数十个国家，都爆发过粮食骚乱。难道这就是我们在二战后登上月球的 20 世纪所设想的人类辉煌的未来？

美国作家亨利·米勒（Henry Miller，1891—1980）曾断言，艺术家

---

① *Washington Post*, November 15, 2005.

的作用是"向世界灌输觉醒"。所以万一你，不管出于什么奇怪的原因，仍然固守这一信念/希望——美国能够成为在全球范围内消除饥饿或减缓新增饥饿步伐的积极力量，那么这里有一些人生觉醒的事实。

1981年12月14日，联合国大会提出一项决议案，其中宣称"教育、工作、医疗卫生、适当的营养、民族发展属于人权"。注意"适当的营养"。该决议案以135∶1的投票比例获得通过。美国投了唯一的"反对"票。

一年后，1982年12月18日，联合国大会提出相同的决议案。该决议案以131∶1的投票比例获得通过。美国再次投下唯一的"否"票。

次年，1983年12月16日，该决议案再次被提出，这是联合国的一种惯常做法。这一次，该决议案以132∶1的投票比例获得通过。没有必要告诉你谁投了唯一的"反对"票吧？

这些投票都发生在里根政府时期。

1996年，在克林顿政府时期，联合国主办的世界粮食首脑会议确认了"人人有权获得安全而富有营养的食物"。美国对此持反对意见，坚持不承认"食物权"。与之相对，华盛顿支持将自由贸易作为从饥饿的根源上消除贫穷的重点，并对承认"食物权"（HRF）可能导致穷国因寻求援助和特殊贸易条款的诉讼表示担心。①

在乔治·W. 布什政府时期，情况并没有得到改善。2002年，联合国在罗马主办的另一次世界粮食首脑会议上，世界各国的领导人又通过了一项关于人人有权获得"安全而有营养的食物"的宣言。美国继续反对这一条款，再次担心它会让那些遭受饥荒的国家将来拥有法定求偿权。②

而且那些为美国反对人类的食物权辩护的人受到了以下事实的驱使：食物权不受美国宪法保障；将食物权与非美国的和社会主义的政治体制联系在一起；美国的方式是自力更生；免于匮乏的自由是富兰克林·罗斯福总统的发明；食物的焦虑是一项可以调动穷人克服痛苦环境的充满活力的挑战；承担食物权义务的代价太高。③

① *Washington Post*, November 18, 1996.

② Reuters, June 10, 2002.

③ Ellen Messer and Marc J. Cohen, "US Approaches to Food and Nutrition Rights, 1976—2008".

第九章

维 基 解 密

维基解密、美国、瑞典与魔鬼岛

2010 年 12 月 16 日，我站在白宫前，冰雪中。与和平请愿的老兵们一起。

我不过是站在白宫前请愿的老手之一；第一次如此是 1965 年 2 月，散发反越战的传单。当时我还在国务院工作，最害怕那个高贵机构里的什么人从身边走过，把我认出来。五年后，尽管离开国务院很久了，我仍然在那里抗议越战。之后是柬埔寨战争。还有老挝战争。接着不久是尼加拉瓜和萨尔瓦多。然后巴拿马成了美国、自由民主和其他所有神圣高贵事业新的威胁，当然我们不得不无情地轰炸它。接下来是第一场针对伊拉克人民的战争，还有轰炸南联盟。之后，在阿富汗的土地上，贫铀弹、凝固汽油弹、磷弹，诸如此类的弹药及化学粉尘类武器如大雨倾盆；之后又是伊拉克。我已经省略了一些，在抓白宫现行次数上，我想我一直保持着纪录。

从始至终，我们的国家一直心怀善意，善良正直又勤劳的美国民众对此深信不疑；直到今天，甚至还有人认为我们从来没有发动过战争，当然更没有什么战争罪行要划入"侵略战争"的名下。

同样在那个下雪天，维基解密创始人朱利安·阿桑奇（Julian Assange）从伦敦监狱中获释，他告诉那些记者，相比于瑞典正要因性指控引渡他，他更担心美国可能想要引渡他回国。①

这种担忧，近些年多个国家的很多政治犯和贩毒分子都同样表达过。

---

① Sunday Telegraph（Australia），December 19，2010.

从 19 世纪中期到 20 世纪中期，政治犯被运到南美洲东部沿海的荒凉的法国领地。而现在，美国是西方世界新的魔鬼岛。美国前情报分析员布拉德利·曼宁（Bradley Manning）成了新魔鬼岛上的一员，因为他被怀疑向维基解密传送了外交电报。如果曼宁被发现违反什么而犯了罪，他将面临终身监禁。尽管尚未提审，也没有证实罪行，现在他和外界只允许保持最低限度的联系了，包括和其他人、阳光以及新闻界的联系；没有枕头、床单，不能运动，这些都在被限制的范围之内；睡眠被严格限制、经常打断。格伦·格林沃尔德曾谈到这些如何构成了虐待。①

这名年轻战士的一个朋友谈到，因为政府的骚扰，比如监视、没有证件就带走他们的电脑，甚至贿赂当事人，很多人不愿谈论曼宁日益恶化的身体和心理健康状况，"这恐吓效果太厉害了，很多人都不敢替他说话"②。2009 年夏天，维基解密所用的透明软件程序的一个开发员被联邦特工拘留调查了几个小时。事情发生在位于纽瓦克市的新泽西州飞机场，他们审问这个程序开发员和维基解密以及阿桑奇的关系，还有他对阿富汗战争和伊拉克战争的观点。③

这在持续了近百年的构建警察国家的进程中微不足道。该构建过程从 20 世纪 20 年代的"红色恐怖"到 50 年代的麦卡锡主义，再到 80 年代镇压中美洲游行示威者……反毒品战争使之升级……反恐战争让其程度加深。这不是历史上最坏的警察国家，甚至也不是现今世界上最坏的警察国家，不过它确实是一个警察国家，而且肯定是有史以来渗透最广泛的警察国家——《华盛顿邮报》的一项研究显示，美国联邦的、州立的、地方的"反恐"组织多达 4058 个，每个组织都有自己的责任和职权④。美国的警察，分类繁多，通常都能得到其想要的人和物。要是美国把手伸向阿桑奇的话，不管用怎样的法律托词，真为他捏把汗，这可能是他作为一个自由人的终结。他做了什么，美国法律到底怎么讲的，这些都不重要，地狱的烈火也比不过受愚弄的帝国的怒火。

---

①　Salon. com，December 15，2010，www. salon. com/news/wikileaks/index. html？story ＝/o-pinion/greenwald/2010/12/14/manning；Washington Post，December 16，2010. 格伦·格林沃尔德（Glenn Greenwald）为沙龙网记者。——译者注

②　Guardian，December 17，2010.

③　*New York Times*，December 19，2010.

④　*Washington Post*，December 20，2010.

《纽约时报》首席驻外记者约翰·彭斯（John Burns）采访阿桑奇之后评论道："他深信美国是世界上邪恶的力量，美国毁灭了民主。"① 在魔鬼岛上，有这样认识的人怎么可能享有完全的人权呢？

人们对政府"心怀善意"的信任已经遭到缓慢而持续的侵蚀，维基解密文件的出现令其雪上加霜，然而这对克服贯穿一生的灌输教化是必要的。现代的信息如同洪水一样，如果当时的人们也能接收到这么多信息的话，更多的人会站到白宫前抗议。这不是说我们或许能成功阻止其中任何一场战争。因为这取决于美国多大程度上是民主国家。

阿桑奇事件的另外一个可能后果是，瑞典或者瑞典政府和平、进步、中立而独立，这种广泛流传的观念可能也要终结了。在这件事中，包括诸多其他事件中，斯德哥尔摩表现得跟美国、英国的哈巴狗似的，它与阿桑奇的控告者站到了一起，该控告者和反卡斯特罗的古巴右翼有联系，而这些古巴人当然是美国政府支持的。同样，最近几年瑞典一直与美国中央情报局保持合作，用飞机引渡受虐囚犯，并在阿富汗派有大约 500 名士兵。瑞典是世界人均军火贸易出口额最高的国家。多年来瑞典一直参加美国和北约的军事演习，有些军事演习还在瑞典境内。左派应该换个国家来崇拜了。可以试一下古巴。

美国人对斯堪的纳维亚的性观念有一种刻板印象，认为他们这方面的态度世故而宽容，这种印象是被 1967 年瑞典黄色电影《我很好奇》（*I Am Curious*）塑造或者提升的，一开始美国还禁播该电影。实际情况怎么样呢？瑞典让国际刑警全球抓捕这个很明显让两个女人不开心的男人，他可能不过是同一个星期和她们睡过觉。

追踪事件，美国进步人士同样也得结束另外一种陈旧观念了：BBC是个自由的广播公司。美国人轻易地被英国腔骗了。约翰·汉弗莱斯（John Humphrys），BBC《今日》节目的主持人，问阿桑奇"你是个性爱狂魔"？阿桑奇说这种暗示"荒唐"，回答"当然不是"。汉弗莱斯接着问阿桑奇睡过多少女人。② 难道连福克斯新闻都堕落到这种地步了？我倒希望阿桑奇跟我一样是在布鲁克林长大的，这样他就会很清楚怎样回答这个问题了："你意思是包括你老妈？"

---

① National Public Radio, Diane Rehm Show, December 9, 2010.
② Guardian, December 21, 2010.

　　多变的阴谋论者也应该从中吸取教训。他们中一些人已经写信给我，说我太天真，根本没有意识到以色列才是维基解密的幕后操控者。他们告诉我，正因如此，维基解密没有任何关于以色列的内容。我不得不跟他们说，我已经看到一些关于以色列的负面文件。之后也得到了其他人的证实。2010 年 12 月 23 日阿桑奇接受半岛电台的采访，他提到以色列相关的材料只有很少一部分见诸报端，因为西方被授权独家披露材料的媒体不愿意披露那些非常敏感的材料。（想象一下德国碉堡式的《明镜》周刊被击中了。）"和以色列相关的文件有 3700 份，其中来源于以色列的文件有 2700 份，"阿桑奇说，"下半年我们希望发布更多文件。"①

　　很自然，还有其他人告诉我，实际上是中情局在背后操控维基解密发布文件。

民谣和电影中的圣人布拉德利·曼宁、
朱丽叶·阿桑奇和维基解密
（2012 年 3 月 5 日）

　　　　辩护律师说曼宁很明显是一个年轻的问题士兵，军队不应该把他派到伊拉克，派驻在那儿时也不应该让他接触涉密资料……他们说他情绪紊乱，部分原因是他是一个同性恋者，当时同性恋者被禁止参军。②

　　非常不幸而且十分让人不安的是，曼宁的律师团一直选择基于个人问题和毛病为曼宁辩护，认为正因如此，他才将成千上万的政府涉密资料交给维基解密。他们不应这样辩护，正如曼宁不应被视为罪犯或者叛国者。他应该被高呼为国家英雄。是的，即使当这些律师与这个军人对话时。他们也可以尽可能地透视他的大脑，找到哪儿最有自由观念以及最好的人。曼宁也穿军装。

　　曼宁在一个网上聊天室这样说道：

---

① www. informationclearinghouse. info/article27119. htm.

② Associated Press, February 3, 2012.

如果你可以自由驰骋于涉密网络……然后你看到了难以置信的事情，非常糟糕的事情……这些事情原本属于公共范畴，而不是华盛顿某个阴暗房间里某个服务器……你怎么做？……天晓得现在发生了什么。真希望有世界范围内的讨论、辩论和改革……我要让人们了解真相……因为，如果公众不了解信息，就不可能知情决策。

世界上有谁会相信这话出自心智紊乱、缺乏理性者之口？难道纽伦堡审判和日内瓦公约没有提到公民有比盲目忠于自己国家更高的义务——报告政府所犯的战争罪吗？

下面是一些业已披露的国务院和国防部文件和视频。把如此让人尴尬的不光彩材料抖出来，美国士兵曼宁和维基解密的阿桑奇的余生大部分时间可能都要在现代版的"地牢"中度过，经常遭受被称为"单独拘禁"的特别刑罚。事实上，有人猜测虐待曼宁就是想让他指证阿桑奇，把阿桑奇牵连进来。几十个美国媒体人和政府官员还呼吁处死或刺杀阿桑奇。在新的国防授权法中，阿桑奇确实可以被绑架或者暗杀。我们生活在什么世纪啊？什么世界啊？

正是看过《附带谋杀》（*Collateral Murder*）视频和"伊拉克战争日志"（*Iraq War Logs*）这些真实反映了美国的战争罪行的材料之后，伊拉克人民开始拒绝给予美国犯罪军人免于起诉的权利。视频显示，美国一架直升机不加区分地射杀了一些非战斗人员，包括两名路透社记者，并伤到两个孩童。而飞行员们还为此类巴格达郊区攻击叫好，如同一场费城军队里玩的游戏。

伊拉克政府坚持要对违反伊拉克法律的美国士兵拥有司法管辖权，美国在很多国家驻军而基本上从未放弃过这种权利，这让奥巴马政府几乎要把全部军队都撤出伊拉克。

如果曼宁没有揭露美国的战争罪行，而是自己犯了这些罪，他今天会是一个自由人，和其他在哈迪塞和费拉杰等城市犯下让人作呕的罪行的无数美国大兵一样。

除了发挥部分作用为恐怖的伊拉克战争画上句号之外，维基解密还助燃了始于突尼斯的"阿拉伯之春"。

当突尼斯人民读到或者听到美国大使馆电报所揭露的统治家族严重腐败堕落——其中一封长而详细的电报标题为《突尼斯腐败：你的就是我

的》（*Corruption in Tunisian：What's yours is Mine*），并了解到美国对突尼斯总统本·阿里的支持并不是真的强大，如果发生大规模起义美国将不再支持该政权，他们走向街头开始抗议。

下面是一些维基解密从使馆电报中披露的能让世人更明智的其他文件的摘录。

● 2009 年日本外交官天野弥人（Yukiya Amano）成为国际原子能机构新的总干事。国际原子能机构在调查伊朗是否在发展核武器还是只是开发用于民用的、和平的核能项目中发挥着关键作用。2009 年 10 月，一份美国使馆电报显示，天野弥人"煞费苦心地强调他支持美国在该机构的战略目的。天野弥人在多个场合向美国大使表示……从高层人事任免到处理所谓的伊朗核武器项目，他坚定地支持美国的每一个战略决定"。

● 俄罗斯反驳了美国所谓伊朗有可以攻击欧洲的导弹的说法。

● 英国政府官方调查卷入伊拉克战争一事因政府发誓在调查过程中要保护布什政府而大打折扣。

● 也门总统阿里·阿卜杜拉·萨利赫（Ali Abdullah Saleh）和美国大卫·彼得留乌斯（David H. Petraeus）将军讨论，萨利赫总统表示他将隐瞒美国导弹袭击位于也门的基地组织残余势力的作为。"我们会继续说炸弹是我们的，不是你们的。"萨利赫对彼得留乌斯说。

● 马德里的美国大使馆和西班牙政府及公民社会存在以下严重分歧：（1）美国想尽力使西班牙放弃一桩刑事案件，该案件控告三名美国士兵 2003 年在巴格达无故用坦克攻击居住着很多记者的一家酒店并导致一名西班牙电视摄影记者死亡。（2）西班牙一个非政府组织控告六名布什政府资深官员虐待囚犯，包括美国前司法部长阿尔韦托·冈萨雷斯（Alberto Gonzales）。（3）西班牙政府调查西班牙人在关塔那摩受到虐待事件。（4）西班牙法院调查使用西班牙军事基地和机场服务于美国特殊引渡（即虐囚引渡）事件。（5）西班牙总理萨帕德罗（José Luis Rodríguez Zapatero）对伊拉克战争的持续批判，萨帕德罗最后还撤出了西班牙部队。

● 美国驻联合国的国务院官员以及各个大使馆的外交官，被分派任务——收集尽可能多的包括联合国秘书长潘基文（Ban Ki Moon）、安理会常任理事国的代表、联合国高级官员和各国外交官等联合国官员的信息。这些信息包括他们的邮箱、网址、网上用户名和密码、个人的加密密钥、信用卡卡号、经常性旅行账户号码、工作日程、生理特征数据。美国在巴拉圭首都亚松森的使馆外交官被指派搜集来自中国、伊朗以及拉丁左翼掌权的古巴、委内瑞拉和玻利瓦尔的来往电话信息，包括其日期、次数、来电去电号码等。美国在罗马尼亚、匈牙利、斯洛文尼亚的外交官被要求提供"当政的和崛起中的领导人及顾问"的生理信息。美国联合国负责人也明确索要"北朝鲜高级外交官的生理信息"。一封发给美国驻非洲大湖地区①大使馆的电报中指出生理信息包括 DNA、虹膜扫描和指纹信息。

● 驻阿塞拜疆首都巴库的一名特别"伊朗观察员"报告说在伊朗最高国家安全委员会会议上发生了争执。在争执中，被激怒的革命卫队参谋长穆罕默德·阿里·贾法里（Mohammed Ali Jafari）被指与伊朗总统穆罕默德·艾哈迈迪—内贾德激烈争辩，还扇了总统几巴掌，因为这个保守的总统非常令人吃惊地主张新闻自由。

● 在西方世界，只有美国国务院没有对 2009 年 6 月 28 日发生在洪都拉斯的军事政变表示明确谴责，尽管一封大使馆的外交电报已申明"毫无疑问，军队、最高法院和国会在 6 月 28 日密谋了一次不合法的、违宪的针对行政机关的政变。"（自此美国对政变上台政府的支持从未改变。）

● 美国大肆批评厄瓜多尔总统拉斐尔·科雷亚（Rafael Correa）对大众媒体充满敌意，但是 2009 年 3 月 31 日的一封国会电报称："科雷亚的观察很有道理，厄瓜多尔的媒体有政治角色，这里指的是反对派角色。许多媒体的大老板来自商业精英，他们感到利益被科雷亚的改革威胁，通过媒体来保护自己的既得经济利益。"

● 瑞典社会民主党领袖曾到访美国驻斯德哥尔摩的大使馆征求建议，看如何把阿富汗战争推销给满腹怀疑的瑞典大众，问美国是否可以安排一名阿富汗政府官员访问瑞典，代表阿富汗儿童赞扬北约的人道主义努力等诸如此类的事情。

● 美国强力去影响瑞典的反窃听法，这样途经瑞典的通信就可以被截获。美国的利益非常清晰，据报道俄罗斯 80% 的因特网通信途经瑞典。

---

① 大湖地区是指环绕非洲维多利亚湖、坦噶尼喀湖和基伍湖等湖泊的周边地区和邻近地区，涵盖安哥拉、布隆迪、中非、刚果（布）、刚果（金）、肯尼亚、卢旺达、苏丹、坦桑尼亚、乌干达和赞比亚 11 国。大湖地区位于非洲中东部，面积 700 多万平方公里，总人口约两亿，是世界上人口最密集的地区之一，同时也是非洲自然资源最富集的地区。但是，连年战乱也使大湖地区成为世界上战乱、饥荒、瘟疫和难民最集中的地区，被称为"非洲的火药桶"。——译者注

- 2010 年 1 月欧盟委员会主席范龙佩（Herman Van Rompuy）对美国驻布鲁塞尔大使馆官员说欧洲已经没人信任阿富汗了。他说欧洲一直顺从美国，2010 年阿富汗问题必须有结果，否则"欧洲再也不管阿富汗问题"了。

- 在伊拉克官员看来，就国家完整和团结而言，他们这个新生的民主国家的最大威胁是沙特。伊拉克领导非常热情地试图说服美国主顾他们可以很轻松地"搞定"伊朗人，伊朗人只是要稳定罢了；但是沙特要的是一个"软弱的、一盘散沙"的伊拉克，甚至"正在煽动恐怖主义以动摇伊拉克政府"。而且沙特国王要美国军队对伊朗施行一次袭击。

- 2007 年沙特威胁撤出在美国得克萨斯州一家石油精炼厂的投资，除非美国政府插手阻止一起针对沙特阿拉伯国家石油公司（Saudi Aramco）因涉嫌操纵石油价格的起诉。沙特石油副部长说他要求美国给予沙特免于诉讼的主权豁免。

- 逊尼派的武装集团比如基地组织、阿富汗的塔利班、2008 年孟买恐怖事件制造者虔诚军（Lashkar-e-Taiba），其最主要的财源是沙特人的捐助。

- 世界上最大的制药公司辉瑞（Pfizer），雇调查员去揭露尼日利亚司法部长的贪污证据，以说服司法部长放弃 1996 年有争议的药品案件，该案件涉及脑膜炎儿童。

- 石油巨头壳牌声称已"安插员工"全面渗入尼日利亚政府。

- 尽管印尼陆军特种部队（Kopassus）长期有任意逮捕、虐待和暗杀的恶名，美国还是推翻了训练印尼陆军特种部队的禁令，因为印尼总统威胁要让奥巴马 2010 年 11 月到该国的访问"脱轨"。

- 奥巴马政府恢复了和印尼的军事关系，尽管美国外交人员表示非常担忧印尼军队在西巴布亚省的所作所为，担心印尼政府渎职、贪污和践踏人权正在使该地区不稳定局势更加严峻。

- 2008 年 5 月贝鲁特武装冲突的前几周，美国官员和黎巴嫩国防部长合作监视真主党，并允许以色列对真主党发动袭击。

- 加蓬总统奥马尔·邦戈（Omar Bongo）被指挪用中部非洲国家基金达几百万美元之巨，把其中的一部分汇给支持萨科齐（Nicolas Sarkozy）的一些法国政党。

- 2006 年美国在委内瑞拉首都加拉加斯的大使馆发了一些电报，请求国务卿警告委内瑞拉总统查韦斯：卡斯特罗死后，美国可能会入侵古巴，委内瑞拉军队不要派兵干预以保护古巴革命。

● 美国担心总部在委内瑞拉的拉丁美洲左翼电台南方电视台（Telesur）和卡塔尔的半岛电台合作。半岛电台的伊拉克战争报道让布什政府的一举一动暴露无遗。

● 梵蒂冈教廷告诉美国，因为担心那里的天主教势力受损害，它打算削弱委内瑞拉总统查韦斯在拉丁美洲的影响力。梵蒂冈担心查韦斯通过规定教堂等级为部分特权阶级正在严重损害天主教教堂和国家之间的关系。

● 梵蒂冈教廷对奥巴马接触古巴的新举措表示欢迎，并期待奥巴马有更多行动，比如去探视监狱里的"古巴五人"。① 美国和古巴关系改善将削弱查韦斯的反美立场和言论，并将其约束在本地区之内。

● 2010 年，英国首相戈登·布朗（Gordon Brown）会见美国国务卿希拉里时提到"古巴五人"中两人的妻子的签证问题。古巴五人妻子们的访美签证被拒绝，布朗请求发放签证，这样她们就可以探视在美国监狱里的丈夫了……我们之后查询第 10 号档案时发现，布朗是因为之前他向英国贸易协会做出了承诺才提出此一请求的，而该协会是工党核心选民的一部分。既然请求已经做出了，布朗首相无意继续推进此事。美国政府未被要求采取行动。

● 英国官员向议会隐瞒了如何违背条约允许美国把禁止储存的武器集束炸弹带到英国境内。

● 不结盟运动会议即将召开之际，2006 年 7 月美国驻哈瓦那办事处的一名官员发回一封电报。他提到他非常积极地寻找"有人情味的故事和其他能使打击古巴医疗强大的神话的消息"。（这大概是用来削弱不结盟运动中其他成员国对古巴的支持。）

● 收押在关塔那摩的很多人是无辜的或者仅仅是低级侦探；因为奖金，很多无辜的人被卖到了这里。

● 戴恩公司（DynCorp），美国一家非常有实力的国防签约公司，每年从美国纳税人那里拿到接近 20 亿美元的收益，给阿富汗新入伍者开了

___

① 2001 年古巴冈萨雷斯等五人因试图渗透南佛罗里达州军事基地设施而被美国判刑入狱。——译者注

一个花花公子派对。（是的，就是你想的那样。）

• 尽管布什和奥巴马总统不断公开表示没有平民伤亡的官方统计，《伊拉克战争日志》和《阿富汗战争日志》① 显示事实并非如此。

• 2009 年的一封美国电报称埃及警察残暴对待普通罪犯是稀松平常、普遍存在的。警察用暴力逼迫罪犯坦白，这在每天都发生。

• 已知的埃及虐待狂们在弗吉尼亚州匡蒂科的联邦调查局学院里受训练。

• 美国向海地政府施加高压阻止其开展各种项目开发，而丝毫不顾及海地人民的福利。一封 2005 年的电报强调美国必须继续尽一切力量，防止前总统让—贝特朗·阿里斯蒂德（Jean-Bertrand Aristide）回到海地或者对海地政治进程产生影响。阿里斯蒂德总统在 2004 年被美国推翻。2006 年，美国的目标是海地总统勒内·普雷瓦尔（René Préval），因为他同意了和委内瑞拉的交易，要加入加拉加斯的加勒比地区石油联盟即"加勒比石油"，海地将从委内瑞拉购买石油，预付 60% 的款，剩余款项25 年内还清，利息 1%。此外，2009 年美国国务院支持美国公司，反对海地工人提高最低工资的要求。海地工人收入为西半球最低。

• 美国利用威胁、监听和其他手段，试图在至关重要的 2009 年哥本哈根气候峰会上游刃有余。

• 2007 年，巴勒斯坦民族权力机构兼法塔赫运动领袖穆罕穆德·阿巴斯（Mahmoud Abbas），向以色列求助袭击在加沙的哈马斯。

• 英国政府训练了孟加拉一支准军事组织，该准军事组织被人权组织批为"政府的敢死队"。

• 美国一项军事命令要求美国军方不要调查伊拉克人虐囚案件。

• 美国有参与澳大利亚政府 2006 年推翻所罗门群岛总理梅纳西·索加瓦雷（Manasseh Sogavare）的政治行动。

• 美国外交官向德国政府施压来阻止其对美国中情局（CIA）人员的控告。中情局人员因诱拐和虐待德国公民哈立德·马斯里（Khalid El-Masri）而被起诉。2003 年 11 月 31 日，哈立德在马其顿度假时被 CIA 绑

---

① 指维基解密披露的伊拉克和阿富汗战争文件。其中伊拉克战争文件近 40 万份于 2010 年10 月披露，分为"日记挖掘"（Dirary Dig）、"战争日志"（Warlog）和 BT 三种形式，文件涵盖时间段大致为 2004 年 5 月至 2009 年 3 月；阿富汗战争日记文件集则包含 9 万多份文件，于 2010年 7 月公布，文件涵盖时间段大致为 2004 年 1 月到 2009 年 12 月。——译者注

架，然后被带往阿富汗的一处虐囚地点，遭到殴打、挨饿、性骚扰等。5个月后，美国政府在阿尔巴尼亚的山顶将其释放，哈立德身无分文，无法回家。

- 2005 年的一封电报再次提到印度的"大规模严重虐待"。国际红十字会理事会的报告指出，"尽管红十字会和印度政府长期保持对话，持续不断地虐囚行为使红十字会不得不认为新德里容忍、宽恕虐待"。红十字会很多年前就已告知美国此事。美国领导人，包括在任领导人，一直温情地说印度是"世界上最大的民主国家"，好像虐待、贫困率全球最高之一、儿童营养不良等和民主本身这个概念完全不矛盾。

- 至少从 2006 年起，美国开始资助叙利亚的反对派，包括一个卫星频道，这样反政府的各种节目才能在这个国家被广泛报道。

第十章

阴　谋

一次是意外，两次是巧合，三次就是阴谋了

> 如果事物的表现形式和事物的本质会直接合而为一，一切科学就都成为多余的了。
>
> ——马克思：《资本论》第 3 卷

我相信有阴谋，你们也都相信。美国和世界历史充满了阴谋。水门事件是一个阴谋，掩盖水门事件也是一个阴谋。安然公司也是。还有伊朗门。十月惊人（October Surprise）① 真的发生了。整整一年，布什和迪克·切尼（Dick Cheney）暗地策划侵略伊拉克，却不断地否认他们曾经做出如此决定。日本人阴谋袭击珍珠港，一边和华盛顿谈判寻找和平解决双边分歧的方案。而此时，无数的人蹲在美国监狱里，被控告炮制了各种阴谋而犯下这样那样的罪行。

但是，并不是所有的阴谋理论都有相同的出身，都应该被认真对待的。很多人发邮件告诉我他们感觉到的阴谋，我并不十分在意。下面便是几例。

如果他们几次想打开我的网站，而老是出现错误信息提示，他们问我是不是联邦调查局或者国土安全部或者美国在线终于考虑要把我的网站关闭了。

如果他们给我发邮件而邮件被退回，不管是什么原因吧，他们会想是

---

① "十月惊人"是指总统候选人为在 11 月大选前争取选票做出的惊人之举，比如发表意外声明或采取意外行动。——译者注

否美国在线服务公司（AOL）在屏蔽他们某个邮件或者可能屏蔽了我的所有邮件来信。

如果他们没能收到我的月刊《反帝国报告》（*Anti-Empire Report*），他们会想，是否 AOL 或者某个政府机关在封锁它。

他们如果碰到互联网上有一条新闻揭露了当权者的邪恶，就会指出"主流媒体完全无视这些信息"，尽管我已经在《华盛顿邮报》或者《纽约时报》上看到了这条新闻。要得出该结论，我们必须能查阅类似 Lexis-Nexis 数据库的所有服务项目，并且知道怎么样专业地使用。谷歌通常并不能胜任此项工作，因为一条新闻可能已经在纸质媒体刊登，或者广播出来了，但却还没有在主流媒体的网站上出现。尽管谷歌新闻已经在提高发现一条新闻的几率。

不管我多少次批评过以色列，也不管我多少年没对以色列的巴勒斯坦政策说过好话，如果恰巧我在讨论美国的干涉时没有提到以色列在背后如何推动这些（大多数，绝大多数，全部？）干涉，那么，我就成了隐秘的犹太复国主义者。

每次有本·拉登的音频或者视频出现，有人就会很确信地跟我说本·拉登已经死了，材料是中情局伪造的。2006 年 1 月本·拉登在一段音频中建议美国人看我的书《流氓国家》，主流媒体迫切想采访我。但是很多人很快就告诉我，并在网络上宣称，音频是伪造的，暗示如果我要是相信了就太幼稚了。当我问他们，像我这样一个整个写作生涯都在揭露情报部门种种罪行的人，中情局为什么要伪造录音提高我书的销售量呢？没有哪些回应值得我记住，有些甚至难以理解。

"你干吗费劲去批评布什（或者奥巴马）？他们不是真正掌权者，他们是傀儡"，他们说。真正的掌权者，他们告诉我，是或者曾是迪克·切尼、洛克菲勒（David Rockefeller）、美联储、外交关系委员会、比尔德伯格集团（the Bilderberger Group）①、三边委员会、波西米亚森林②，等等。我在想，为什么比尔德伯格集团会议和其他会议对成员来说这么重要，而且就表示他们有权力呢？程度如此之深，以至于比尔德伯格成员可以接近

① 比尔德伯格集团是一个由欧美各国政要、企业巨头、银行家组成的精英团队，被指暗中操纵世界。——译者注

② 美国顶级权贵 1987 年成立波西米亚俱乐部，每年 7 月在加利福尼亚北部的波西米亚森林聚会。——译者注

当权者、有能力影响他们，而且他们全年都有这样的渠道和影响力，不管他们是不是仅在一年一度的闭门会议上见面。我觉得他们的会议社交的味道更浓一些。钱财和权势总是喜欢用鸡尾酒相互交往的。

最后，还有 2001 年的"9·11"事件。在"'9·11'真相运动"中我有负罪感，因为我不倡导认为"9·11"是监守自盗的事儿，虽然我并不完全反对。我想更可能的是，布什政府提前得到情报，有飞机好像要出状况，布什政府可能认为只是老掉牙的普通劫机，来达到政治目的，然后随它发生了，之后自己政治造势，正如事后他们所做的那样。

当我说我认为"9·11"不是监守自盗行为时，并不是因为我觉得像迪克·切尼、布什、拉姆斯菲尔德这些人，他们不至于道德如此败坏，竟能做出如此荒谬之举。这些人有意识地、毫不掩饰地散布伊拉克和阿富汗的恐怖信息，造成的伤亡比"9·11"事件更甚。更不用说那些渴求留在这个世界的 100 多万伊拉克和阿富汗人了。1991 年的海湾战争中，切尼以及其他美国领导人故意摧毁了伊拉克发电站、抽水系统、排水系统。然后对伊拉克制裁，使修复这些基础建设极其困难。12 年之后，当伊拉克人民无比英勇地把这些系统修复好之后，美国的炸弹又来了，再次全面摧毁了这些设施。我的一些书还有其他人的很多书籍，都披露了美国一次又一次的反人类罪行，而我们美国一度对人权、人道主义那么珍视！

所以说，我并非因道德问题怀疑监守自盗的说法。是这种说法的逻辑——安排如此复杂的一切让它看起来行得通而非完全的、明显的不可相信。所有的伤亡太严重了——他们根本没必要把所有的建筑、所有的飞机、所有的人都毁掉。双子塔中的一座建筑就有 1000 多人死亡，这些资本足够他们推销反恐战争、爱国者法案、国土安全和新式美国极权国家。美国人民不那么难以推销，他们真心渴望付出信任。看一看多少人崇拜奥巴马就知道了，虽然他卷入了一次又一次的战争。

要说服我这样的人，"'9·11'真相运动"的人还得拿出逻辑合理可信的说法。他们或许可以先回答这些问题：那些飞机真的撞到双子塔和五角大楼、在宾夕法尼亚坠毁了？那些飞机还是从波士顿和纽约起飞的联合航空公司和美国航空公司的四架飞机吗？在撞击的瞬间，他们是由人工导航还是被远程遥控？如果是人工导航，那是谁在操作？所有的乘客都怎么了？

还有，世贸中心 7 号大楼为什么会倒塌？如果是被故意摧毁的，为什么？到现在为止，那些回答我觉得都不太可信。还有那些双子塔和世贸中心 7 号楼倒塌的视频，被制作得看起来这必然是被控制的倒塌。我同意，看起来确实如此。但是我又知道什么呢？我又不是专家。不是我亲历了或者看过很多人为的建筑倒塌或者飞机撞击而导致的建筑倒塌，所以我能分清二者之间的差异。"'9·11'真相运动"信徒告诉我们说像双子塔那样的建筑从未因大火而倒塌。但是如果大火加上大型的、满载乘客的飞机撞击呢？我们有多少这样的例子？

不过，官方版本支持者的质疑至少有一条我也不同意。他们说如果是政府阴谋策划整件事的话，应该会有很多人参与，到现在他们中的某个人肯定会谈到此事，而主流媒体也会报道出来。但实际上许多消防员和建筑里的安保人员都证实说飞机撞击一段时间之后还听到过很多爆炸声，这支持了炸药被提前安放的说法。但是主流媒体对此基本没有报道。同样，肯尼迪遇刺后至少有两个人站出来说他们就是三个达拉斯土丘上的流浪汉之一。然后呢？主流媒体把他们两个全部忽略了。我知道他们两个也仅仅因为有小报登了他们的事迹。其中一个人还是演员伍迪·哈里森（Woody Harrelson）的爸爸。

不过我真心祝福那些了解"9·11"真相的人们，如果你们成功证明这是监守自盗的行为，对于推翻这个帝国，我写的所有东西的威力都比不上你们。

洛克比：除非官方否认，别相信任何信息

阿卜杜拉巴塞特·阿里·默罕默德·迈格拉希（Abdelbaset Ali Mohmed al-Megrahi），利比亚人，在苏格兰监狱被关了八年，因为被控告 1988 年 12 月炸毁了飞临苏克兰洛克比小镇的泛美航空公司 103 航班，270 人在空难中丧生。许多年来，调查该案件的很多人，包括法律界一些著名人士，都坚持认为指控迈格拉希的证据严重不足且没有说服力。甚至苏格兰的一所法院一度貌似同意了这一说法，准许迈格拉希重新上诉。但是之后迈格拉希因为癌症晚期被释放回国，2012 年去世。

简单来讲，国际政治的关键事实是这样的。空难之后的整整一年，美国和英国都坚持说伊朗、叙利亚、巴勒斯坦的一个组织——人民阵线的指挥部（PFLP-GC），是幕后黑手，并受伊朗主使，因为伊朗要报复美国

1988 年 7 月 3 日击落了伊朗飞临波斯湾的民航飞机，290 人因此丧生。美国声称是意外事件，但事情发生是因为美国站在伊拉克一边染指两伊战争。

之后 1990 年，美国集结力量入侵伊拉克——从盟友到敌人，帝国的棋盘瞬间反转，行动迫切需要伊朗和叙利亚的支持。突然，1990 年 10 月，美国宣布利比亚——阿拉伯国家中最不赞成美国推动海湾战争和制裁伊拉克的国家——是洛克比空难的幕后黑手。迈格拉希和另外一个利比亚人被指认是凶手。

巴勒斯坦人民阵线总部设在叙利亚，受叙利亚资助，是叙利亚密切支持的武装集团。上述国际政治的游戏不管是过去还是现在，都让人印象深刻，正如下面一些细节透露的：1989 年 4 月，联邦调查局披露消息说他们已经找到在不知情的情况下把炸弹带到飞机上的人。他的名字叫卡立·查化（Khalid Jaafar），21 岁，黎巴嫩裔美国人。报告指出巴勒斯坦人民阵线指挥部的一名成员把炸弹安放在卡立·查化的手提箱中。

5 月，国务院宣布，中央情报局深信伊朗—叙利亚—巴勒斯坦人民阵线指挥部是事件策划实施者。那时，伦敦的《泰晤士报》报道，英国、美国和西德安全官员对巴勒斯坦人民阵线指挥部是空难的罪魁祸首感到"完全满意"。1989 年 12 月，苏格兰调查人员宣布他们有确切证据表明巴勒斯坦人民阵线指挥部参与实施空难。国家安全局截获的通信揭示伊朗内政部长阿里·阿克巴尔·穆塔舍米（Ali Akbar Mohtashemi）支付巴勒斯坦恐怖分子 1000 万美元报复美国击落伊朗飞机。以色列的情报部门也截获了穆塔舍米和其贝鲁特大使馆之间的通信，"表明伊朗资助了洛克比空难"。

更多该事件的信息见网站（killinghope. org/bblum6/panam. htm），这些完整档案所提供的信息让人们更加怀疑官方所谓利比亚幕后黑手的说法。该案件的首席法官苏格兰法学教授说："我完全震惊了，真的，我实在不愿相信在这样的证据之下，居然有苏格兰法官做出判决，尽管他是利比亚人。"

顺便说一句，利比亚的卡扎菲政府从来没有承认过实施了这起空难。他们只是承担了"责任"，希望结束加在他们身上的制裁。

对阴谋理论小而化之的阴谋

冷战中，当美国被指责在国外偷偷摸摸做了坏事，华盛顿通常都会暗示俄国人或者其他凶神恶煞的共党分子在传播这些事儿；通常来讲，这已足够让所有头脑正常的美国人对此说法满腹怀疑了。那之后，碰到让人不舒服的指控或者问题时，标准的辩护成了"哈哈，那听起来跟个阴谋似的"（轻笑、轻笑）。这是每个白宫新闻发言人入职第一天的必修课。

相当讽刺的是，皮埃尔·萨林格（Pierre Salinger），肯尼迪和约翰逊总统时期的新闻发言人，被这样"辩护"了。2004年10月16日，皮埃尔去世，《华盛顿邮报》写道："然而，20世纪90年代他由于坚持两起空难并非人们想的那样，职业名誉严重受损。他说1988年泛美航空公司103号的洛克比空难是因为美国毒品管制局（Drug Endorcement Agency）行动失误引发的——没有任何证据证实这种说法。"[①] 事实上，支持美国毒品管制局意外事故比支持利比亚参与其中的证据要多得多。

阴谋理论研究员兼作家乔纳森·凡金（Jonathan Vankin）注意到：

> 记者总是喜欢认为自己是怀疑论者。这种自我认识很有问题。美国一大堆记者对政府官员、技术专家还有其他的正式渠道都太轻信了。他们所夸耀的"怀疑主义"仅仅是针对他们感到陌生的观念。怀疑的重灾区就是阴谋理论。
>
> 确实应该以怀疑的眼光看待阴谋理论。但是仅仅这样是不公平的。对待官方的和非官方的材料应该投以怀疑的眼光。[②]

---

① *Washington Post*, October 17, 2004, p. C10.

② Jonathan Vankin, Conspiracies, Cover-ups and Crimes: Political Manipulation and Mind Control in America (Paragon House, St Paul MN, 1991), p. 120.

第十一章

南 斯 拉 夫

国际上的左翼仍在严重的纷争之中

20 世纪 90 年代南斯拉夫事件当时就很有争议，现在依然如此。不仅美国帝国主义的支持者和敌人之间有争议，而且左翼阵营内部也有争议。在现代，很少有像南斯拉夫这样的事件把国际上的左翼阵营分裂得如此厉害；有关美国—北约"人道主义干涉"的争论仍然随着世界大事不时出现。2011 年推翻利比亚政府就是最新的一例：该行动是为了解救独裁统治下的利比亚人民，还是因为卡扎菲长时期不迎合当惯主子的西方大国而被一脚踢开？这个问题同样适用于塞尔维亚前总统米洛舍维奇（Slobodan Milosevic）。米洛舍维奇拒绝被纳入美国—北约—欧盟—世界银行—国际货币基金组织—世界贸易组织所组成的世界政府体系。这个准社会主义国家被认为是欧洲社会主义最后的阵地。此外，后冷战时代如果北约想作为华盛顿的爪牙继续存在，它需要一个存在的理由。

南斯拉夫争议的一个焦点是科索沃。人们确信，1999 年美国、北约对原南斯拉夫的持续轰炸是对塞尔维亚政府在他们古老的省份——科索沃——种族清洗的回应。无数聪明的善良的人仍然深信不疑，认为轰炸是在阿尔巴尼亚人被强行驱逐出科索沃之后发生的。也就是说，轰炸是对种族清洗的回应，是要停止种族清洗的。而事实上，大范围驱逐阿尔巴尼亚人是轰炸开始之后几天才出现的，而且非常肯定这是塞尔维亚对轰炸的回应，塞尔维亚领导人当时极端愤怒、无助才这样做的。这很容易验证，翻看一下 3 月 23—24 日晚轰炸开始前和几天后的日报新闻，或者简单地看一段 3 月 26 日《纽约时报》第 1 版的一段话："随着北约轰炸的展开，普里什蒂纳（科索沃主要城市）恐怖气氛更浓了，人们担心作为报复，塞尔维亚人现在会把他们的狂怒泼洒在阿尔巴尼亚公民身上。"直到3月27日，我们才发现第一条指涉"武力驱逐"或者相似的词语。但是宣传版本已经板上钉钉了。

胜利者的公正和免责

（2008年8月5日）

于是，原波斯尼亚塞族领导人克洛舍维奇最终被捕。他被控战争罪、种族灭绝、反人类罪，需要在荷兰海牙的前南斯拉问题国际刑事法庭（简称前南法庭）出庭。

联合国1993年成立了前南法庭。它的全称是"审理起诉1991年起发生于前南斯拉夫地区严重违反国际人道法罪行人物之国际法庭"。注意人物——严重违反国际人道法罪行人物。注意地点——前南斯拉夫地区。这才是法庭规约里提到的所有内容。①

1999年，北约（主要是美国）持续78天连续轰炸南斯拉夫塞尔维亚共和国，摧毁了塞尔维亚的经济、生态、电力供应设施、桥梁、公寓、交通、基础建设、教堂、学校，使这个国家的发展倒退了很多年，导致成千上万的死亡，对无数儿童造成了巨大创伤，他们一辈子都会对某些声音和画面有痛苦反应。这是历史上针对一个国家的最惨无人道的轰炸，至少那时之前没有第二。没有人会暗示塞尔维亚曾经攻击过或者当时正在准备攻击北约的某个成员国，而这是条约规定的北约可以合法采取军事行动的唯一条件。

前南法庭已经举行了一次高规格的审判，试图向世界证明北约轰炸是正当的。前南总统米洛舍维奇面临那些尚未证实的指控，尽力为自己辩护，最终死于海牙的监狱。卡拉季奇（Radovan Karadzic）是下一个。什么时候南斯拉夫轰炸背后的西方领导人，能如法庭规约指出的那样，因战争罪而接受审判呢？

1999年3月轰炸开始不久，来自加拿大、英国、希腊和美国的国际法专家就开始向前南法庭提起诉讼，控告北约成员国领导人"严重违反国际人道主义法"，罪行包括：

---

① 　www. un. org/icty/legaldoc-e/basic/statut/statute-feb08-e. pdf.

故意杀人，故意造成人身重大痛苦和严重伤害，使用有毒武器和其他武器致使不必要伤害，肆意摧毁城市、城镇和村庄，不合法地攻击民用目标，不必要的军事目标摧毁，攻击无防卫的建筑和居民区，摧毁和故意破坏宗教、慈善、教育、艺术和科学机构。

该投诉提到 68 名领导人，包括美国总统克林顿，美国国务卿奥尔布赖特，美国国防部长威廉·科恩，英国首相布莱尔，加拿大总理克雷蒂安，北约官员哈维尔·索拉纳（Javier Solana）、韦斯利·克拉克（Wesley Clark）、杰米·谢伊（Jamie Shea.）。该投诉还指出北约（美国）"公开违反"《联合国宪章》、《北大西洋公约》本身，《日内瓦公约》以及纽伦堡国际军事法庭所认可的国家法原则。

诉讼案情摘要中指出检举这些人"不仅仅是法律所需，也是为受害者伸张正义、震慑大国所要求的。像北约成员国这样的大国，他们拥有超强的军事实力和对媒体的控制能力，缺乏可能威慑弱国的其他自然约束"。起诉战争的胜利者而不仅仅起诉失败者，案情摘要论述道，将是国际刑法的分水岭。

加拿大的案件发起人之一、多伦多法学教授迈克尔·曼德尔（Michael Mandel）在致法庭首席检察官路易斯·阿尔布尔（Louise Arbour）的信中提到：

如您所知，很不幸，人们已经质疑法庭的公正性了。争执过程中的前几天，贝尔格莱德大学法学院成员向法庭递交了正式的，而且在我们看来也是正当的起诉书，这之后您和被控的英国外交大臣罗伯特·库克共同出现在新闻发布会上，库克交给您塞尔维亚战争犯卷宗，他借此大出风头。5 月初，您和美国国务卿奥尔布赖特出现在另外一场新闻发布会，而那时，奥尔布赖特已经是两起前南斯拉夫平民袭击案件正式起诉的对象。①

----

① This and most of the other material concerning the complaints to the tribunal mentioned here were transmitted to this writer by Mandel and other complainants. 这里以及其他大多数对此处所提及的法庭的投诉材料均由曼德尔（Mandel）和其他投诉者传递给作者，另参见 Michael Mandel, How America Gets Away With Murder（Pluto Press, London, 2004）。

阿尔布尔本人毫不隐藏自己支持北约的立场。她信任北约，认为北约可以做其本身的警察、法官、陪审团和监狱看守。她这样说道：

> 对于认为北约国家的国民违反国际人道主义法律的控告我当然不予评论，我接受北约领导人的保证——他们在前南斯拉夫联邦共和国展开行动过程中试图全面遵守国际人道主义法律。①

前南法庭在网站上告诉我们，"通过将责任人绳之以法而不论其职位高低，前南法庭打破了对战争罪及其他严重违反国家法的罪行豁免的传统，尤其是对最高级别领导人的豁免"②。然而，美国—北约领导人呢？不仅 1999 年轰炸塞尔维亚他们没有受到任何责罚，1993—1995 年轰炸波斯尼亚，包括使用贫铀弹，他们同样逍遥法外。确实，"打破了对战争罪及其他严重违反国家法的罪行豁免的传统"。

1999 年，瑞士外交官卡拉·德尔·彭特（Carla Del Ponte）接任阿尔布尔，出任前南法庭首席检察官。按照职位要求，她调查了 20 世纪 90 年代南联盟解体、北约轰炸塞尔维亚及其科索沃省（阿尔巴尼亚人欲逃离的地方）冲突中所有参与方可能的罪行。1999 年 12 月末，在接受伦敦《观察家报》采访时，德尔·彭特被问到她是否准备起诉北约人员而不仅仅是前南领导人。她回答道："如果我不愿那样做的话，我就没有尽职尽责，必须辞职。"

之后前南法庭宣布已完成北约可能犯罪的调查，称："法庭履行全面职责调查前南斯拉夫境内武装冲突所涉各方，这是非常重要的。"这是从天而降的预兆，预示新千年（再过一个星期就是 2000 年了）会出现更公平的国际司法吗？真的是这样吗？

不，情况并非如此。美国和加拿大，从官方、军队到民间，不断涌现"不信任"、"震惊"、"愤怒"、"拒绝"……"上诉"……"不公正"。德尔·彭特心领神会，其办公室迅速发布声明："前南法庭检察办公室并没有调查北约。并未开展针对北约在科索沃冲突中军事行为的官方

---

① Press release from Chief Prosecutor Louise Arbour, The Hague, May 13, 1999.
② http://un.org/icty/cases_e/factsheets/achieve_e.htm.

调查。"①

2007 年底，德尔·彭特卸任，之后出任瑞士驻阿根廷大使；其间她写了本书，记录其在前南法庭的日子：《追缉：我与战犯》（*The Hunt*：*Me and War Criminals*）。某种意义上这本书在欧洲是丑闻爆料，因为书中揭露了科索沃解放军 1999 年拐走了数百塞族人，运到阿尔巴尼亚穆斯林地区，杀掉这些人，把他们的肾脏等身体部位取出，卖到其他国家做移植器官。

之前和之后很多年，科索沃解放军都在从事其他一些迷人的活动，比如贩毒、贩卖妇女、各种恐怖活动，还有清洗塞族人。这些塞族人很不幸，彼时居住于科索沃。因为那儿很久以前就已是他们的家。② 1998—2002 年，科索沃解放军不时地出现在美国国务院的恐怖组织名单上。起初是因为该组织以攻击无辜塞族平民为策略，试图激起塞尔维亚军队的报复；之后是因为来自多个伊斯兰国家的圣战者雇佣军，同 90 年代在南斯拉夫内战中帮助波斯尼亚穆斯林一样，与科索沃解放军并肩作战，其中一些团体和基地组织勾连。直到美国决定与其联手时，科索沃解放军才从恐怖组织名单中消失。美国这样做，部分原因是位于科索沃的一处美国主要军事基地——邦德斯蒂尔军营。（这不令人惊叹吗，这些美国军事基地怎么就从世界各地一个个冒了出来？）2005 年 11 月，欧洲人权委员会特使阿尔瓦罗·希尔·罗布雷斯（Alvaro Gil-Robles）访问邦德斯蒂尔军营之后，称该军营是一个"小型关塔那摩"。③

2008 年 2 月 17 日，科索沃解放军宣布科索沃从塞尔维亚独立。该行为的国际合法性很有问题。而次日美国就承认了这个新的"国家"，由此肯定了一个国家的一部分单方面宣布独立的做法。这个刚成立的国家把一位名叫西姆·塔奇（Hashim Thaci）的绅士拥为总理。德尔·彭特在书中认为，他是诱拐塞族并出售他们器官的幕后主谋。华盛顿和其他西方政权支持这个新的强盗国家，因为他们不能原谅塞尔维亚—南斯拉夫—米洛舍

---

① Observer, December 26，1999；*Washington Times*，December 30 and 31，1999；*New York Times*，December 30，1999.

② 在过去 20 年中，世界新闻里有大量关于科索沃解放军（KLA）过度谋财害命的文章；Google 搜索"KLA"以及"毒品"（drugs）、"卖淫"（prostitution）、"种族清洗"（ethnic cleansing）和"器官移植"（transplants）等一个或多个关键词。

③ http：//wikipedia. org，under "Camp Bondsteel".

维奇不接受北约、美国、欧盟这个三权统治，该三权统治不承认存在任何
更高的权力机构，不管是联合国还是其他。新独立的科索沃亲西方，这被
认为相当可靠，可以作为三权统治的军事前哨。

　　在书中，德尔·彭特提到，有足够证据证明科索沃的阿尔巴尼亚人犯
有战争罪，但是调查"胎死腹中"，而去关注塞族的罪行。她说对此毫无
办法，因为在科索沃取证几乎是不可能的，那里到处都是罪犯，包括进出
政府部门的官员。证人被恐吓，甚至连海牙的法官也害怕科索沃的阿尔巴
尼亚人。①

---

　　①　美国媒体几乎完全忽视了德尔·彭特的书以及书中所介绍的动乱，但如果用谷歌搜索她
的名字和这本书，将会发现很多报道都来自欧洲。

第十二章

利 比 亚

利比亚大辩论

2011 年 7 月 9 日，我参加了白宫前的游行示威，主题是"停止轰炸利比亚"。上次我参加反对美国轰炸外国的游行示威是在 1999 年，那时塞尔维亚遭到连续轰炸，白宫也同样称是"人道主义干涉"。那次我参加了两次示威游行，两次我都是示威游行中唯一的美国人，其余 20 多人都是塞尔维亚人。"人道主义干涉"是帝国主义促销的强大工具，尤其是在美国市场上。美国人极度需要重温他们珍贵的信念——美国人用意很好，我们仍然是"正面人物"。

这次大约有 100 人参加了示威活动。我不知道其中是否有利比亚人，但是有一个新现象——几乎一半的示威者是黑人，他们高举标语——"停止轰炸非洲"。

另外一个新现象是：在宾夕法尼亚大道的另外一侧，距我们 40 英尺之外，是支持轰炸利比亚的游行。他们大多是利比亚人，或许住在这里，对美国和北约只有爱慕和赞扬。他们的主张是，卡扎菲坏透了，他们支持以任何方式来推翻他，甚至是每天轰炸他们的故土。这次轰炸持续时间再创纪录，超过了轰炸塞尔维亚的 78 天。当然，我穿过大道，和其中一些人争论起来。我不停地问："我恨那个人（指着白宫），跟你们恨卡扎菲没什么两样。你认为因此我就会支持轰炸华盛顿了吗？支持摧毁这里美丽的历史风情和城市建筑，还有杀害平民？"

几乎没有一个利比亚人尝试回答我的问题。他们只是重复自己的咒骂："你不了解，我们必须甩掉卡扎菲，他太残暴了。"7 月 1 日 CNN 的新闻视频显示在黎波里发生了大规模的支持卡扎菲的集会，说明这些在美利比亚人的观点在国内远非普遍。①

　　"但至少你们有免费教育和医疗，"我指出，"这比我们的福利都多。在非洲地区，利比亚的生活水平最高，至少在遭到轰炸前是这样的。如果卡扎菲是残暴的，那你们怎么评价非洲其他领导人呢，那些领导人美国还长期支持呢？"有人反驳说国王在任时就有免费教育，卡扎菲推翻了国王。我对此有疑问，但并不确定他说得不对，于是我回应"那又怎么样呢？卡扎菲至少没有取消免费教育啊，英国和其他欧洲国家领导人这些年都取消了。"

　　一名警官突然出现，迫使我回到路的另一边——我们的示威人群。我确信如果我非要他解释，他肯定会说这样做是为了防止暴力发生。但是根本就没有那样的危险；这仅仅是美国警察国家心态的另一例证而已——秩序和控制力高于公民自由，高于一切。

　　听到我与利比亚人的争论，很多美国人或许会插嘴道："呃，不管你多讨厌你的总统，你能用选举把他赶下台啊，利比亚人却不能。"我会这样回击："是啊，我们有自由把布什换成奥巴马。呵呵，只要我们的选举被金钱强势决定，这样做不会带来任何重大改变。"

不真实不重要，这是一个更高的真实
(2011 年 11 月 1 日)

　　"我们来，我们见，他死。"② 美国国务卿希拉里·克林顿咯咯地笑着，这样提及对卡扎菲的卑鄙杀害。

　　想象一下，本·拉登或者其他伊斯兰领袖这样说"9·11"："我们来，我们见，3000 人死……哈哈哈。"

　　克林顿和她的北约同伙如此欺骗这个世界，令他们同样可以开怀大笑。利比亚反对派、西方大国和卡塔尔（通过半岛电台）散布种种谬误，最终铸成悲剧，利比亚被夷为平地，一个现代福利国家只剩瓦砾、鬼城，成千上万的人被杀害。如果西方不介入反对派占领的班加西就要被血洗、政府直升机和飞机扫射平民、卡扎菲军队服食伟哥后大量强奸，这些谎言

① www. mathaba. net/news/？ x＝627196？ rss.

② "我来，我见，我征服"，凯撒大帝的名言。——译者注

不一而足。美国大使在联合国宣布了最后一个谎言，好像战士当时需要伟哥一样。①

据 2011 年 3 月 22 日的《纽约时报》的观察，"反对派搞宣传时根本不管事实，声称他们取得了根本不存在的战场胜利，断言在卡扎菲控制一个关键城市数天之后他们仍然在那里作战，大量炮制卡扎菲野蛮行径的宣传"。

2011 年 4 月 7 日的《洛杉矶时报》报道反对派媒体运行情况时说：

> 反对派媒体并不公正客观。事实上，正如其编辑指出的，反对派的两个广播电台、一个电台和一份报纸，全部遵循"四个不"原则：
> - 不出现支持卡扎菲的报道和评论。
> - 不提内战。（利比亚人民，无论东西南北，在战争中全部联合起来推翻独裁政权。）
> - 不讨论部落或部落主义。（只有一个部落，利比亚。）
> - 不指涉基地组织或者伊斯兰极端主义。（那是卡扎菲的宣传口径。）

虽然利比亚政府毫无疑问也传播了错误信息，但正是由于反对派一连串的不管是疏忽还是故意的撒谎，支撑了联合国安理会"人道主义干涉"投票。之后是北约/美国炸弹和无人机导弹，一天又一天，一个星期连着一个星期，一月又一月地无情轰炸。这样做最人道了。在北约/美国轰炸前，如果利比亚人民全民公决的话，能想象他们支持这个方案吗？

事实上，更可能的是大部分利比亚人支持卡扎菲。除此之外，还有什么能让该政府持续抵抗世界最强大的军队达七个月之久呢？在北约/美国轰炸之前，非洲大陆利比亚平均寿命最高、新生儿死亡率最低、联合国人类发展指数最高。内战前几个月，利比亚人民举行了数场支持利比亚领袖卡扎菲的大型集会。②

如果这些年来卡扎菲减少对政治反对派的压迫，"阿拉伯之春"期间

---

① Viagra：Reuters，April 29，2011.

② 例如，www. mathaba. net/news/? x = 627196? rss。关于为什么利比亚人可能是卡扎菲的积极支持者的进一步讨论，参见如下视频中的一本书：www. youtube. com/watch? v = 17H0pG7Yxw8&feature = related。

做一些姿态安抚反对派，或许他还能继续掌权，尽管大量证据表明西方大国对政治压迫并非十分在意，只不过是在需要的时候，可以用作干涉时的借口。事实上，从黎波里搜出来的政府文件中发现，中情局、英国情报部门和利比亚政府合作，以追踪持不同政见者，将他们带到利比亚，并参与对他们的审讯。[1]

总之，反对派里有很多人因为宗教而反对政府，他们是反对派军队的中流砥柱；其中很多人之前参加过反对美国的阿富汗和伊拉克战争。[2] 新的利比亚政权一上台立刻宣布伊斯兰教法将是利亚立法的"基本来源"，违背伊斯兰教义的法律无效。一夫多妻制将回归，伊斯兰经书《古兰经》允许男人最多娶四个老婆。[3]

正如 20 世纪 80—90 年代美国在阿富汗支持伊斯兰武装对抗一个世俗国家，在波斯尼亚、科索沃和叙利亚美国持同样立场。因为他们没有那么支持与基地组织类似的武装。美国政府以"恐怖分子"为名监禁了大批这样的人士。

利比亚国内双方展开的"普通"内战——与之前和之后发生的、没有西方介入的埃及、突尼斯、也门、巴林、叙利亚事件毫无二致（美国仍然武装巴林和也门政权）——被西方宣传机器成功转变为卡扎菲对无辜利比亚人民的种族灭绝。视频《利比亚之人道主义战争——毫无证据》[4] 披露了关键问题的可信度。视频的大部分是对利比亚人权联盟创始人之一兼秘书长萨里曼·布垂吉尔（Soliman Bouchuiguir）的采访。利比亚人权联盟成立于 1989 年，组织流亡在瑞士，或许是利比亚最主要的异见人士的组织。布垂吉尔被多次问到是否可以提供他控告利比亚领导人的证据。大规模强奸的证据在哪儿？许多其他暴行的证据？指责卡扎菲军队飞机射杀超过 6000 名平民的证据？布垂吉尔一次又一次地援引利比亚全国过渡委员会。是的，该委员会就是和北约/美国一起参与内战的反对派。还有几次，布垂吉尔提到目击证人："那里的小男孩儿和小女孩儿们，我们知道他们的家人。"之后他又宣称"没有办法"记录这些事情。从某种程度上讲这可能是真的，但是为什么那个时候联合国安理会决议支持军事

---

① Guardian, September 3, 2011.

② Washington Post, "Islamists Rise to Fore in New Libya", September 15, 2011.

③ USA Today, October 24, 2011.

④ www.thehumanitarianwar.com.

介入利比亚？为什么会有近乎八个月的轰炸？

　　同时布垂吉尔提到他的组织和美国国家民主基金会联合起来反对卡扎菲，人们不得不怀疑，这家伙知道吗，美国国家民主基金会是中情局的隶属组织。

　　控告卡扎菲和他的几个儿子的另外一个信息源是国际刑事法庭。法庭的首席检察官莫雷诺·奥坎波（Luis Moreno-Ocampo）也出现在视频《利比亚之人道主义战争》中，在新闻发布会上讨论同样的问题——控告的证据。他提到国际刑事法庭一份 77 页的文件，说里边有证据。视频展示了文件的目录，上面显示第 17—71 页不对公众公开。很明显，这几页包括证词和证据，它们被标为"节选修订"。在附录里，国际刑事法庭报告中列出了消息来源，包括福克斯新闻、CNN、中情局、萨里曼·布垂吉尔以及利比亚人权联盟。之前，视频中布垂吉尔引用国际刑事法庭为消息源。所以，整个就是一串相互引用。

　　历史注脚："恰好 100 年前，即 1911 年，意大利首先轰炸了利比亚平民，1920 年在伊拉克英国对此运用娴熟，1925 年法国用此手段把叙利亚城市夷为平地。"摧毁房屋、集体惩治、成批行刑、无故监禁、经常虐待——这就是西方征服中东的武器。①

无休无止的对美敌意
（2011 年 7 月 1 日）

　　如果我能公开问我们敬爱的奥巴马总统一个问题，我会问："总统阁下，您短暂任期内对六个国家动武——伊拉克、阿富汗、巴基斯坦、索马里、也门和利比亚。这让我很怀疑，恕我冒昧：您有什么毛病？"

　　至少在最近一次太明显而无法遮掩的轰炸"失误"之前，美国媒体一直尽其全力消解或者忽视利比亚对北约/美国导弹杀害平民的控告——那是他们应该保护的人。但是主流媒体中又有谁质疑过几个月前北约/美国控告利比亚袭击平民、屠杀平民呢？我们被告知，这正是西方强国展开军事打击的原因。别转向半岛电台寻找类似质疑。卡塔尔政府拥有半岛电

---

① 哥伦比亚大学阿拉伯研究教授拉希德·卡里迪（Rashid Khalidi）。*Washington Post*，November 11，2007。

台，而该政府对卡扎菲有根深蒂固的敌意，本身就是利比亚"大屠杀"故事的编造者和攻打利比亚军事行动的参与者。半岛电台这方面的报道倾向非常明显。

法国是打击利比亚的领头羊，法国前外交部部长阿兰·朱佩（Alain Juppé）2011 年 6 月 7 日在美国华盛顿布鲁金斯学会发表讲话。互动环节，当地活跃人士肯·梅耶科德（Ken Meyercord）问了一个问题：

> 利比亚事件的一名美国观察者评论道："大规模屠杀或者种族屠杀可能发生，或者即将来临，该论断没有任何有说服力的证据。"评论者是美国对外关系委员会主席理查德·哈斯（Richard Haass）。如果哈斯先生是正确的，而他又是一位非常有见识的人物，北约在利比亚所作所为就是攻打一个没有对任何人产生威胁的国家，换言之，是侵略。随着北约在利比亚造成越来越多的杀害和毁灭，您是否担忧国际刑事法庭可能裁定你和你的朋友，而不是卡扎菲，应该被起诉？

朱佩之后毫无根据地说，有人估计卡扎菲军队杀害了大约 15000 名利比亚平民。梅耶科德回应："那么这 15000 具尸体在哪儿呢？"朱佩先生没能回答，虽然我们不能确定在第一个问题冲击下他是否听清楚了这个问题。[①]

需要注意的是，2011 年 6 月 30 日，北约飞越利比亚 13184 架次，其中 4963 次被描述为袭击架次。[②]

如果外国对美国发射导弹，奥巴马会不会认为是战争行为？如果美国向利比亚发射上千次导弹不是战争行为，像奥巴马坚持的那样（避免美国法律规定的宣战），那么导弹所导致的死亡就是谋杀。就是这样，不是战争就是谋杀。程度上二者有差别。

还需注意的是，自 1969 年卡扎菲上台以来，美国实际上从来就没准

---

① 关于利比亚"大屠杀"情况的不同观点，参见 www. abovetopsecret. com/forum/thread 691464/pg1。

② 数据可在 NATO 网站查询：www. aco. nato. int/page424201235. aspx。

备尊重卡扎菲，真诚对待他给利比亚和非洲带来的积极变化。①

世界军力最强国家耗费数年试图谋杀的对象：卡扎菲的话

以下是《我的一生》节选的片段，2011年4月8日卡扎菲著成此书。

现在，我正被世界历史上最强大的军事力量持续攻击。非洲的儿子，奥巴马，他想杀掉我，剥夺我们国家的自由，夺走我们的免费住房、免费医药、免费教育、免费食物，替换成被称为"资本主义"的美国式偷盗。我们第三世界的人民知道资本主义意味着什么。它意味着公司将掌管国家，掌管世界，而人民受苦受难。所以，我别无选择，我必须抗争、坚持，如果安拉愿意，我将为他所指引的路付出生命。那条路给我们带来肥沃的农田，带来食物和健康，甚至让我们有能力帮助我们的非洲和阿拉伯兄弟姐妹……我不愿死去，但是如果唯有以死来拯救这片大地，拯救我的人民，拯救成千上万的我的孩子们，让我献出生命吧……在西方，有人说我是"疯子"、"狂人"。他们知道真相却继续撒谎，他们知道我们的国家是独立而自由的，不是殖民地。

---

① 关于这种敌意的历史，包括持续不断的谎言和恐吓活动，参见作者撰写的 *Killing Hope：US Military and CIA Interventions Since World War II*（Zed Books, London, 2003）一书中利比亚那一章。

第十三章

拉 丁 美 洲

GWS① 的罪恶——社会主义的统治

（2007 年 12 月 11 日）

1964 年智利总统选举，马克思主义者萨尔瓦多·阿连德（Salvador Allende）的主要对手是右翼分子。一段竞选广播这样录音：几声哒哒的机关枪响，之后是一个女人的哭喊，"他们杀了我的孩子，那些共产主义者"。之后广播员激愤地说，"共产主义只能带来伤亡和痛苦，想要阻止苦难的发生，我们必须选举爱德华多·弗雷（Eduardo Frei）为总统"②。弗雷是基督民主党的候选人，根据参议院文件，他大部分竞选经费都由中情局支付。③ 有一张海报，散发了成千上万份，上面绘有锤子和镰刀挥向孩子们额头的图片。④

竞选之所以如此血腥，是因为智利和其他拉丁国家一样，女人宗教情结更浓，更容易被"不信上帝，无神论的马克思主义"妖魔吓到。

阿连德竞选失败。在智利总统选举中，男女分别投票，阿连德得到的男人的选票超过弗雷 67000 张，但是弗雷得到的女人的投票超过阿连德

---

① 海湾战争症候群（Gulf War Syndrome，GWS），参加 1990—1991 年波斯湾战争的退役士兵的疾病症候群，其特征没有任何确定的医学状况或诊断试验，而是各种各样的非特定性症状，如疲乏、焦虑、肌肉和关节疼痛、头痛、记忆丧失以及外伤后的紧张反应等。——译者注

② Paul Sigmund，The Overthrow of Allende and the Politics of Chile，1964—1976（University of Pittsburgh Press，Pittsburgh，PA，1977），p. 297.

③ "Covert Action in Chile，1963—1973，a Staff Report of the Select Committee to Study Governmental Operations with Respect to Intelligence Activities（US Senate）"，December 18，1975，p. 4.

④ Sigmund，The Overthrow of Allende and the Politics of Chile，p. 34.

46.9 万张。这又一次证实，不管哪个社会，人民大众的想法多么容易被操纵！

2007 年查韦斯在委内瑞拉提出宪法改革草案，反对派同样打情感牌，针对"母亲"宣传共产党压迫。（很可能都是中情局给的建议。）"我过去投票支持查韦斯当总统，但是现在不能支持他。他们告诉我如果改革通过，他们将会带走我的儿子，因为他将属于国家。"格拉迪斯·卡斯特罗（Gladys Castro）接受委内瑞拉分析网（Venezuelan analysis. com）采访时说。委内瑞拉分析网是北美人在加拉加斯发布英语新闻的网站。该网站在投票之前进行了调查，其报告中提到：

> 格拉迪斯只是众多相信流言者中的一个。成千上万的委内瑞拉人，其中很多是查韦斯的支持者，接受了关于委内瑞拉宪法改革的谎言和夸大之词，这些谎言和夸大之词已经在委内瑞拉流传好几个月了。而几周前，反对派和反对改革联盟在委内瑞拉主要报纸刊发各种广告，错误信息堆积如山。其中最令人震惊的是……一张占有两个版面的宣传广告，刊发于该国发行量最大的报纸《最新消息报》（*Últimas Noticias*），评论宪法改革，广告说："如果你是一位母亲，你输了！因为你将失去房子，失去家庭，失去你的孩子。孩子们将属于这个国家。"

这则宣传广告是卡拉沃沃州相机商业联合会（Cámara Industrial de Carabobo）放上去的。该委内瑞拉商业组织的成员中有 20 多家企业都受美国在委内瑞拉大企业的资助。[1]

很多人认为，美国敌视查韦斯是因为美国迫切想掌控委内瑞拉的石油。但是二战后美国将同样饱受异议的政策运用到多个国家。仅在拉丁美洲，危地马拉、萨尔瓦多、尼加拉瓜、洪都拉斯、格林纳达、多米尼加、智利、巴西、阿根廷、古巴、玻利维亚等多个国家的政府或者发展运动遭遇相似。这些政府和运动的相通之处在于，他们现在或者过去是左翼。跟石油没关系。超过半个世纪以来，对所有尝试资本主义之外道路的拉丁美

---

[1] A report of Venezuelanalysis. com, an English-language news service published by Americans in Caracas, November 27, 2007, article by Michael Fox.

洲国家，美国一直试图打压。当然，委内瑞拉完全适用这套逻辑，不管它是否拥有石油。这种意识形态是世界冷战的核心。

查韦斯的意识形态罪恶更加深重，因为他完全独立于华盛顿，凭借石油资产成为拉丁美洲的一支强大力量，激励并帮助该地区有同样想法的政府，比如古巴、玻利维亚、尼加拉瓜、厄瓜多尔，并与同类国家中国、俄罗斯、伊朗保持密切关系。这个人好像没有很好地理解这样的事实：他生活在美国佬的后院，更确切地说，是在美国佬的世界。美国佬的帝国之所以能像现在这样幅员辽阔、力量强大，正是因为它不容忍像阿连德、查韦斯这类人，包括他们奇怪的社会主义传统。虽然中情局尽了最大努力，还是没能阻止阿连德于 1970 年成为智利总统。之后的议会选举证明中情局和它的智利保守派盟友不可能通过合法途径推翻左翼政权，1973 年他们成功煽动军事政变，阿连德在此期间过世。

1970 年基辛格在给尼克松的备忘录中写道："智利成功选出马克思主义政府对世界其他地方有示范效应，甚至是很大价值，尤其在意大利；这种现象在其他地方被效仿将严重影响世界均势和我们的地位。"

查韦斯多次公开说他正被暗杀，委内瑞拉政府也多次披露他们觉察到的来自国内和国外的暗杀计划。除了阿连德的例子之外，我们也应该考虑厄瓜多尔总统海梅·罗尔多斯（Jaime Roldós），巴拿马军事领导人托里霍斯（Omar Torrijos）。两人都是改革派，都拒绝成为美国的卫星国或者美国的公司；两人都是尼加拉瓜的桑地诺革命的坚定支持者；二者都怀疑美国暑期语言学院（the Summer Institute of Linguistics）存在政治行为，将其取缔。该机构长期被怀疑与中情局有关系；两人都在里根时期死于 1981 年的空难，托里霍斯的飞机在半空中爆炸。[1] 托里霍斯之前被尼克松确定为暗杀目标。[2]

与罗尔多斯、托里霍斯的例子相反，这么多年来，美国和独裁者、大屠杀制造者、虐囚者、减贫方面毫无作为的领导者相处得还不错——奥古斯托·皮诺切特（Augusto Pinochet）、波尔布特、希腊军政府、费迪南德·马科斯（Ferdinand Marcos）、苏哈托（Suharto）、杜瓦利埃（Duva-

---

① 关于进一步的信息，参见 John Perkins, Confessions of an Economic Hit Man（Berrett-Koehler, San Francisco, 2004），passim.

② Newsweek magazine, June 18, 1973, p. 22.

lier)、蒙博托（Mobutu）、巴西军政府、索摩查（Somoza）、萨达姆·侯赛因、南非的种族隔离者、葡萄牙的法西斯主义者等，都是些可怕的家伙。美国有一段时间很支持他们，因为他们从未养成公开对美国领导人或者他们的政策表示严重不满的习惯。

如果美国全国广播公司赞扬推翻布什的军事政变？

（2007 年 6 月 8 日）

冷战期间，一个美国记者或者旅游者到了苏联，如果他看到教堂里人很多，这种迹象表明人们拒绝共产主义、躲避共产主义，如果教堂里没有人，很明显是压迫宗教的证据；如果日常用品匮乏，那就是共产主义系统的失败，如果日常用品丰富，会猜测当权者试图收买人心。①

委内瑞拉的种种遭遇，让我联想起这种思维方式。保守的反共的美国人总是以最坏的可能性解读这个最新的邪恶者。如果查韦斯让众多贫苦民众有更多机会接受教育，这可能是为了灌输教化。如果查韦斯请了很多古巴医生到委内瑞拉治疗穷人，则是拉丁美洲新的更大的共产主义阴谋，阴谋还包括玻利维亚总统埃沃·莫拉莱斯（Evo Morales）。如果查韦斯一次又一次赢得了民主选举……美国前国防部长拉姆斯菲尔德说道："我的意思是，我们买石油给了查韦斯很多钱，他就像希特勒一样，依法选举上台之后大肆攫取权力，现在和卡斯特罗、莫拉莱斯之流勾勾搭搭。"②

谴责委内瑞拉政府拒绝换发私人所有的拉斯加斯广播电台的许可证，这是该思维模式的最新表现。委内瑞拉拒发许可证被美国政府和媒体及其他"思维正常"的人指责为压制言论自由，尽管他们知道原因是该电台支持 2002 年推翻查韦斯的军事政变，这是决定性因素。如果美国出现了军事政变，有一个电台非常支持推翻现任总统，包括解散国会和最高法院，压制宪法，而之后伴随着大规模示威游行发生另一次军事政变，整个局面反转，这个电台对此却毫无报道，那时它碰巧不给反击性的军事政变任何支持，而一直报道总统自愿辞职……重新夺权的美国政府会等多久封

---

①   这些例子以及类似例子参见 Michael Parenti, The Anti-Communist Impulse（Random House, New York, 1969）。

②   Associated Press, February 4, 2006.

杀电台、逮捕高管、依据十多部反恐法律控告他们，然后扔到监狱里面再也不见天日？多久呢？五分钟？委内瑞拉政府等了5年，直到该电台的许可证该换发了。没有高管被抓。拉斯加斯广播电台照样自由地通过有线网络和卫星播报新闻。世界上还有比这更仁慈的政府吗？[1]

可以说委内瑞拉的媒体比美国媒体更自由。美国有多少日报、电台明确反对美国的对外政策呢？整个美国有几家媒体被冠以"反对派媒体"呢？或许民主党当政时福克斯新闻算得上。委内瑞拉有很多反对派媒体。

委内瑞拉：就如受到蔑视的帝国一样宁静的地狱

2007年，查韦斯提交了一项非常复杂而广泛的改革议案，诉诸全民公决，其中包括取消对总统任期的限制，没有成功。2009年，他提出了一个更为保守的改革，取消了所有被选举部门的任期限制，获得成功。美国媒体和委内瑞拉反对派的宣传让人感觉好像查韦斯是想最长时间地保证自己的任期，真是独裁！但事实上任期并非自动延长——每次查韦斯都得被选上才行。对最高领导没有任期限制并不稀奇，法国、德国、英国——如果不是全部欧洲国家的话——和世界上大多数国家都没有总统等的任期限制。历史上美国前162年也是如此，直到1951年第22个修正法案被批准后才有总统任期限制。难道之前的美国总统都是独裁者吗？

2005年哥伦比亚总统乌里韦（Alvaro Uribe）成功取消了总统任期限制，美国主流媒体基本没有关注。布什总统之后授予乌里韦美国总统自由勋章。但在委内瑞拉2007年2月15日的全民公决中，美国媒体像比赛一样看谁对查韦斯和委内瑞拉修宪过程批判得最狠、说得最坏。投票前一天的《华盛顿邮报》是个典型，大标题是："围逼查韦斯"，开篇第一句话："查韦斯的结局已徐徐展开"。[2]

有几年，中伤查韦斯的活动有时包括以色列和反犹主义议题。2009年1月30日，一起孤立的破坏犹太教堂事件正对该宣传的胃口。当然在美国和欧洲国家犹太教堂有时也会被破坏，但没有人归罪于政府反犹主

---

① 关于进一步的详情，参见 Bart Jones, op-ed, *Los Angeles Times*, May 30, 2007；另见 www.venezuelanalysis.com, www.misionmiranda.com/rctv.htm。

② Edward Schumacher-Matos, Washington Post, February 14, 2009.

义、反犹政策。然而，对于查韦斯他们的反应就不同了。委内瑞拉投票前，美国舆论界从未放下过所谓的犹太话题。

"尽管政府努力平息犹太教堂受攻击事件，"《纽约时报》在全民公决前几天写道，"委内瑞拉 1.2 万—1.4 万犹太人仍然心有余悸。"①

之前一天，《华盛顿邮报》的社论标题是："查韦斯 VS 犹太人——布什走了，委内瑞拉强人找到了新的敌人"。② 在那之前不久，《华盛顿邮报》的大标题告诉我们"南美洲的犹太人愈发感到不安——委内瑞拉与其他地方政府和媒体被认为在培养反犹主义"。③

把查韦斯和反犹太联系起来非常普遍，以至于美国华盛顿重要的发展组织"半球事务委员会"提交了一篇文章。该文章读起来像保守集团的手册，不像进步组织的文章。我立刻给他们写了封信，内容是：

亲爱的人们：

很遗憾地看到贵组织拉里·伯恩斯（Larry Birns）和戴维·罗森布鲁姆（David Rosenblum Felson）关于委内瑞拉的评论存在明显缺陷。作者似乎不能或者不愿意区分反对以色列政策和反犹主义之间的差异。二人这时还未意识到其中的差异，有点晚。他们不得不求助于国务院的声明以论证自己的观点。说得够透彻了吧？

他们谴责查韦斯将以色列占领加沙与大屠杀相比。但如果这是一个恰当的比较呢？他们根本没有深挖这个问题。

他们也指责查韦斯使用"犹太复国主义"一词，认为使用这个词十之八九都有反犹意味。真的吗？他们能具体解释一下如何区分反犹主义者和非反犹主义者使用这个词汇的差异吗？那就有趣了。

作者写道，委内瑞拉的"反以色列活动……赤裸裸地超过了几乎每一个阿拉伯国家或者其他以色列敌人的反以程度"。确实是。什么时候胆小怕事的阿拉伯独裁者成了进步人士的标杆了？成了我们应该模仿的理想国家了？埃及、沙特、约旦几乎从来没有严肃的强烈的批判以色列对巴勒斯坦的政策。因此，委内瑞拉不应该这样？

---

① *New York Times*, February 13, 2009.

② *Washington Post*, February 12, 2009.

③ *Washington Post*, February 8, 2009.

作者声明:"在一次发表全国新年贺词中,查韦斯控告'少数人,把基督钉在十字架上的叛徒的后裔……把世界的财富操控在自己手中'。这里,查韦斯并不是讨论什么罗宾汉精神,毫无疑问,他在影射反犹主义。"呃,引文完整部分是这样的:"世界足以养活所有人,但是最终少数人,把基督钉在十字架上的叛徒的后裔,把玻利瓦尔驱逐出去并钉死在哥伦比亚圣玛尔塔的后裔……"嗯,犹太人19世纪在南美这么活跃吗?

基督之后的省略表明作者是有意识地故意将后面的话省略,不然就会露馅。真让人震惊!

附记:1983年里根政府控告丹尼尔·奥尔特加(Daniel Ortega)领导的尼加拉瓜的桑地诺政府存在反犹主义,丹尼尔2007年12月又成为国家领导人,一直到现在。[1] 等着瞧。丹尼尔,小心。

每个社会当权者的意识形态都会尽力
把现有秩序描述为"自然的"
(2007年2月3日)

1972年我经陆路从旧金山抵达智利,考察和报告阿连德的"社会主义实验"。穿越整个拉美,我有一个印象挥之不去:我所访问的那些社会,其上下阶级结构分明。上层阶级和中层阶级、中层和下层阶级区分如此明显,归属感如此强烈,世界其他地方,包括英国都极为少见。在智利首都圣地亚哥,我去看房,是一个妇人打出的广告。因为我是美国人,她想我应该反对阿连德;如果我是欧洲人的话,她也会这样预设。因为她想要相信只有印第安人,只有贫穷而又沉默的原住民和他们的家属,才会支持阿连德。将有一个美国人住在她家,她很高兴,还担心我对这个国家的印象有偏差,"这些混乱,"她安抚我说,"并非正常,也不是真正的智利。"当我解除了她对我的误解后,很明显她非常困惑,而且感到受伤,我也有点不舒服,好像我辜负了她的信任。我很快就离开了。

---

① Holly Sklar, *Washington's War on Nicaragua* (South End Press, Boston MA, 1988), p. 243.

寡头政治下的拉丁美洲家庭奴仆的生活通常是这样的。他给主人的狗买了牛排，自己家人只能吃残羹剩饭；带主人的狗看兽医，却不能带自己孩子看医生。而他无任何抱怨。阿连德统治下，智利的特权阶级很怕奴仆不守本分。在瑞典，已经有些年头了，他们测量特定年龄的孩子们的身高、体重和其他身体指标，已经看不出孩子来自哪个阶级了。他们已经结束了关于孩子们的阶级战争。

20 世纪 80 年代，中美洲地区奴仆开始反抗上层人士，后者当然无条件地被美元、美国武器甚至美国人所支持着。80 年代末，《纽约时报》描述了一些萨尔瓦多的情况：

> 派对上忙忙碌碌的侍者端上了开胃小菜，一位客人说她相信上帝创造了两类不同的人：富人和他们的下人。她说自己很仁慈，因为她允许穷人当差做仆役，"这是你能做得最好的了"，她说。
>
> 这位妇人的坦诚很不一般，但是她的态度在萨尔瓦多上层社会是相当普遍的。
>
> 阶级间藩篱高树，哪怕跨越阶级表达一些微不足道的善意，都会被投以怀疑的眼光。有个美国人逛冰淇淋店，说他正在给他仆人的孩子买礼物，商店的其他主顾瞬间停止了谈话，盯着那个美国人看。最终，结账处的一名妇女从震惊中回过味儿来："你开玩笑吧？"①

查韦斯试图建立一个平等的社会，但是委内瑞拉现在也开始出现两极分化。2007 年 1 月 29 日美联社介绍了拉斯加斯的简况。一名欧洲人说，他孩子所在的私立犹太学院里，有些父母在商量怎么离开这个国家，什么时候走。这个人要给他 10 岁的孩子办护照，以防他们需要永远离开。"我觉得我们在走向极权"，中产阶级的一名退休人士一脸苦相，他认为在不久的将来，"不出一年，全部都共产主义了……正在形成的是独裁"。事实上查韦斯有土著和黑人的血统，看到他，更增加了他们对这个人的仇恨。

不知道这些人怎么想乔治·我是决定者②·布什和他多次使用的

---

① *New York Times*, October 7, 1990, p. 10.

② 老布什的中间名为 Walker，意为步行者、散步者，这里作者意在借用讥讽。

"签署声明"的。签署声明实际上就是：他说是法律就是法律，实际如此，不多不少。还有他的《爱国者法案》，他对人权保护法的原则的各种侵犯，他在全国扩大监听范围——仅仅举几个他极权统治下的恐怖举动。如果查韦斯把这些措施也引入委内瑞拉的话，独裁的含义就广泛一些了。

尼加拉瓜网总部在华盛顿，去年秋天，其国家联络人查克·考夫曼（Chuck Kaufman）和一群人共同考察了委内瑞拉，下面是他报告中的内容：

> 委内瑞拉政治走向两极化。在一家餐馆我们见识了这种状况。当时和律师兼作家伊娃·科林格尔（Eva Golinger）吃饭。那儿有一些反对派的支持者，喝得醉醺醺的，认出了科林格尔是《查韦斯密码》的作者，也是查韦斯党派大佬。他们围着我们那一桌，冲着科林格尔和我们代表团大叫，骂我们是"刺客"、"古巴人"、"阿根廷人"。骂了很久，直到服务生把一个最疯狂的查韦斯反对者——一个女人赶出去之后，谩骂才渐渐消停。我们之后被告知那个女人在总检察长办公室工作，这凸显了查韦斯的玻利瓦尔革命是民选上台而非通过武力上台带来的种种矛盾。武力革命通常会把政府部门和有影响的机构比如媒体中的反对派全部清扫出局。但是在委内瑞拉，很多反对派仍然在行政部门工作，大部分媒体恶毒反对查韦斯。①

我很赞赏查韦斯本人，也非常欣赏他在委内瑞拉试图进行的事业。但是我希望他不要特地蹦出来嘲讽布什政府，他经常这样干。难道他不知道他是在跟一个杀人狂魔打交道吗？请告诉他，淡然处之，不然他自己的社会革命会有危险。

尼加拉瓜：我们有能力，所以行动

亚哈船长有白鲸，贾维警长有冉阿让②，美国有菲德尔·卡斯特罗。

---

① 关于 2006 年 10 月 28 日的完整报告，参见华盛顿特区尼加拉瓜网（nicanet.org）；chuck@afgy.org。

② 人物分别出自《白鲸记》和《悲惨世界》。——译者注

不过美国还有死对头丹尼尔·奥尔特加。30多年了，这个世界超级大国发现，如果尼加拉瓜的领导人不喜欢资本主义的话，和这个最穷最弱邻邦之一在西半球共处是不可能的。

自1979年桑地诺革命推翻了美国支持的索摩查（Somoza）独裁统治之后，华盛顿一直担心"另一个古巴"平地而起，这是多么可怕的怪兽。那就是战争了，不仅在战场上，也在投票亭。差不多整整十年，美国代理人尼加拉瓜反抗军展开了对抗桑地诺政府及其支持者的血腥暴动。1984年，华盛顿尽最大努力破坏选举，但是没能阻止桑地诺领导人奥尔特加上台执政。战争继续。1990年，美国的策略是给尼加拉瓜人民传递一个简单而清晰的信息：如果你们继续选举奥尔特加当总统，内战、美国经济制裁种种磨难都将延续。1989年12月，两个月之后就要选举了，美国在没有任何国际法理由支撑、没有任何道德基础、根本不符合常识的情况下侵略了巴拿马。（美国很自然地称之为"正义行动"。）可能的原因是美国要给尼加拉瓜的人传递明确信息，如果他们选择奥尔特加，美国和反抗军会升级战争，巴拿马的下场就是他们的下场。

确实起作用了。我们不能低估恐惧、谋杀、强奸、家里房子被烧掉带来的强大力量。奥尔特加选举失败，尼加拉瓜回到自由市场的轨道，桑地诺政府推行的社会、经济发展项目被停工。几年之内，大范围的营养不良、教育和医疗渠道不畅，其他社会病，又成了尼加拉瓜人民的家常便饭。

之后每次总统选举，多年的总统候选人奥尔特加一直对抗美国公然无耻的干涉。为避免保守派分裂而对抗不了桑地诺，美国经常对某些党派施压，要求他们撤回候选人。美国大使和到访的美国国务院官员公开明确表示反对桑地诺的活动，威胁如果奥尔特加赢得选举将使用一切经济和外交手段惩罚尼加拉瓜，措施包括限制出口、减少签证、禁止在美国居住、工作的尼加拉瓜人从美国汇款回国等。"9·11"事件之后不久，在2001年的选举中，美国官员千方百计把奥尔特加和恐怖主义绑在一块儿，在一则占据了一个版面的广告中，一家主要媒体宣称"奥尔特加和窝藏、赦免国际恐怖主义的国家和个人已经有30多年的联系了"。① 同一年，盖洛普

---

① Nicaragua Network, October 29, 2001, www.nicanet.org/pubs/hotline1029 _ 2001.html; *New York Times*, November 4, 2001, p. 3.

驻尼加拉瓜的高级分析员说道："我一辈子都没见过在任大使如此公开地干涉一个国家的选举过程，我也没听说过发生过类似情况。"①

此外，全国民主基金会（the National Endowment for Democracy）定期向尼加拉瓜反对桑地诺的组织汇款，或者提供其他帮助。全国民主基金会巴不得全世界都相信它是一个私人的非政府组织，而实际上它是美国政府创设并隶属于政府的代理机构。国际共和研究所（International Republican Institute）是全国民主基金会的长时期帮手。其主席是亚利桑那州参议员约翰·麦凯恩（John McCain），在创建尼加拉瓜运动组织过程中非常积极，该运动帮助组织了反对桑地诺的示威游行。2006 年驻尼加拉瓜的国际共和研究所官员在与到访的美国代表团谈话中将尼加拉瓜和美国的关系比作父子关系。"孩子不应该跟爸妈争论的，"她说。

2006 年总统选举就要举行了，2005 年一名美国高官在尼加拉瓜报纸上写道，如果奥尔特加被选为总统，"尼加拉瓜会像一块石头一样沉没大海"。2006 年 3 月，美国里根时期驻联合国大使、尼加拉瓜反抗军的重要支持者珍妮·科克派屈克（Jeanne Kirkpatrick）访问该国。她会见了所有反对桑地诺的党派代表，宣称她认为尼加拉瓜的民主"陷入危险"，但是她毫不怀疑"桑地诺独裁"不会重新执政。紧接着 4 月，美国驻尼加拉瓜大使保罗·特里韦利（Paul Trivelli）公开说他反对奥尔特加和桑地诺党，给保守党派的总统候选人们写信，向他们提供资金和技术帮助，以期在 11 月的大选中把他们团结起来。大使声称他是应尼加拉瓜"民主党派"的请求采取措施，避免奥尔特加赢得总统选举。到访的美国代表团报告"特里韦利的声明有点难以理解，他说如果奥尔特加赢了，政府承认政府这种观念就不复存在，反正这是 19 世纪的外交规则。双边关系将取决于上台的是哪个政府"。大使对奥尔特加的担心之一是，奥尔特加谈起中美洲自由贸易的谈判。该自由协定是美国和中美洲签署的，对公司全球化者来说多么宝贵啊。

之后的 6 月份，美国副国务卿罗伯特·佐利克（Robert Zoellick）说，美洲国家组织有必要"尽快"派选举观察团到尼加拉瓜，以"防止腐败的共产主义者试图保持权力"。虽然自 1990 年开始，桑地诺党人就没有担任过总统，而只是出任低级公职人员。

---

① *Miami Herald*, October 29, 2001.

　　美国对于尼加拉瓜的声明或明或暗传递着这样的信息：如果桑地诺党重掌政权，可怕的战争就会卷土重来。而恐怖的战争画面在尼加拉瓜人民脑海中还那么鲜活。伦敦的《独立报》9 月份报道："奥尔特加的一张宣传海报被喷漆抹掉，字样是'我们不想再陷战争'。"传递的信息是，如果你再将选票投给奥尔特加的话，就是将选票投给了美国可能发动的战争。①

　　尼加拉瓜人年均收入是 900 美元，大约 70% 为贫困人口。值得注意的是，尼加拉瓜和海地是美国在西方干涉最多的国家，从 19 世纪到 21 世纪持续不断，甚至被长期占领。而今天这两个国家也是西方最穷的国家，很可悲，可事实就是如此。

因果报应：美国佬迫使他们移民

　　一年又一年，美国关于南方边界移民问题的争论层出不穷，同样的议题翻来覆去地讨论。阻止移民流入这个国家的最好方式是什么？应该怎样惩罚那些被抓到的非法移民？非法移民父母被驱逐，而他们在美国生的孩子可以留下，我们要拆散他们的家庭吗？警察和其他多个部门是否只要他们怀疑，就有权审查任何人的合法居住文件？我们应该惩罚雇佣非法移民的老板吗？我们是否应该赦免已经在这居住很多年的非法移民？一轮又一轮，一圈又一圈，几十年了争论就这么进行着。反对移民的人时不时地指出：美国没有任何道德责任收留这些拉丁美洲的移民。

　　但是针对最后一点的反驳几乎从来无人提起：不对，美国有这样的道德义务，因为二战之后美国的干涉和各种政策导致这些移民的祖国民不聊生，这些人才背井离乡。在危地马拉和尼加拉瓜，美国推翻了致力于脱贫的进步政府。在萨尔瓦多，美国在抑制此类政府的出现中起主要作用，在洪都拉斯作用稍次一点。在墨西哥，虽然美国自 1919 年之后再没有进行过军事干预，但是这些年来美国一直在技术上支援墨西哥的警察和部队，提供培训、武器、监视等各方面的技术，使他们更好地压制人民的诉求，

---

　　① *Independent*，September 6，2006；联系尼加拉瓜网（nicanet. org）Kathy@ afgy. org，可获取美国干涉尼加拉瓜民主进程的清单。*Independent*，September 6，2006；"2006 Nicaraguan Elections and the US Government Role. Report of the Nicaragua Network delegation to investigate US intervention in the Nicaraguan elections of November 2006"，www. nicanet. org/pdf/Delegation%20Report. pdf.

正如在墨西哥恰帕斯州（Chiapas）做的那样。这无疑壮大了贫苦人民到美国的移民潮。另外，北美自由贸易区协定签署后，大量受到补助的美国廉价农产品涌入墨西哥，许多墨西哥农民被迫离开农场。

这些政策的最终结果是大批移民涌向北方，以追寻更好的生活。不是这些人更愿意生活在美国。如果可能，他们宁愿留在祖国，和亲人朋友一起，可以天天说家乡话，可以摆脱美国警察和右翼分子带给他们的种种磨难。

第十四章

古　巴

**联合国的古巴禁运提案投票：即使失败二十年，
勇敢的美国领导人也不气馁**

很多年来，美国政治领导人和媒体都喜欢称古巴是"国际弃儿"。现在再也听不到这样的言论了。每年的联大投票或许是原因之一吧。投票的决议是"有必要终止美利坚合众国对古巴的经济、商业和金融封锁"。投票的结果如下（不包括弃权票）：

年份	赞成票	反对票	投反对票的国家
1992	59	2	美国、以色列
1993	88	4	美国、以色列、阿尔巴尼亚、巴拉圭
1994	101	2	美国、以色列
1995	117	3	美国、以色列、乌兹别克斯坦
1996	138	3	美国、以色列、乌兹别克斯坦
1997	143	3	美国、以色列、乌兹别克斯坦
1998	157	2	美国、以色列
1999	155	2	美国、以色列
2000	167	3	美国、以色列、马绍尔群岛
2001	167	3	美国、以色列、马绍尔群岛
2002	173	3	美国、以色列、马绍尔群岛
2003	179	3	美国、以色列、马绍尔群岛
2004	179	4	美国、以色列、马绍尔群岛、帕劳
2005	182	4	美国、以色列、马绍尔群岛、帕劳
2006	183	4	美国、以色列、马绍尔群岛、帕劳

续表

年份	赞成票	反对票	投反对票的国家
2007	184	4	美国、以色列、马绍尔群岛、帕劳
2008	185	3	美国、以色列、帕劳
2009	187	3	美国、以色列、帕劳
2010	187	2	美国、以色列
2011	186	2	美国、以色列
2012	188	3	美国、以色列、帕劳

　　每年秋天联合国的投票都善意地提醒着我们，世界还没完全麻木，美国帝国还没有完全控制其他政府的意见。

　　事情是怎么发生的呢？1960 年 4 月 6 日，负责美洲国家事务的美国助理国务卿列斯特·马洛里（Lester D. Mallory），在一份内部备忘录中写道："古巴大部分人民支持卡斯特罗……唯一离间内部支持的方法：制造经济上的不满和磨难进而唤醒古巴人民，使其产生不满……应迅速采取一切可能措施削弱古巴经济。"马洛里提议，"一连串动作……最大限度打入古巴，拒绝给予古巴的拨款和供给，压低实际和票面工资，带来饥饿、绝望，最后推翻政府"。① 之后，同一年艾森豪威尔政府制定了针对其永久敌人的全面禁运。

　　古巴革命之后，世界范围内各种各样的反共分子和资本主义信徒开始不断地公开材料，不管是真实的或者捏造的，称古巴人民生活悲惨。所有被感知到的缺陷都被归罪于社会主义制度——我们被告知，在这个现代的、充满竞争的、全球化的、消费为导向的世界，这根本就不是一种可以运转的制度。

　　对于众多批判，古巴辩护者经常指出，美国 1960 年开始的制裁是批评者所指出的大部分问题的根源所在。反过来，批评者说这只是一个借口，是古巴对社会主义失败的辩解。但是，批评者们很难证明他们的观点。不然美国就得取消对古巴的所有制裁，等上一段时间，让这个国家从打击中恢复损失，然后检验这个社会在没有世界最强大国家攻击之下运转得如何。

---

① Department of State, *Foreign Relations of the United States*, 1958—1960, Vol. Ⅵ: *Cuba* (1991), p. 885.

　　布什政府对古巴的制裁更甚，不仅扩大了制裁范围，制裁也更加恶毒。与古巴有商业来往或者建立文化、旅游关系的，都将受到美国更严厉的报复。例如，荷兰加勒比银行在古巴设了一个办公室，美国财政部就冻结了美国境内该银行的所有账户，并禁止所有美国公司和个人与该荷兰银行发生任何往来。

　　2003 年，美国财政部对浸信会联盟（Alliance of Baptists）罚款3.4 万美元，因为该组织成员和其他教堂教民出于宗教目的，访问了古巴；也就是，他们在那儿花钱了，布什曾说过，美国法律禁止美国人到古巴旅游娱乐。①

　　美国法院和政府部门帮助美国公司没收了著名的古巴雪茄品牌高思巴（Cohiba）和朗姆酒哈瓦那俱乐部。

　　布什政府给美国网络服务提供商传话，告诉他们不要和六个国家打交道，其中包括古巴。② 这是很多年来美国和美国大公司限制古巴接通网络的手段之一；然而，批评者声称，政府压制是古巴网络问题的原因。

　　在美国的古巴人给家里汇款的额度受到美国限制，这样的限制也仅仅针对古巴籍。即使在冷战最激烈的时候，美国的人们可以给苏联卫星国东欧国家的亲人汇多少钱，这些从未受过限制。

　　1999 年，古巴控告 40 年来美国制裁给古巴带来严重的经济损失和人员伤亡，要求美国赔偿 1811 亿美元。案件指出美国应对 3478 古巴人死亡和 2099 人致残或受伤负责。那之后，这些数据肯定增加了不少。大大小小、各种各样的制裁使古巴从世界其他地方获得许多种类的产品和服务更加困难、更加昂贵，很多时候还无法买到；这些经常是古巴药品、交通或者工业所不可或缺的；或者意味着古巴人和美国人不能在对方国家参加各种专业会议。

　　古巴的诉讼命运如何，最终成了一个谜。有报道称案件被送到联合国，一度送到联合国反恐委员会。这个委员会由 15 个安理会成员国组成，当然包括美国，这或许是该问题不能得到处理的原因吧。

　　美国施加给古巴人民身体上的、精神上的和经济上的折磨，上面只不

① White House press release, October 10, 2003.

② Press release from the Cuban Mission to the United Nations, October 17, 2007, re this and preceding three paragraphs.

过是其中很小一部分。

古巴的罪过，和委内瑞拉一样，是美国不能原谅的——古巴想创造一个社会，可以提供资本主义模式之外的成功范本，而且发生在美国的眼皮底下。尽管遭受美国施加的各种苦难，古巴还是激励了世界上无数的人民和政府。（我在想美国最想推翻的两个国家政府——古巴和委内瑞拉——是美国之外最喜爱棒球的国家，这是否是重要原因？）

长期关注古巴的美国作者凯伦·李·沃尔德（Karen Lee Wald）观察到"美国比古巴拥有更多的钢笔、铅笔、糖果、阿司匹林等；但是另一方面，古巴拥有比我们更好的医疗服务、教育、体育、文化、儿童保育、老年人服务、荣誉和尊严，我们大多数都难以企及"。

1996 年在一次联大发言中，古巴副总统拉吉（Carlos Lage）声明："世界上每天有 2000 万儿童露宿街头，古巴一个也没有。"

古巴是独裁国家吗？

为什么主流媒体总是习惯称古巴是独裁国家呢？为什么有些左翼人士偶尔也这样认为？我想许多左翼人士这样做，是因为他们相信如果不这样他们就得冒不被严肃看待的风险了，大体来说是冷战后遗症——冷战时全世界的共产主义者被嘲讽都在追随莫斯科的共产党。但是，究竟是古巴有什么或者缺少什么，就成了独裁国家？没有言论自由？且不论西方媒体如何自由，如果古巴宣布从今开始在该国任何人都可以开办媒体，可以随意印刷或运营广播，会发生什么？能用多久，中情局就能拥有或者控制大部分值得拥有和控制的媒体？在古巴，中情局秘密地资助各种各样的组织，资金没有限制。

古巴是独裁国家，因为它逮捕了很多异见人士？最近几年，与美国大部分历史一样，美国逮捕了成千上万的反战、占领华尔街以及其他示威者。在监狱里，他们中很多人遭受警察暴打和其他虐待。

而且记住：美国对于古巴就像基地组织对于美国一样，只不过地理上近得多，敌人力量强大得多。比之于 2001 年发生在纽约和华盛顿的"9·11"事件，古巴革命后美国和美国国内反对卡斯特罗的古巴流亡者对古巴造成的巨大破坏和人员伤亡要多得多。古巴异见人士，与美国政府官员政治和资金关系紧密，可以说是亲密，尤其是美国驻古巴办事处在哈瓦那资助的异见分子。由此，古巴政府对这些异见人士非常怀疑。如果有人资助基地组织还不停地和基地组织成员开会，美国会视而不见吗？因为和基地组织有关系，最近几年美国在国内外抓捕了很多人。证据还不如古巴异见人士和美国联系的证据多。事实上，古巴所有的政治犯都是这样的异见人士。可能有人会把古巴的安全措施称为独裁，我认为这是基本的自卫。①

美国和古巴异见人士共事应该被看作无害的事情吗？没有什么目的？古巴怎么可能不感到极端危险，甚至比过去大概 50 年的危险都大？他们怎么会不采取预防措施呢？

说古巴独裁是因为古巴没有自由选举吗？这个国家在市、区和国家层面定期进行选举。在这些选举中，金钱不起任何作用。政党政治也不起作用，包括共产党。因为候选人是以个人身份参选的。又一次遇到这类问题，应该以什么标准来衡量古巴的选举？大多数美国人想一想就会发现，如此自由而民主的选举，太难想象了——没有企业资金的大量汇集，选举会是什么样的，怎么运行的？拉尔夫·纳德（Ralph Nader）是不是最终能参与 50 个州的选举，参加全国性的电视辩论，能和两大党在媒体宣传上一较高下？如果真是这样，我想他大概会赢的；结果反过来也证明了为什么事情不是这样的。或者古巴所缺乏的是美国叹为观止的"总统选举团"系统，拥有最多选票的总统候选人不一定胜出。如果美国真的觉得美国总统选举是民主的范本，为什么不在地方和州一级的选举也采用同样制度呢？

在古巴，市议会、省议会和国家议会的席位都是在尊重人民的普选权和秘密投票基础上选举产生的。人民直接提名候选人，而不是共产党提名。共产党不参与选举的任何环节。包括才能和个人经历的生平介绍，会被公开宣传和张贴海报，通常在社区经常有人经过的、可以看到的地方出现，每个候选人公开场合的曝光程度是一样的。两万人口会有一名市议会代表，候选人必须得到超过 50% 的票才能当选，第一轮选不出就有第二轮投票。609 名国家议会代表选举国务院 31 人成员。总统是国家元首和政府首脑。据称因为纯洁的品质，菲德尔·卡斯特罗多次当选。

① 关于古巴所谓的政治犯的详细讨论，参见 www. huffingtonpost. com/salim-lamrani/cuba-and-the-number-of-po_ b_ 689845. html。

　　我对古巴选举制度如何运行的细节知道得不多，不足以指出其缺陷，当然在操作过程中缺陷肯定会有的。但是古巴的制度比美国选举制度更能冻结一个人的智力、精神和理想吗？从引人注目的候选人提名，到冗长无聊的竞选活动，再到越来越受质疑的投票和统计过程，全部都是用来选举这个或者那个大企业的代表……古巴对此准备好了吗？如果他们想引入类似的选举制度，资金雄厚的候选人占据优势，谁还能阻止中情局花大把的钱把他的人安插到古巴政府呢？

金牛座拉的屎

（2006 年 5 月）

　　美国驻哈瓦那办事处办公大楼上的电子屏闪耀不已，给过路的古巴人看各种电子信息。其中有一条是这样的，金融周刊《福布斯》给全球国家元首富裕程度排名，菲德尔·卡斯特罗位列第七。据评估，他拥有 9 亿美元的财富。这让路过的古巴人大吃一惊。① 在一个声称世界上收入分配最平均的社会主义国家，竟然会这样。亲爱的读者朋友，你难道不也惊讶吗？

　　什么情况？你想知道《福布斯》到底根据什么来排名的？呃，原来是这样：美国办事处披露消息两个月前，《福布斯》就声明财产估算"与其说是科学不如说是艺术"，杂志写道，"过去，我们通过古巴 GDP 百分比估算菲德尔·卡斯特罗的财产。今年，我们使用了更传统的估计方法，即用假定的由卡斯特罗控制的国有资产与公开交易的公司相比较"。杂志给出国有企业的例子，比如零售行业、药品企业和一个会议中心。② 所以你明白了，根本就没什么依据。因为美国总统"控制"军队，我们就能把整个国防部的资产全部算作他的个人财富吗？英国首相的个人财富还得包括 BBC，不是吗？

　　美国办事处的另外一条消息是："在一个自由的国家，出境不需要许可。古巴是一个自由国度吗？"这同样是在玩烟雾障眼法的伎俩。信息暗示古巴政府有一套全面限制或者禁止公民出境的做法，所谓对"自由"

① *Washington Post*, May 13, 2006, p. 10.

② Reuters, March 17, 2006.

的限制。但是，古巴出境旅游最大的障碍是经济方面的：他们只不过是支付不起。如果他们有钱、有签证，他们可以飞到世界任何地方。但是从美国拿到签证非常困难，除非你被美国每年的移民限额包括了，每年大概两万左右限额。然而，如果一个古巴人冒着生命危险乘着船之类的工具渡过90英里界河，而且安全抵达佛罗里达，他自动就获得了居住权，因为现在他成了"逃离共产主义暴政，在美国获得自由"的光辉样板。

作为一个贫穷但仍然关注平等的国家，古巴尽量保证每个公民都完成了军队服役和社会服务。在移居国外之前，受过训练的专业人员应回报国家，因为他们接受的是免费教育，包括医学类学校和其他学校。被北方著名的国家不停地威胁，古巴必须采取预防措施：某些在军队、情报部门和其他可以接触敏感信息的部门工作过的人员，其出国需要批准，这在全世界各国都不同程度地存在。

美国人去古巴旅游需要批准，那美国是自由国家吗？而且公民去古巴旅游，尤其是一些左翼，被政府搞得相当困难。我两次到美国财政部申请，两次被拒。

"禁飞名单"上的美国人哪儿都不能去。

所有美国人出境都需要批准。"许可证"就是印有美国总统或者其他著名美国人士的绿色票子，还要带足量呢。

永久的出气筒：古巴

我着实惊讶不已。2006年4月1日，国家公共广播电台（NPR）记者刚从白宫的新闻发布会出来，报道称总统在回答一个问题时说美国与以色列的黎巴嫩和加沙地带的政策毫无关系。和记者连线的新闻主持人亚历克斯·查德威克（Alex Chadwick）问记者："你怎么知道该相信白宫的哪些信息呢？"

这不是批判者们期待已久的吗——主流媒体出现一丝怀疑之风？答案是否定的。上面那个故事是我编的。真实发生的是，记者报道古巴总统菲德尔·卡斯特罗要做手术，他的弟弟劳尔·卡斯特罗将暂时代行总统职能。亚历克斯问："你怎么知道该相信古巴的哪些信息呢？"①

---

① NPR, Day to Day, August 1, 2006.

真实发生的还有，2006 年 8 月 7 日，杰·雷诺（Jay Leno）在电视节目上说："有一则新闻，关于菲德尔·卡斯特罗的，真是医疗事故，看起来他情况竟然好转了。"试想一下，美国总统正与重病作斗争，古巴的电视播出这样的报道。

为什么美国不断反对古巴人民的医疗体系？

2011 年 1 月，美利坚合众国政府，以中间支付人的身份，认为这样做非常合适，扣下了联合国防治艾滋病、结核病和疟疾全球基金 2011 年第一季度给古巴的 420.7 万美元拨款。该联合国基金每年拨付 220 亿美元，在 150 个国家内帮助防治这三种最致命的疾病。①

"这种无耻的政策，"古巴政府说，"目的是降低古巴人民享受的医疗服务质量和阻碍 4 万古巴医疗人员向超过 100 多个国家提供医疗援助。"大部分基金都用来进口昂贵的治疗艾滋病的药品，古巴向国内大约 5000 名艾滋病人提供免费的治疗。②古巴医疗体系完备，并愿意和其他国家共享，这使古巴在第三世界赢得朋友和盟友，尤其是在拉丁美洲地区。美国看到了这一点。这与美国长期孤立古巴的政策严重冲突。最近一些年美国开始反制，派出了一艘海军舰船"安慰号"，该船上有 12 个手术室和 1000 个病床，油轮经改装后的"安慰号"在中美洲和南美洲实施了成千上万次外科手术。

但是沿港口停靠的"安慰号"不太可能实质性地提高美国在该地区的影响力。"美国以这种方式和古巴、委内瑞拉竞争，难度很大，"位于华盛顿的美国智库美洲国家对话组织主席彼得·哈基姆（Peter Hakim）谈道，"这样看起来我们好像在模仿他们。古巴医生可不是在港口逗留几天，他们在那些国家都待了好多年了。"③

正如之前提到的，2011 年维基解密披露了美国国务院一些文件，包括这样一份文件。④ 2006 年 7 月，在不结盟会议召开之前，美国驻哈瓦

---

① Prensa Latina（Cuban news agency），March 12，2011.

② *The Militant*（US Socialist Workers Party weekly newspaper），April 4，2011.

③ Bloomberg news agency，September 19，2007.

④ 不结盟运动会议即将召开之际，2006 年 7 月美国驻哈瓦那权益办事处的一名官员发回一封电报。他提到他非常积极地寻找"有人情味的故事和其他能打击古巴医疗神话的消息"，这大概是用来削弱不结盟运动中其他成员国对古巴的支持。

那权益办事处首长迈克尔·帕莫里（Michael Parmly）发出一封电报。其中提到他正积极寻找"有人情味的故事和其他故事，能粉碎古巴医疗强大的神话"。

美国导演迈克尔·摩尔（Michael Moore）提到另外一份维基解密爆出来的国务院电报。2008年1月31日，国务院驻哈瓦那的一名官员将一个捏造的故事发给了华盛顿总部。他们这样说：

> （这个官员）称古巴当局以颠覆为名禁播了摩尔的纪录片《神精病人》（Sicko），尽管该纪录片本意是贬低美国医疗制度，而突出古巴医疗制度的卓越。该官员说古巴统治者知道这个纪录片是一个神话，很明显古巴大部分人并没有接触到纪录片中的那些古巴医疗设备，古巴不想承受纪录片可能带来的冲击。

摩尔指出，美联社2007年6月16日（电报发出7个月前）就以"古巴卫生部长称摩尔的纪录片《神精病人》表现了社会主义体制中'人的价值'"为题报道了此事。

摩尔还提到2008年4月25日古巴人民通过国家电台收看了该纪录片。"古巴如此喜欢该纪录片，该纪录片还在剧场分别放映，是少有的享受该待遇的美国影片之一。我个人被告知35毫米的胶片已到哈瓦那电影学院，全国各地所有城镇都在播放《神精病人》。"

美国还禁止向古巴出售极端重要的药品和器械，比如用来儿童全身麻醉效果非常好的药——七氟烷，经常需要手术治疗的老人常用药——细胞培养基（DMEM）。这两种药都是美国公司雅培药厂生产的。

因为美国默克公司拒绝销售给古巴，淋巴细胞性白血病儿童患者在古巴是用不到欧文氏软腐菌的，这种药市场上的名字是门冬酰胺酶。美国还禁止美国和平牧师组织向古巴捐赠三辆福特急救车。

此外，古巴专家要赴美国参加召开的麻醉学和急救学方面的国际会议，美国不给古巴专家发签证，这让古巴人很恼火。这对古巴医生提升自己在古巴最精到的麻醉学、治疗严重病人和了解止痛方面取得最新进展设置了进一步的障碍。

上面讲到的只是2009年10月28日古巴提交联合国报告中美国打压古巴医疗体系一个很小的样本。

　　最后，我们还有"古巴医疗专业假释移民计划"。该项目鼓励古巴在国外为国效力的医生叛逃到美国，以难民身份进入美国。2011 年 1 月，《华尔街日报》报道，自 2010 年 12 月 16 日起，美国已经在 65 个国家的领事馆向 1574 名古巴医生发放"古巴医疗专业假释移民计划"签证。这些古巴医生都是经济贫弱的古巴政府资助培养的。① 这个相当奇怪的项目是国土安全部门倡立的。又是对恐怖主义的胜利？或者对社会主义的胜利？或者说这两者就是一回事？

　　让我等到美国保守派听到古巴是拉丁美洲唯一一个经当事人要求可以进行堕胎的国家，而且是免费的吧。

---

　　① 参见《华尔街日报》视频：http：//online. wsj. com/video/cuban_ doctors_ come_ in_ from_ the_ cold/069EC0EA_ 840F_ 4B3C_ B8C6_ 2372B52D107A. html。

第十五章

冷战和反共

囧！冷战不是美国和苏联的抗争

(2007 年 3 月 5 日)

冷战是美国和第三世界之间的抗争。第三世界的人们都在抗争美国支持的压迫政府以推行经济和政治变革，或者建立他们自己的进步政府。这些民族自决行为和美国统治精英的需要有冲突，于是美国开始镇压这些政府和运动，虽然苏联在其中基本没起任何作用。真引人注目，有些人总是嘲讽阴谋论，却毫无异议地接受了一个国际共产党阴谋。华盛顿官员当然不能说他们的干涉是阻碍经济和社会变革，所以他们称"与社会主义作战"，与共产主义阴谋作战，为自由民主而战。

之所以想起所有这些，是因为最近《华盛顿邮报》上一篇关于萨尔瓦多的文章。文章主要讲 1980—1982 年内战中两派的人物。一个是何塞·萨尔加多（José Salgado），之前是政府军士兵，现在是萨尔瓦多第二大城市的市长。

据《华盛顿邮报》报道，萨尔加多曾激情满满地支持上级的焦土战略，甚至屠杀儿童、老人和病人——整个村子的人。所有这些暴行都打着反击共产主义的旗号，萨尔加多说他记得是这样被告知的。但是他现在对所看到的、自己做的，甚至为什么战斗都存有深深的疑问，在脑海中挥之不去。那时，美国所支持的战争被定义为反共战争。前政府的军人和游击队员们认为，相比于所谓的意识形态战争，这更是针对贫困和基本人权的战争。"我们的战士被骗了，"萨尔加多说，"他们告诉我们说，共产主义是威胁。我回首往事，意识到我们并不是在攻击共产主义分子，——只不过是这个国家的一些穷人杀害另外一些穷人。"萨尔加多说他曾经认为游击队员梦想着共产主义，这些人现在成了他在商业和政治上的同事。他渐渐明白，那些人和他的追求完全相同：繁荣，在世界上提升的机会，摆脱压迫、获得自由。今天，环顾四周，所有这一切让他们更加心痛，愈加挫败。他们牺牲了那么多，而萨尔瓦多依然是西方最贫穷的国家之———根据联合国数据，40%以上的萨尔瓦多人每天靠不足 2 美元度日。暴力依然折磨着这个国家，腐败依然是这个国家的伤疤。对于一些人来讲，所有牺牲值得吗，这个问题依然萦绕脑海。"我们流血牺牲，杀害了我们的朋友。而最后，情况还是很糟糕，"萨尔加多说，"瞧，到处都是贫穷，财富集中在少数人手里。"游击队员也有同样的疑问，前游击队员贝尼托·亚尔盖达（Benito Argueta）不住悲叹，事情结果并不是当年他希望的那样。他说尽管内战中游击队部分成员是马克思主义者，他决定离开父亲累死累活才能赚几个科朗的农场加入游击队，与意识形态毫无关系。他的朋友们参加人民革命军，意识形态在其中也没起什么作用。他记得是为了"一块土地、孩子们有一天能上大学"而战斗。①

没有美国价值约 60 亿美元的军事援助和军事训练，萨尔瓦多内战不可能这么惨烈，也不可能打这么久。战争的后果是 75000 名萨尔瓦多人死亡，大约 20 多名美国军人在战斗中伤亡。持不同政见者今天还得担心右翼的敢死队；萨尔瓦多的社会基本没什么变化；少数富人阶层仍然掌管着这个国家；穷人还是穷人。但是没关系，"共产主义"被打败了，萨尔瓦多又成了"自由世界"的一部分，也是美帝国的忠实成员，还派军队去了伊拉克。②

叙述这些，不是单单出于对历史的兴趣。哥伦比亚现在仍然饱受内战之苦，在美国必不可少、无休无止的军事支持下，年复一年，政府军和数量众多的右翼议会成员仍然在和"共产主义"——哥伦比亚革命武装力量作战。几十年战争不断，伤亡早就超过萨尔瓦多内战了。真是巨大的讽刺。10 年、20 年或者 30 年前被哥伦比亚定性为"共产主义"的游击队某些老成员可能还在幻想自己是切·格瓦拉的继承人，但是现在，这些准军事"左翼力量"基本是被贩毒和绑架的巨大利润所驱动，要为死去的战友报仇，要活下来，不要被抓到。或许有一天，与萨尔瓦多内战结果一

---

① *Washington Post*, January 29, 2007.

② 关于萨尔瓦多内战时期的进一步详情，参见 William Blum, *Killing Hope: US Military and CIA Interventions Since World War II* (Zed Books, London, 2003), ch. 54。

样，双方不断表达他们的后悔和遗憾，想搞清楚这些到底是为了什么，至少会思考美国在他们国家的巨大利益到底是什么。有些人或许都忘了，1991 年之后苏联就已经不存在了。

同样，未来某一天，华盛顿"反恐战争"的幸存者也会思考，真正的恐怖分子到底是谁。

制造美国神话

1939 年苏联与邪恶的纳粹德国签署条约。原因不外乎共产党和纳粹分子是想瓜分波兰的一丘之貉。

没有任何正当理由，1940 年苏联占领了波罗的海三国：立陶宛、拉脱维亚、爱沙尼亚。

没有任何正当理由，二战之后苏联占领了其他东欧国家。

这些事情的发生，原因很明显：苏联是扩张主义者，一个残酷的帝国，没有理由地到处征服他国——"邪恶的帝国"。苏联破坏了 1945 年的《雅尔塔协定》，该协定欲重建和平、友好的战后欧洲秩序。

这样的说法在美国媒体和教科书以及民间已经根深蒂固。但是，我想通过一些官方记录纠正这些错误。

西方宣传机器从 1939 年苏德条约中大捞好处。能这样做仅仅是因为他们完全忽略了这样一个事实：苏联是被迫的——西方大国尤其是美国和英国一直拒绝与苏联签署共同反对希特勒的条约。[①] 苏联人有充分理由相信希特勒最终会侵略他们，苏联人有传奇般的间谍系统。这对西方大国来说没什么，1938 年在臭名昭著的慕尼黑会议上，西方想把希特勒祸水东引。所以说，这根本不是什么赫赫有名的"绥靖"，而是和纳粹"勾结"。（当然，多年来"绥靖"的教训一直刺激美国，使美国对敌人采取军事行动合理化。）结果是，苏联人认为不得不和希特勒签署条约，以赢得时间增强自己的国防。这时，希特勒把更多的关注放在了入侵波兰的计划上。同样，德国、意大利和西班牙法西斯攻击西班牙政府时，西方的"民主

---

① 参见 1939 年英国内阁文件，内容概要见 *Washington Post*, January 2, 1970（从《曼彻斯特卫报》转载）；另见 D. F. Fleming, *The Cold War and Its Origins*, *1917—1960*, Vol. 1 (Double-day, Garden City NY, 1961), pp. 48—97。

国家"拒绝向存在社会主义倾向的西班牙政府提供帮助。希特勒从这些事情中学到一点：对于西方来讲，真正的敌人不是法西斯主义，而是共产主义、社会主义。斯大林同样看清了这一点。

　　从 1721 年开始一直到一战期间的 1917 年苏联革命，波罗的海国家都是俄罗斯的一部分。1918 年 11 月一战结束，德国被打败了，美国、英国、法国等组成的同盟国取得胜利，在同盟国的准许/鼓励下，德国军队战后在波罗的海国家整整驻扎了一年，同盟国想以此阻止布尔什维克主义在那里传播。该计划得到同盟国大量军事援助。德国人在这三个共和国扶植了代理人，这些人随后宣布从俄罗斯独立。而那时，俄罗斯刚刚遭受一战的摧残，然后是十月革命和内战，同盟国的干涉加重了这些苦难，俄罗斯除了接受既成事实别无他法。刚刚成立的苏维埃共和国还得保护剩下的土地。至少在宣传上好看一点，俄罗斯宣布在反帝国主义和民族自决的基础上他们"自愿"放弃波罗的海共和国。之后苏联仍然认为这是他们国家的一部分，在他们强大了之后重新收回，这没什么稀奇的。

　　在 25 年之间，西方大国三次入侵俄罗斯。1914—1918 年的第一次世界大战、1918—1920 年的"干涉"以及 1939—1945 年的第二次世界大战，仅两次世界大战俄罗斯就伤亡 4000 万人。俄罗斯在其国土之上的伤亡比国外要多得多，没有多少大国可以这样夸口。为了实施这些侵略，西方把东欧作为高速通道。二战之后苏联想要把这条高速通道关闭，这难道有什么奇怪吗？在其他任何情况下，美国毫无疑议会将此视为自卫行动。但是在冷战的背景下，这样的思考未能见诸报端。

　　70 年来，美国一直用苏联罪行——不管是真实的或者编造出来的——为自己的对外政策辩护。所以，美国在朝鲜制造的恐怖被冠以"我们在与共产主义抗争"；所以美国在越南制造的恐怖被冠以"我们在与共产主义抗争"；美国在哥伦比亚、老挝、印尼、智利、危地马拉、萨尔瓦多、尼加拉瓜等国制造的恐怖也是出于同样原因。当然，现在我们在"反恐"，不过是基于同样的原因——资本主义、帝国主义、统治世界。难怪很多有社会良知的人，饱受美国对外政策的恐怖磨难，成了"反—反共产主义者"。[①]

　　1945 年的《雅尔塔协定》，在安排"构建欧洲秩序"时，确认"所

---

　　① 关于美国反共产主义的简要历史，参见 http：//killinghope.org/bblum6/Intro2004.htm。

有民族都有选择自己政府形式的权利"。我们一直被告知，邪恶的共产主义者导致该协定分崩离析。事实上，美国和英国在斯大林违反协定前已经违反该保证了——在希腊，时间甚至在欧洲战争结束之前。他们深深卷入别国内战，支持战争中纳粹的拥趸，使他们有能力与反纳粹者斗争。反纳粹者，你知道，其中有一部分就被称为"共产党员"。① 呵呵。

反共主义仍然是美国人的死穴。几年前，大赦国际把美国虐囚地点称为"当代的古拉格群岛"，引起美国的惊叫，包括布什、切尼、拉姆斯菲尔德，还有媒体。还有比把冷战勇士美国比作斯大林的苏联更让人恼羞成怒的吗？

柏林墙：另外一个冷战神话

2011 年，柏林墙修建 50 周年临近，所有关于自由世界和共产主义专制如何斗争的冷战老调子都弹起来了，柏林墙如何被修建起来的故事一遍遍被重复：1961 年，东德竖立起柏林墙，防止受压迫的公民逃到西柏林追求自由。为什么呢？因为共产党不喜欢人民是自由的，去追寻"真相"。不然会有什么其他解释呢？

首先，柏林墙竖立之前，成千上万的东德人每天到西德工作，晚上返回东德；还有很多人往返穿梭，来购买东西或者做其他事情。所以，他们肯定不是违反自己意志被迫留在东德。那为什么修建柏林墙呢？有两个主要原因。

（1）西德当时大量雇佣东德的专业人员和技术工人，这些人都是东德共产党政府用资金培养出来的，这让东德非常苦恼，最终还造成了东德的劳工荒和生产危机。1963 年的《纽约时报》就暗示了这一点："柏林墙的修建使西德经济受到打击，失去了大约 6 万名技术工人，这些人之前每日穿梭于西德工作地和他们在东德的家。"②

1999 年《今日美国》报道："1989 年柏林墙被推翻之后，东德人憧憬着消费品充足、苦难将褪去的自由生活。10 年之后，竟有 51% 的人说

---

① 参见 Blum, *Killing Hope*, ch. 3。

② *New York Times*, June 27, 1963, p. 12.

他们在共产主义之下更幸福。"① 如果调查时间提前，应该会有超过51%的人持有该观点，因为十年之间，很多有东德记忆、喜欢东德的人已经去世；然而即使又过了10年，在2009年，《华盛顿邮报》依然有报道说，"西德人说他们很是讨厌东德人的一种倾向——他们对共产主义时期怀旧情结日益浓厚"。②

正是在德国重新统一后，东部有了一个新的谚语：共产党说的共产主义都是谎言；共产党说的资本主义全是真的！需要注意的是，1949年把德国一分为二——从而为冷战40年的敌意做好铺垫——是美国的决定，不是苏联的决定。③

（2）20世纪50年代，在西德的美国冷战勇士发起了一系列破坏、镇压活动，意图使东德经济和行政系统脱轨失常。中情局和美国其他的情报、军事部门在东德和西德，雇佣、武装、培训、资助许多组织和个人，进行各种各样的活动，从渎职到恐怖主义，不一而足，只要能使东德人生活困难，只要能减少他们对政府的支持，只要能让共产主义看起来很坏。

种种作为，真是让人惊叹。美国和他的代理人采取爆炸、纵火、电路短路和其他方式，破坏东德的电厂、造船厂、运河、码头、公共建筑、加油站、公共交通、桥梁……他们使货运火车脱轨，工人受重伤；他们烧掉了一辆货运火车的12节车厢，还破坏了其他车厢的耐压软管；用酸来破坏工厂里至关重要的机器；在工厂的涡轮机里加沙子，导致涡轮机停摆；烧了一个纺织工厂；教唆工厂怠工；对一家乳品公司的7000头奶牛下毒，造成伤亡；在销往东德学校的奶粉里加肥皂；有些罪犯被逮捕时被查出有大量的斑蝥素，准备混入香烟毒死东德领导人；引爆臭气弹干扰政治会议；发放伪造的邀请函，做出提供免费住宿餐饮的假承诺，伪造取消会议的通知等，试图干扰东德举办的世界青年联欢节；使用炸药、火焰炸弹、扎爆轮胎工具等，攻击参会人员；伪造并散发了大量食品配给券，导致迷惑、短缺和群众的愤恨；散发伪造的税单和其他政府命令及文件，在工厂

---

①　*USA Today*，October 11，1999，p. 1.

②　*Washington Post*，May 12，2009；See a Similar Story November 5，2009.

③　Carolyn Eisenberg，*Drawing the Line：The American Decision to Divide Germany*，*1944—1949*（Cambridge University Press，Cambridge，1996）；或参见该书简要评论，Kai Bird in *The Nation*，December 16，1996。

和工会内造成组织混乱、效率低下……除了这些，还有更多。①

伍德罗·威尔逊国际学者研究中心位于华盛顿特区，是保守的冷战战士，在《冷战国际史项目工作论文》（第58号，第9页）中言明："柏林开放式边界使东德易遭受大量的间谍和颠覆活动，正如附件里两个文件表明的那样，边界关闭给共产党国家更大的安全。"

整个20世纪50年代，东德和苏联不断向之前的西方盟友以及联合国控诉，抱怨遭遇的各种破坏和间谍活动，要求关闭在西德的各种办公室，苏联认为这些办公室是这些事件的操控者，苏联还提供了他们的名字和地址。他们的控诉无人倾听。不可避免地，东德开始收紧西边入口，最终修建了臭名昭著的柏林墙。但是，就是在柏林墙竖起之后，也经常有东德人合法移民到西德，不过数量有限。比如，1984年，东德批准了4万人移民。1985年，东德报纸称，两万多移民到西德的东德人，对资本主义的幻想破灭了，希望回到东德。西德政府说10年之间，有14300名东德人重返故土。②

美国媒体制造的"柏林墙"

1975年12月，印尼群岛东部的东帝汶正在挣脱葡萄牙殖民统治，争夺权力的斗争发生了。左翼东帝汶独立革命阵线领导的活动席卷整个东帝汶，并最终宣布东帝汶脱离葡萄牙独立。9天后，印尼入侵东帝汶。侵略发生在美国总统福特和国务卿基辛格访问的第二天。美国准许苏哈托使用美国军队，而根据美国法律，美国武装是不可以用来侵略别国的。但是，印尼是华盛顿在东南亚最有价值的盟友。而且不管怎么样，美国都不倾向于友善地看待左翼政府。

在美国军队和军事援助的支持下，在联合国的外交支持下，印尼迅速取得了对东帝汶的全面控制。大赦国际估计，到1989年为止，印尼军队已经杀害了20万人，而东帝汶一共才有60万—70万人口，这伤亡率很可能是战争史上最高的。③

① See Blum, *Killing Hope*, p. 400 n8.

② *Guardian*, March 7, 1985.

③ 美国国家安全档案馆：www. gwu. edu/~nsarchiv。搜索"Ford Timor"；William Blum, *Rogue State: A Guide to the World's Only Superpower*（Common Courage Press, Monroe ME, 2005），pp. 188—189。

2006 年 12 月 26 日，福特总统去世，美国媒体大量刊发文章，基本都没有提到他在东帝汶大屠杀里扮演的角色，这难道不怪异吗？搜索 Lex-is-Nexis 全库和其他媒体数据库，只有寥寥几封读者致编辑的信中提到这些；新闻通讯社连一个字都没提。以美联社为例，通常来讲它不像它服务的报纸一样那么逃避争议；主流的新闻广播节目也没有出现该内容。

想象一下，两个星期前皮诺切特去世，而媒体根本就没有提到他推翻智利的阿连德政府，或者之后的大谋杀和虐待事件。有讽刺意味的是，各类文章也没有提到福特总统在皮诺切特政变一年后的言论——福特总统宣布美国在智利的所作所为"最符合智利人民的利益，当然也最符合我们的利益"①。

冷战期间，令苏联很尴尬而没有共产党媒体报道的事件，美国政府和媒体从来不会错过一次这样的机会，指出苏联媒体的集体失声。

林肯·戈登：哈佛神童和他的危害人类罪

林肯·戈登，2009 年 12 月去世，享年 96 岁。19 岁他就以最优异的成绩从哈佛毕业，后来在牛津获得罗氏奖学金和博士学位，22 岁就出版了自己的第一本书，之后又出版了几十本关于欧洲和拉丁美洲的书，论述其政府、经济、对外政策。23 岁到哈佛任教。戈登先生是二战期间美国战时生产委员会执行委员，战后欧洲马歇尔计划的高级行政官员，做过驻巴西大使，在国务院、白宫担任其他要职，还是伍德罗·威尔逊国际学者研究中心的研究员，布鲁斯金学会的经济学家，霍普金斯大学校长。约翰逊总统称赞戈登的外交工作"极少见地将经验、理想主义和实际判断结合起来"。

了解了吧？戈登——少年神童、高智商、杰出领导者、著名美国爱国人士。

戈登也是华盛顿的常客，在 1964 年巴西军事政变中非常活跃，担当指挥者。军事政变推翻了温和的若昂·古拉特（João Goulart）左翼政府，巴西人民陷入长达二十多年难以言说的血腥专制之中。人权活动家早就认为巴西军事政权发明了所谓"消失"的说法，向拉丁美洲输出了各种酷

---

① *New York Times*, September 17, 1974, p. 22.

刑。2007 年，巴西政府出版了一本 500 页的书——《记忆的权力和真相》，概述了军事政府有组织地使用酷刑、强奸和几乎 500 位左翼活动家的"消失"，披露了一些尸体和被虐者的照片。

政变后，戈登给华盛顿的电报中称，没有这次政变，西方很可能就失去了全部的南美洲共和国。这些话，估计杜勒斯都难以说出口。实际上这是一系列反共政变的开始，这些政变使半个南美洲陷入几十年的噩梦。政变在秃鹰行动中达到高潮，该行动中多个独裁政府在中情局的帮助下，相互合作追捕和杀害左翼分子。

之后戈登出席国会听证会，虽然他完全否认与巴西政变有任何联系，但是声称巴西政变是"20 世纪中叶自由世界最具决定性的胜利"。

1964 年 4 月 3 日，巴西军事政变两天后，约翰逊总统和美洲事务助理国务卿托马斯·曼（Thomas Mann）通了电话，电话的文字记录：

> 曼：巴西的事儿，我希望你跟我一样开心。
>
> 约翰逊：我是跟你一样开心。
>
> 曼：我认为这是西半球三年来最重要的事。
>
> 约翰逊：我希望他们给我们的是一些信誉，而不是把我们带入地狱。[1]

所以，下次遇到一个哈佛传奇人物，别急着奉承他，不管他担任了什么要职。随便举个例子，别管他是不是美国总统。不要紧盯着那些来来去去的"自由主义的"、"最棒的、最出色的"的人，而要关注美国几十年保持不变的对外政策。在过去，在现在，在未来，美国有几十个这样的"巴西"和"戈登"。他们是外交界的安然、美国国际集团、高盛投资公司的高层。

当然，不是所有对外政策官员都那样。有些更糟糕。同样是这些人，他们阅读但丁，到耶鲁念书，和纳粹一样曾接受公民道德教育，却操纵民主选举的结果，麻醉那些不知情的人，偷窥上万美国民众的邮件，推翻别

---

① Michael Beschloss, *Taking Charge: The Johnson White House Tapes 1963—1964*（Simon & Schuster, New York, 1997）, p. 306. 关于这一节中戈登（Gordon）的所有其他资料参见 *Washington Post*, December 22, 2009, obituary; *Guardian*, August 31, 2007; Blum, *Killing Hope*, ch. 27。

国政府，支持独裁，策划暗杀，谋划猪湾事件，"以什么名义呢?"一位批评家说，"不是公民美德，而是帝国心态"①。

记得间谍阿尔杰·希斯（Alger Hiss）的话：监狱是对三年哈佛生活很好的纠正。

反共 101：劫持历史

我们都倾向于相信盖棺定论。不管死者生前如何地生活在谎言之中，当他站在造物者面前，他人生中那些真实的、肮脏的事实终会浮出水面。或者，至少应该是这样。讣告成了纠正记录的最后机会。但是美国对外政策关键人物，他们的去世，很少起到这样的作用。死者相关的对外政策和其扮演的角色，在他的讣告中被消毒清洗，之后进入得克萨斯州审定的美国历史教科书。

戈登之死和他在巴西犯下的反人类罪在讣告中的无耻缺失，这些我都已评论过了。不久之后菲利浦·塔尔博特（Phillips Talbot）也去世了，塔尔博特是肯尼迪总统任命的近东和南亚事务助理国务卿，之后他出任驻希腊大使。1967 年，与中情局关系紧密的希腊军方和情报部门推翻了另外一个进步政府，即乔治·帕潘德里欧（George Papandreou）和他儿子内阁大臣安德里亚斯·帕潘德里欧（Andreas Papandreou）所领导的政府。之后七年，希腊人民饱受镇压和酷刑的折磨。塔尔博特的讣告写着：

> 坦克隆隆地穿行雅典街道时，塔尔博特还在睡梦中。6：10，军方广播宣布军队已经完全控制了全国。闻此消息，塔尔博特无比震惊。塔尔博特坚定地认为美国在整个过程中都是客观的。"你完全可以相信美国没有卷入该事件，实际上也不清楚过去几年内生活在这个国家的人民所经历的重大事件。"1969 年塔尔博特回国不久后接受《纽约时报》采访时这样说道。②

---

① Frances Stonor Saunders, *The Cultural Cold War: The CIA and the World of Arts and Letters* (New Press, New York, 2000).

② *Washington Post*, October 7, 2010.

安德里亚斯·帕潘德里欧在军事政变中被逮捕并度过了八个月的牢狱生活。被释放不久，他和妻子玛格丽特拜访了驻雅典的塔尔博特大使。帕潘德里欧之后指出：

> 我问塔尔博特美国那晚是否干预了军事政变，防止希腊民主之死。他否认了，说他们无能为力。玛格丽特之后问了一个很尖锐的问题：如果这次政变是共产主义或者左翼政变呢？塔尔博特没有一丝犹豫，答道：那样的话我们当然会干预，我们会粉碎政变。①

1999 年 11 月，克林顿总统访问希腊时，很动情地宣布：

> 1967 年军政府上台，美国将彻底进行冷战渗入自己所有利益之中，——我得说是渗入美国的责任——来支持民主，毕竟，民主是冷战中我们为之奋斗的事业目标。我们必须认识到这一点，这非常重要。②

克林顿的承认出人意料，已退休的菲利浦·塔尔博特坐不住了，给《纽约时报》写信：

> 恕我冒昧，克林顿总统暗示美国 1967 年支持希腊的军事政变，这是错的。该政变是希腊政治角力的产物，从任何角度来看，都不符合美国的利益……有些希腊人曾断言美国本可以重新树立起一个平民政府。事实上，我们没有权利也没有方法推翻军政府，虽然很糟糕，事实就是这样。③

或者，正如巴特·辛普森（Bart Simpson）讲的："我没做这事儿，没有人看到我做了，你什么也证明不了！"

读了 1999 年塔尔博特写给《纽约时报》的信之后，我写信给他，寄

---

① Andreas Papandreou, Democracy at Gunpoint: The Greek Front (Doubleday, New York, 1970), p. 294.

② *New York Times*, November 21, 1999.

③ *New York Times*, November 23, 1999.

到他纽约的地址，提醒他安德里亚斯·帕潘德里欧也曾就该话题谈过自己看法。我没有收到回信。

巴西和希腊只是其中两个例子罢了。冷战期间，大量左翼政府被推翻、革命运动被镇压。美国负有打败邪恶的苏维埃共产主义的道德权利和义务，正是共产主义煽动了这些运动。很大程度上讲，这是个神话。布尔什维克主义和西方自由主义联手绞杀了反对他们的大多数革命。俄罗斯有革命的历史，却没有革命的现在。即使在古巴，苏维埃总是因卡斯特罗—格拉瓦式的极端革命热情尴尬不已。斯大林可能会把这些人抓到监狱。

冷战勇士的噩梦

2007 年 5 月 7 日，杰克·库比施（Jack Kubisch）在北卡莱罗纳州去世。你可能从没听说过这个人。他是美国国务院派驻墨西哥、法国、巴西的外交官，曾到希腊当过大使。1973 年 9 月 11 日，智利的军事政变推翻了民选的阿连德社会主义政权，那时他是美洲事务的助理国务卿。

政变后不久，库比施面临强大压力，要反驳美国卷入政变的指责。他坚称：

> 在智利，军政府接管国家并不符合我们的利益。如果阿连德能任满卸职，把国家和人民带入毁灭的境地，那就更好了。只有那时，对社会主义的完全不信任才会产生，只有那时，人民才能了解到社会主义行不通。发生的事打乱了这个教训的获得过程。①

再读一遍。美国高级官员公开描述美国对外政策的意识形态支柱，这是你能找到的最简洁、最清晰的表述。库比施很应景地编造了一些话，错误地认为阿连德的政策将给智利带来毁灭，而事实完全不是这样。尽管如此，库比施的话还是非常清晰地表明了美国对外政策的基本目标：资本主义模式不能被取代，要阻止其他可能成为典范的模式崛起。冷战时，很多不发达国家因为这种渴望而被美国狠狠地教训了；古巴现在仍处于这种状态；与其实现这个目标，还不如让这些社会处于"被毁灭的境地"。

---

① *Washington Post*, October 21, 1973, p. C5.

在美国看来，第三世界国家想要独立，这不是异端是什么。在阿连德的例子中，独立还穿上了挑衅味儿更浓的外衣——一个依法选举产生并继续尊重宪法的马克思主义总统。这当然不行。这把反共大厦的基石都撼动了：几十年煞费苦心地灌输的教条——共产主义只能通过武力和欺骗上台，他们只能通过对人民恐吓和洗脑保持政权。对于华盛顿的意识形态者来说，只有一种情况比马克思主义者掌权更糟糕，那就是这些马克思主义掌权者是经选举而上台的。

怪博士（Dr Strangelove）
（2008 年 7 月 4 日）

论述 1962 年古巴导弹危机的书多如牛毛。我一本也没读过。其中有一本是《差一分钟到午夜》，《华盛顿邮报》作者迈克尔·多布斯（Michael Dobbs）所著。我是不会去读的。作者不停地写这些书，出版社不停地出版这些书，原因很明显：美国和苏联如此接近一场核战争。阿瑟·施莱辛格（Arthur Schlesinger），一位历史学家，同时也是肯尼迪总统的顾问，认为这是"人类历史上最危险的时刻"[1]。但我从来不相信这些。这种恐惧的基础是，认为有一方或者双方已经准备好或者有意愿使用核武器攻击另一方。但是，这从来都不是可以打的牌——因为"相互确保摧毁"。到了 1962 年，美国和苏联的核武器库已经发展得如此庞大和复杂，任何一方都不可能保证首先发射一枚导弹而完全摧毁对方的报复能力，即使是出人意料的袭击也达不到这种效果。报复是必然的，或者说基本上是必然的。发动核战争就是自杀。如果日本有核武器的话，广岛和长崎就不会被摧毁了。

苏联最高领导人赫鲁晓夫只是追求平等。美国已经在西欧土耳其和其他地方部署导弹或者拥有发射基地了，目标直指苏联。赫鲁晓夫之后写道：

> 美国军事基地已经将我们包围，我们还受到美国核武器威胁。现在它将尝到被敌人的导弹瞄准是什么滋味了。我们不过是以其人之道还治其人之身罢了……毕竟，美国和我们没有道德或者法律上的争

---

[1] *Washington Post Book World*, June 24, 2008, review of *One Minute to Midnight*.

执。我们给予古巴的不比美国给与其盟友的多。我们和美国拥有同样的权力和机会。世界舞台上我们的行为受同样的规则和限制支配。①

实际上从杜鲁门开始，每任美国总统都被这个或者那个、军事上的或非军事上的"怪博士"劝说着——事情很糟糕时，拿炸弹说话，比如在朝鲜半岛、越南、古巴；或者没受到挑衅的情况下，直接把苏联干了，一次性地解决共产主义坏蛋。这些人在那么多的国家制造了那么多的麻烦。没有一位总统向这种压力屈服。如果屈服了，总统就是疯子。这也是骇人故事只能是骇人故事的原因，比如萨达姆和伊朗被指拥有大规模杀伤性武器。萨达姆没疯，伊朗也没疯。当今世界上的领导人，我不下此论断的只有本·拉登和迪克·切尼。迪克·切尼是一个真实的"怪博士"。

冷战是黑色幽默的黄金时代。1960 年 12 月，美国将军托马斯·鲍维（Thomas Power）谈到核战争和美国先发制人时说："杀死这些杂种，这就是我们的全部想法！战争最后，如果只有两个人美国人和一个俄罗斯人幸存，我们就胜利了！"在座的一位听众回应："呃，那你最好确定他们是一个男的和一个女的。"②

拯救日本的和平主义

> 日本国民衷心谋求基于正义与秩序的国际和平，永远放弃以国权发动的战争、武力威胁或武力行使作为解决国际争端的手段……为达到前项目的，不保持陆海空军及其他战争力量，不承认国家的交战权。
> ——为大多数日本人民珍视的 1947 年《日本宪法》第九条

抱着结束二战的必胜信念，美国占领了日本，道格拉斯·麦克阿瑟（Douglas MacArthur）将军是指挥官，在 1947 年日本和平宪法制定过程中起到了主要作用。但是 1949 年中国共产党上台之后，美国倾向于将一个强大的日本安插在反共阵营中。之后就顺风顺水了……一步地……麦克阿瑟亲自下令组建"全国警察预备队"，预备队是日本军队的雏形……美

① *Khrushchev Remembers* (Andre Deutsch, London, 1971) pp. 494, 496.
② Fred Kaplan, *The Wizards of Armageddon* (Simon & Schuster, New York, 1983), p. 246.

国国务卿杜勒斯 1956 年访问东京时，告诉日本官员："在过去，日本显示了它对沙俄和中国的优越性，日本是时候考虑如果成为强国，作为强国而行动……"① 美国和日本签署了各种各样的安全和防卫合作条约，比如，号召日本融入美国及北约的军事科技体系……美国向日本提供全新的、精良的战机和驱逐舰……日本以多种方式为美国的亚洲军事行动提供后勤支援……美国多次向日本施压要求增加军费开支和扩大军队规模……美国在日本建立了一百多个军事基地，这些基地由日本军队保护……美国、日本进行联合军事演习、共同研究一套导弹防御系统……2001 年美国驻日大使说："我认为世界情势要求日本需要重新解释和定义宪法第九条。"②……2002 年在美国的压力下，日本向印度洋派出四艘海军舰艇，给美国和英国的战舰加油，作为参加阿富汗战争的一部分，之后向伊拉克派出非战斗部队，以协助美国……2004 年，美国国务卿科林·鲍威尔说："如果日本将在世界舞台上充分发挥作用，成为安理会的成员，积极、全面参与安理会事务，担负起安理会成员的责任义务，在这种情况下，应对第九条加以审视。"③

　　这些行动的结果或者说病症，或许可以从杜松纪美子（Kimiko Nezu）的例子中看出来。1999 年一首二战时的军歌被选作国歌。杜松纪美子，54 岁，一名日本教师，因为奏国歌时拒绝站起来，被不停地转校、暂停工作、削减工资、威胁解雇。她之所以反对这首歌，就是因为二战中皇军唱着这首歌、歌颂天皇"不朽"，开赴战场。2004 年各类毕业典礼上 198 名教师拒绝为这首国歌起立。一系列的处罚和纪律处分之后，2005 年只剩杜松纪美子和其他 9 名老师抗议了。之后杜松纪美子只能在另外一名老师在场时授课。④

同样，得教德国如何杀人

（2007 年 3 月）

　　解除日本二战后的和平主义宪法及外交政策，把它重新拉回到军国主

---

① *Los Angeles Times*, September 23, 1994.

② *Washington Post*, July 18, 2001.

③ BBC, August 14, 2004.

④ *Washington Post*, August 30, 2005, p. 10.

义的"光辉"道路上，使日本和美国的对外政策协调行动，美国在做这些事情时，心中对二战时另外一个敌人当然有同样的想法。但是最近的情况显示，美国对德国顺从帝国的步伐可能正在失去耐心。德国婉拒派兵到伊拉克战场，仅仅向阿富汗派出非战斗力量，这对于五角大楼里的战争爱好者和他们的北约盟友来说，相当不爽。德国的主流杂志《明镜周刊》报道：

> 在华盛顿的一次会议上，说到阿富汗的战事，布什政府的高官斥责了德国政府的代表卡尔斯顿·弗耶哥特（Karsten Voigt）："你们关注重建和维和，但是把不愉快的事情留给我们……德国人得学会杀人。"

英国一名官员对驻北约总部的德国官员说："每个周末我们送回来两口棺材，而你们德国人不过分发些蜡笔和毛毯。"来自加拿大的北约官员评论道，是时候"德国离开卧室，学一下如何杀掉塔利班了"。英国国会议员、下议院国防委员会主席布鲁斯·乔治（Bruce George）观察到，"有些人在喝茶、喝啤酒，有些人在流血、牺牲"。在魁北克，一名加拿大官员告诉德国官员，"我们的人死了，而你们喝着啤酒"。①

然而，二战后在其他很多场合，德国还是不能摆脱纳粹、恶魔的形象。

会有这么一天吗，塔利班和伊拉克的反叛军因为和平处事而被"自由世界"嘲讽？

人类是不会飞的
（2007 年 1 月 12 日）

我们仍然身处冷战。因为冷战的基础——意识形态之争还未远去。因为意识形态之争无法被剥离。只要资本主义制度存在，只要它把利润置于人民之上，把利润置于环境之上——资本主义必然这样的，资本主义大棒的尖端所对准的那些人，就必须寻找更好的出路。

所以当委内瑞拉总统查韦斯宣布电信公司国有化以加快他的"社会

---

① *Der Spiegel*, November 20, 2006, p. 24.

主义革命"时，在资本主义大本营，白宫新闻发言人托尼·斯诺（Tony Snow）很快回击，"很长历史上，世界范围内国有化的历史就是一部失败的丑陋的历史，"托尼·斯诺宣称，"我们支持委内瑞拉人民，认为今天是他们不幸的日子。"①

托尼·斯诺也相信了冷战中资本主义打败社会主义的说法。那是优越的意识形态的胜利！国会山的那帮人喝着马丁尼酒，笑谈社会主义的死亡。礼貌的谈话是不能触及这个消息的。他们希望没有人意识到20个世纪所有重要的社会主义实验都被腐化、颠覆、歪曲，或者被扰乱……或者被镇压、被推翻、被轰炸、被侵略……或者生活被美国搞得过不下去。没有一个社会主义政府或者运动——从俄国革命到古巴，从尼加拉瓜的桑地诺，到萨尔瓦多的马蒂解放阵线，从共产主义中国到格林纳达、智利和越南——没有哪一个被允许自主地兴起和衰落。没有哪个共产党政府足够安全，可以放松防卫，不必理会超级强大的敌人，自由而完全地放松国内的控制。很多老的社会民主派——比如危地马拉、伊朗、英属圭亚那、塞尔维亚和海地——他们都不热爱资本主义，想寻求另外一条道路。然而就是这些人，也被山姆大叔摔了个狗啃屎。

正如莱特兄弟，因为自动机故障，前面所有试飞都失败了。敬畏上帝的、善良的美国人看到这些，注意到后果，明智地一起点了点头，庄严地吟诵道："人类是不会飞的。"

托尼·斯诺要我们相信，做大事时，完成重要任务时，政府部门在效率方面无法和私有部门相提并论。但这是真的吗？我们先清空一下大脑，把从小被灌输的那些抛到一边，回想一下：美国政府曾把宇航员送上月球，修建了宏伟的大坝、非凡的国家公园，建成了贯穿全国的高速公路网，派出美国和平队，打造出让人难以置信的军事机器（暂时忽略它是用来做什么的）、社会保障体系、医疗体系、银行储蓄保险，保护退休金防止公司滥用，成立环境保护署，通过美国士兵法案……诸如此类，不一而足。简言之，政府相当善于做它想做的事，或者工会、社会运动迫使它做的事，比如制定工人健康和安全标准、要求食品生产商列出原料信息。

小布什上任时，主要目标之一即考察联邦工作人员工作效率是否比私人企业工人效率高。小布什称这是他执政的优先考虑。至2005年底，通

---

① *Washington Post*, January 10, 2007, p. 7.

过对大约 5 万名政府工作人员的调查研究，发现联邦工作人员效率更高，时间优势超过私营部门 80%。①

面对诸如托尼·斯诺的言论，美国民众必须得一遍遍地被提醒：他们需要的不是干涉更多的政府或者干涉更少的政府，他们需要的不是大政府或者小政府，他们仅仅需要政府与他们同在。美国民众本能地知道这些，但是面对那些言论，他们很容易将其抛之脑后。

托尼，顺便说一下，相比与苏联解体后在自由资本主义下，大部分苏联人在"失败的国有化"经济下生活水平更高，包括更高的平均寿命。

当谬误已成社会群体的生活方式时，随着时间流逝，他们创造出来一套法律体系以使之权威，一套道德准则以使之荣耀。

——巴斯夏：《自然法》，1850 年

这就是你的反共想法

（2006 年 4 月 22 日）

这个月早些时候，在佛罗里达州的迈戴郡（Miami-Dade county），有报道称一名学生的父亲请求学校委员会查禁《让我们去古巴》［*Vamos a Cuba*，（"*Let's go to Cuba*"）］——一本旅游书，封面上有微笑的孩子，里面有古巴节日欢庆的图片。"我以前是古巴的政治犯，我发现这些材料不是真实的，"胡安·阿玛多（Juan Amador）写信给学校委员会，"它刻画的古巴生活并不存在，我相信它的目的是制造幻象、颠倒黑白。"胡安·阿玛多大概是在说，没有一个古巴人是幸福的或者面带微笑的。②

意大利总理西尔维奥·贝卢斯科尼在竞选时诬称毛的中国煮婴儿做肥料。③ 他引用《共产主义黑皮书》支撑自己的观点。这本共产主义的"历史书"出版于 1997 年，拿它来研究共产主义跟拿《锡安长老会纪要》（*The Protocds of the Elders of Zion*）研究犹太人，拿小布什的各种讲话研究伊拉克战争的原因，没什么两样。早期异教徒相信基督徒曾吃掉自己的孩子，中

---

① *Washington Post*，March 23，2006，p. 21；同样的例子另见 *Washington Post*，May 26，2004，p. A25。

② *Washington Post*，April 9，2006，p. 2.

③ Associated Press，March 29，2006.

世纪人们认为犹太人也吃孩子。与此类似，1917 年十月革命之后很长一段时间，西方世界广为流传布尔什维克吃婴儿的说法。在反共的奇幻世界里，贝卢斯科尼的言论或许更进一步。

共产主义受害者纪念馆

2007 年在华盛顿特区邻近国会山的地方建立了一座纪念馆，与网上的全球共产主义博物馆相关联。二者都是极端片面的典范。现代的年轻人或许很难相信，灌输给美国民众、灌输给世界的关于冷战、共产主义的司空见惯而招摇非常的谎言甚于最近几年和伊拉克、阿富汗、恐怖主义的谎言。其中最为极端也最为基础的冷战谎言是，存在所谓的"国际共产主义阴谋"，试图掌控世界，颠覆世界上所有神圣、高雅的事物。

用意识形态绑架历史从来都不光彩。我们必须质问，谁能建立反共受害者纪念馆和博物馆呢？谁会证明和记住在反共的旗帜下以各种名义在越南、老挝、智利、朝鲜、危地马拉、萨尔瓦多、柬埔寨、印尼、伊朗、巴西、希腊、阿根廷、尼加拉瓜、海地、阿富汗、伊拉克等多地所进行的残暴杀戮、破坏、虐待、践踏人权、粉碎希望等各种暴行？

为什么北约依然存在？

很多年来，北约一直雄心勃勃地采取行动：1999 年轰炸南斯拉夫；如政府长官一样在巴尔干半岛巡逻；为 2004 年希腊奥运会提供安保；正式接管阿富汗战争；训练伊拉克安保部队；置身于反恐战；2011 年展开对利比亚长达 7 个月的战争；2012 年无论是否有联合国授权，都想在叙利亚采取同样的行动；接收新成员国，现在拥有大约 26 个国家，还有 20来个国家以和平伙伴的名义在北约的保护伞之下……

时间到！北约从哪儿得到的这些授权？有什么民间机构投票支持它做这些事？甚至，为什么北约会存在呢？

冷战期间，我们被告知，需要北约保护西欧，防止苏联的侵略。可能有些人已经注意到了，苏联已经不存在了。有人认为建立北约貌似是要镇压意大利和法国的左派，如果那里的共产党通过选举掌权的话。

我们还被告知，北约的存在是来对抗华沙条约组织的。1991 年华沙条约组织收工不干了，呼吁北约也这样做。

如果北约没开始干涉欧洲以外的事务，它毫无用处、没有行动任务，这一点就变得很明显了。有人说："要么走出去，要么被关闭。"

假使北约从来不存在，今天又有什么争论会支持创造这样一个组织呢？除了成为美国对外政策的仆人，除了作为一个不断扩张的组织给美国军工商提供几十亿的大单。

罗森堡夫妇是英雄

皇后学院的政治学教授约翰·杰拉西（John Gerassi）给《纽约时报》写了封信，信的内容是：

致编辑：

罗森堡在"一个间谍的坦白"（《每周采访》，2008 年 9 月 21 日）里称"极左派的坚定支持者认为罗森堡夫妇无罪"……我之前是，现在仍然是极左分子，从我在拉丁美洲做《时代周刊》和《新闻周刊》的记者和编辑的时候就开始了，而我从来没说过罗森堡夫妇是无罪的。我的那些极左朋友也没有这样说过。我们总说，"如果他们曾犯下罪恶，他们现在则是整个地球上的英雄"。每个学期我都这样向我的学生重复此话。我的解释很简单：美国有先发制人政策，但是到戈尔巴乔夫为止，苏联没有。1952 年，美国军方和情报部门计算，如果美国全面打击苏联核弹发射井，能除掉 94% 的核弹。剩下 6% 的核弹的辐射也足以把我们全部杀光。但是这 6% 会自动打击美国城市。军方进一步推算，如果有一枚核弹直接打击了丹佛（从来没解释他们为什么选择丹佛而不是纽约或者华盛顿），他们发现，20 万人将立即死亡，200 万人会在 1 个月内死亡。他们觉得这样不值得。也就是说，我告诉我的学生，你们出生了，我还活着，所有这些只是因为苏联对我们的先发制人攻击有威慑，而不是相反。如果罗森堡夫妇真的帮助苏联开发了这些核弹，他们真的是地球的拯救者。

约翰·杰拉西

《纽约时报》不准在显要版面登出这样的文章，这一点都不奇怪。

第十六章

20 世纪 60 年代

卡尔·奥格尔斯比和学生争取民主社会组织

2011 年 9 月 13 日，学生争取民主社会组织（Students for a Democratic Society）主席卡尔·奥格尔斯比（Carl Oglesby）去世，享年 76 岁。我对卡尔·奥格尔斯比记忆很深刻，主要是因为 1965 年 11 月 27 日他在华盛顿国家广场上游行时的演讲。那次演讲拥有成千上万情绪激昂的观众。他说道：

> 越南战争，第一次做出承诺的是杜鲁门总统，一个主流的自由主义者。第二个是艾森豪威尔，他是一个温和的自由主义者。接着加强承诺的是肯尼迪总统，一个热烈的自由主义者。想象那些发动这场战争的人：他们研究地图，发出命令，启动按钮，计算伤亡：邦迪、麦克纳马拉、腊斯克、洛奇、戈德堡、约翰逊总统。他们并非道德败坏，相反，他们受人尊敬！他们都是自由主义者。

他坚持美国的国父们会和他站在一起，"我们的革命先烈很快就会疑惑，他们国家在抗击什么呢，那看起来像是革命啊"。他挑战那些称他反美的人，"我要说，别因此批评我！批评那些人——他们张口就是我所信奉的自由主义价值，却碎了我的美国心"。

> 我们现在面对的是一个庞然大物，它不想做出改变。它不会改变自己的。它也不会和要改变它的人合作。政府中我们的盟友，他们真的是我们的盟友吗？如果他们是，他们不需要建议，需要的是支持者；他们不需要学术团体，他们需要一场运动。而如果他们不是，更

有必要，以最强大的信念，发起这样的运动。

卡尔·奥格尔斯比国家广场上的讲话之后，实际上美国的对外政策未做出任何改变，这让我难过。美国的战争正在进行，持续不断，永恒存在。坐在白宫的战争狂人被很多人认为是自由主义者，不知哪一点符合。

"我们迅速收回失地，代价高昂，惊心动魄，接近凶残之最了。"战地记者麦克尔·赫尔（Michael Herr）回忆美国军队在越南战场上，"我们的机器是极具破坏性的，而且多功能，根本停不下来"。

1967 年，国防部前的游行

1967 年 10 月 21 日，国防部前的游行，绝对称得上是人类历史上最不寻常、最为壮观的游行示威行动之一。面对自己人民的无畏抗争，动摇自己的执政基础，政府蹲在战壕里，发起进攻。这次游行比 1932 年的酬恤金进军事件严重得多。在 1932 年的游行中，一战老兵深受大萧条之苦，要求政府立即支付他们的抚恤金，而不是在遥不可及的未来。老兵们要求政府再次解决他们的困难。和平请愿的老兵遭遇联邦部队无情的暴力镇压。指挥者叫麦克阿瑟，他的助手是艾森豪威尔，他们的上级是巴顿。

在倒影池旁，在 15 万亲密朋友围绕之下，菲尔·奥克斯（Phil Ochs）发表了激动人心的演讲。后来大部分示威者列队行进，跨过纪念桥，直达美国的战争工厂——五角大楼。永远也忘不了：我们越走越近，这个庞然大物跃入眼界，我们看到五角大楼的房顶，上面布满了站岗的士兵。他们分散在房顶四周，随时准备开枪，一动不动地，从上边俯视着我们，如同希腊神庙上的石刻战士或者上帝一般庄严。那天我不无激动地思考，第一次这样思考，置身于此，我所为何求。

这和我第一次在国防部前游行完全不同。这不是一群反暴力贵格会成员。贵格会的和平主义者甚至能削弱职业军人最豪迈的气概，可能在国防部咖啡厅受到友好招待。今天，我们如同刑警在摩托队集会时一样被欢迎，很安全。对于我们中的一些成员，国防部那伙人肯定早就手痒了，比如挥着越共旗帜的民族解放阵线委员会，比如学生争取民主社会组织，还有其他很多反帝组织。这些组织卷入了那日最早的冲突。

与这些人形成鲜明对比的是先觉者，比如诺曼·梅勒（Norman Mailer)、马库斯·拉斯金（Marcus Raskin）、诺姆·乔姆斯基（Noam Chomsky）、罗伯特·洛威尔（Robert Lowell）、德怀特·麦克唐纳（Dwight McDonald）——他们穿深色西服、白色衬衫，打领带，仿佛身着受人尊敬的十字架，可以避开邪恶的灵魂。

我们被困在广阔的停车场，一开始人们还压抑着仇恨。但是很明显，和平根基很浅。人们开始烧征兵卡，这真是名副其实的表演，在蒙面的士兵眼前，肆无忌惮地举着烧着的征兵卡。虽然这引发了没有预料到的冲突，年轻人毫无畏惧而原则坚定的行动让我大为振奋。我很遗憾，我年纪大了，没有所谓的征兵卡了，所以不能像他们那样。

零星的小的冲突爆发，很快演变成大规模的严重对抗。宪兵队提着大棒冲进一处越南宣讲会，宣讲会是针对军队的。不久第 82 空降师伞兵，即越战老兵出现了。他们枪上了刺刀，最终和示威者相对而立。他们耳朵都磨出茧子了——这群人高喊国际法和正义以及其他乱七八糟的东西，帮助和安慰敌人；作为胆小卑鄙的逃兵役者，他们吸毒嫖娼，而美国大兵则摸爬滚打、流血牺牲（他们也吸毒）。

伞兵开始踢打示威者，如同在越南战场上野餐之后。很多游行示威者被暴打受伤，拖走，装上在一旁等待的大巴。那天抓捕的人多达 700 人。示威者，他们只能双手抱头，以作防卫。他们呼吁士兵后退，呼吁士兵加入他们，呼吁他们有点人性，通过扩音器喊"士兵不是我们的敌人，决策者才是我们的敌人"。虽然这是真诚的宣告，但是并没能阻止士兵的暴力，人们被激怒，诅咒"狗娘养的"、"操你妈的"。

我对士兵的老板是真正的敌人这一说法并无太大异议。但是很难苟同"爱美国大兵"这样的表达，一些傻傻的嬉皮士们居然说出这样的话。要知道，毕竟这些美国大兵也曾做出过选择。正如他们同龄人做出选择，要逃兵役或移民加拿大。尤其是，这些士兵刚从杀人的战场归来。"个人责任"不仅仅是保守派的口头禅。

几个目击者告诉《华盛顿自由报》，在"战场"上其他几个地方，3个士兵放下武器、卸掉头盔加入了游行队伍。不久后，至少有一个人被宪兵队抓到，拖回国防部。之后想从国防部了解这些消息的努力都被拒绝了。

第十七章

意识形态与社会

我真是一个无可救药的落伍者

共和党和民主党的领袖都相信或者假装相信，美国人民都毅然决然地走到中间来了，放弃了极左和极右思想。不过真的是这样吗？我认为大部分美国人明显是自由主义者，有许多更偏左一点。我想这种情况会为世人所知，如果沿着下面一条线问他们问题的话。

您希望有一个政府运作的覆盖所有人和所有疾病的免费医疗系统吗？

您希望有一个政府资助的所有教育包括医学教育和法律教育都不收费的教育体系吗？

您认为当公司面临选择，要么利润最大化，要么对环境、公共健康，或者公共安全最有利，如他们所为，他们应该总是选择利润最大化吗？

您是否认为堕胎这个问题应该交给妇女和她的医生呢？

您认为美国应该完全是一个世俗国家，还是基于宗教信仰的国家？

您是否认为大公司和他们的游说团体施加了过多的政治影响？

您是否认为企业高管的工资太高了？

您是否认为应该取消布什政府为超级富豪减税的政策而提高他们的税款呢？

您是否认为最低工资应该提高到每小时 10 美元，才能称得上"基本工资"？

您是否认为政府应该采取所有必要措施保证公司制定所有员工的退休规划以及保证退休金的安全？

您是否认为入侵和占领伊拉克是个错误？

您是否认为入侵和占领阿富汗是个错误？

您是否认为美国为以色列提供了太多的支持？

您支持美国对罪犯的处理，即那些在反恐战争中抓捕的罪犯失去所有法律权利和人权，受酷刑折磨？

有些读者可能认为，我关于美国人对他们经济体系的失望程度估计得太高了，我建议他们看一下我的一篇论文《美国为之侵略、轰炸、杀害——但是美国人真的相信自由企业制度吗？》。[①]

有些读者会想免费教育和医疗等的资金来自哪里，这很简单——国防部可以像和平组织一样，这些组织经常必须那样做：搞义卖。

对于那些经常对自己和别人说他们并没有什么特别的意识形态的人，我说：如果你思考过世界为何如此，社会为何如此，人们为何如此，如何才能更好等问题，而你的思考相当有逻辑，那么，这就是你的意识形态，尽管你自己可能完全没有意识到。

人类哀悼人类

2007 年 4 月 16 日，在弗吉尼亚理工学院，一名持枪学生射杀了 32 个人。因为几位受害者来自弗吉尼亚州的郊区我居住的华盛顿，学校就在弗吉尼亚州，《华盛顿邮报》对事件展开长篇累牍的报道。每天，一遍遍地读到那些年轻人被掠夺生命的新闻，我哽咽不已，不时流泪。

屠杀的两天之后，最高法院宣布裁定某些堕胎违法。此后，反堕胎人士欢庆鼓舞，称未出生孩子的生命如何被拯救，胎儿如何跟正常人一样值得被照顾和尊重。但是能举出一些例子吗，说明父母为堕胎难过，其程度和媒体报道的弗吉尼亚理工学院被射杀学生的父母朋友一样悲伤？如果是父母选择堕胎的话，答案当然是否定的。

有人知道这样的案例吗，堕胎的父母为堕胎伤心了许多年，甚至是他们的余生？满眼泪水回忆着胎儿的第一句话、高中毕业典礼、婚礼、他们一起露营？或者胎儿微笑、胎儿大笑的模样？当然没有。为什么呢？难道不是因为胎儿在生理、社会、智利、情感意义上还不是一个人吗？但是这些反堕胎者，出于性保守主义、反女权主义或者宗教原因，或者其他个人的、政治的原因，为胚胎披上光环，对父母的需要和渴求置之不理，所有

---

① http://killinghope.org/superogue/system.htm.

和他们观点相左的人都被咒骂为刽子手。不幸的是，很多反堕胎者，他们对人类的爱并没有延伸到他们政府对外政策的受害者身上——包括可怜的伊拉克和阿富汗人民。

堕胎与战争

美国大约有一半的州要求医生护士在做堕胎手术前，告知堕胎女性某些事情。比如，在南达科塔，最近工作人员被要求告知堕胎女性"堕胎将结束一个完整的、独立的、特别的、活生生的婴儿"……怀孕的女子"和婴儿已经有关系了"，这种关系被美国宪法和南达科塔法律所保护……"已知的手术风险包括堕胎孕妇自杀意念和自杀概率提高"。一位联邦法官把第二条和第三条取消了，认为他们"不真实且，有误导性"。①

我个人还想质疑第一条说明，即胎儿或者胚胎是一个人。但是我的点不在这儿。我建议征兵办公室工作人员应告知将服兵役的男女：

美国处于战争之中，（事实上这样说总是对的。）你将可能被送往战场，被要求尽最大努力结束那些完整的、独立的、特别的、活生生的人的生命，这些人你毫无了解，他们也未对你或者你的国家造成任何伤害。其间，你可能失去一条腿，或者胳膊，或者你的生命。如果你完整无缺地从战场归来，很有可能你将遭受创伤后紧张症的折磨。对此，不要指望政府会给你提供很好的医疗，或者提供医疗。总之，你可能会弓起身子暴打你的配偶和孩子，或者其他人，卷入各种谋杀、吸毒、酗酒，自杀意念或自杀的概率提高。不管你处境如何糟糕，政府仍有可能把你送回战场执行另外一次任务。他们称这是"止损措施"。不用问你的长官我们为何而战。甚至将军们都不会知道。实际上，将军们尤其不知道。要是他们能超越政府的宣传，他们就不可能爬到这么高的职位。我们都是这些宣传的对象，正因这样的宣传，你才站在征兵办公室门前。

由于最近几年很多美国人出于经济原因决定参军，需要另外指出

① *Washington Post*, February 26, 2010.

的是：

> 你应征入伍，为国战斗，为了这个国家你很可能去杀戮，很可能
> 牺牲，而这个国家甚至无法给你提供付得起的教育、一份体面的工作
> 或者根本就提供不了工作。

下面是缅因州小说家卡罗琳·秋特（Carolyn Chute）的话：

> 我为我们所有人担心，尤其为那些穷人担心。除了成为炮灰、电
> 椅上的那个死人、街上的流浪者、监狱里的犯人或者凄凉的自杀者，
> 他们还能怎样更为沦落？

宗教领袖如此热衷于告诫天主教徒远离堕胎，为什么不能以同样的激
情禁止他们参军？

所有良知都是平等的，但是有些良知比其他的更平等
（2008 年 9 月 6 日）

由于宗教或者道德因素，有些医生和其他医护人员拒绝参与实施堕胎
手术。布什政府提议给这些医护人员更强的工作保护。支持者和批评者都
认为这一新举措范围很广，药师、医生、护士和其他人员可拒绝提供避孕
药、紧急避孕药物和其他避孕方法，并明确允许工作人员可以隐瞒这些服
务的信息，拒绝为病人转院。"人们不应被强迫去说或者去做他们认为没
有道德的事，"美国卫生与公众公共事务部长迈克·列维特（Mike
Leavitt）说，"医护人员不应被强迫提供违背他们自己良知的服务。"①
很难辩驳这样的观念。始终如一地坚持这样的观念也很难。列维特和
布什政府的其他高官把这种观念延伸至军队了吗？如果驻伊拉克或者阿富
汗的战士，由于美国的占领而每日进行恐怖活动，他内心深处十分憎恶自
己。因为良知，要求解除在军队的职责，国防部会因为"人们不应被强
迫去说或者去做他们认为没有道德的事"而赞扬这种请求吗？士兵自愿

---

① Associated Press, August 21, 2008；*Washington Post*, August 22, 2008.

入伍这一事实，并不影响问题实质。一个人的良知是从他的生活经历和不断的反思中得到的。谁规定一个人良心发现不愿战场杀戮出现在何时才能被认为在法律上或者道德上讲是有效的？签了合同不是被迫杀人的原因。况且那些药剂师也是自愿选择自己立场的。

一名坚决反对美国残酷战争的医护人员可以拒绝为直接参与战争而受伤的战士疗伤吗？一名医生、药师或者心理医生能因为治好战士后他们会重返战场继续杀戮而拒绝医治吗？

和平主义者可以被允许不上交支持军队那部分的个人所得税吗？他们努力了几十年，政府仍然没有丝毫的支持。

讳言"人口"二字

现在 8：11 分，让我们看看达格斯一家，这是我们最喜爱的家庭之一。12 月，吉姆·鲍勃（Jim Bob）和米歇尔很骄傲地诞下他们的第 19 个孩子。独家专访，今天早上我们有机会看一下他们的女儿乔茜·布鲁克林（Josie Brooklyn）。她早产了 3 个月半，但是很高兴告诉大家妈妈和孩子都不错。

——美国全国广播公司《今日秀》，梅勒迪斯·维埃拉
（Meredith Vieira），2010 年 1 月 28 日

呀！这是真的吗！他们第 19 个孩子！天啊，妈妈和孩子都不错！

呀，达格斯一家和他们的孩子还上了电视，真人秀，叫"数数 19 个孩子"。呀，只是一个新生的孩子就跑到真人秀了！给我再来点披萨。

呵呵，如果是我的话，他们第三个孩子之后就把他们父母结扎了。呃，或许第二个孩子之后。把他们那个什么东西给系上！

"华盛顿特区的人口仍在增长：数据显示人口在两年内剧增 16.3 万。"这是《华盛顿邮报》2010 年 3 月 24 日的报道，显示哥伦比亚特区最近几年人口剧增。城市人口越多越好，是吗？我们都很喜欢拥挤的人群、拥挤的火车、为所有事情排队排很长时间，是吗？

啊，人群，我们要被人群窒息了，要被人群淹没了。我们被人山人海窒息，这多重要啊，多有价值啊，我们多乐意啊。但是没有一个政客敢触及该话题。主流媒体同样如此。实际上，其他非主流媒体也是如此。人口

增长助推了二氧化碳排放量的增长，但是 2008 年 12 月哥本哈根的国际环境会议上该议题不在议程之内，之后的气候变化会议也没有提到该议题。好像这是政治界不能讨论的禁区。

想象一下，如果美国路上一下子少了 2500 万辆车。想象一下这对交通时间的影响，对空气污染的影响，对交通事故的影响，对路怒症的影响，对找停车场的影响。想象一下我们现在用来开发停车场的空间可以建造什么？

如果人口增长没有得到有效控制的话，有力证据表明联合国的千年发展目标是不可能实现的。这些目标包括消除极端贫困和饥饿，普及初级教育，提高性别平等，抗击艾滋病，推进环境可持续发展。人口增长使世界上的非政府组织和其他活动家所做的大量工作都白费了。

很多马克思主义者认为只要调整经济制度，没有控制人口数量的迫切需要。取消生产资料私有制，摆脱盈利动机，限制所有不必要的经济"增长"，调整经济优先顺序，在理性的人道的基础上维持社会运转，这就够了。他们说世界上生产的粮食已经足够满足地球上每个人的需要；问题在于粮食的分配。他们的说法很有道理，但是我想只要我们仍然朝着拥有几十亿的世界发展，人口过剩所带来的许多严重问题依然会折磨这个世界，从粮食、水资源、交通到住房供给、水土流失、医疗卫生，不一而足。其他保持不变，想象一下如果美国少 1 亿人，大家的生活水平会怎样。想象一下中国社会再多出 4 亿人，会怎么样。据中国政府估计，如果70 年代不采取计划生育政策的话，现在人口会增加 4 亿人。[1]

所以，我倡议每个家庭最多有一个或者两个孩子。该法律不具追溯效应。

但并不是说我支持美国的对外政策，尽管他们经常杀戮，确实为人口控制做出了"贡献"。

不管你是什么方面的活动家，我督促你不要害怕谈论"人口"。英国菲利普亲王的话很激动人心，他说："如果我能转世投胎的话，我希望自己是致命病毒，回到地球上，减少这里的人口数量。"[2]

---

① Associated Press, March 2, 2008.

② Sunday Telegraph (Sydney), August 10, 2003.

同　性　恋

2007 年 8 月 9 日，在民主党候选人论坛上，歌手梅莉莎·埃瑟里奇（Melissa Etheridge）向比尔·理查森（Bill Richardson）提问，问题是："您认为同性恋是一种选择还是生理本能？"比尔·理查森当时是新墨西哥州州长，他回答说"是选择"。梅莉莎·埃瑟里奇又说，"可能你没理解我的问题"，她重新解释了一遍。理查森再次说，同性恋是一种选择。[①]

下次再听到有人说同性恋是一种选择的话，问问他们，他们自己几岁的时候选择做异性恋的。当他们承认他们从未有意识地做过这种选择，接着问他们："所以只有同性恋者选择做同性恋，异性恋者没有成为异性恋？但是哪个在先，因为是同性恋所以做出这种选择，还是做出了这种选择所以成了同性恋？"

大麻——无法证明的无证据

2007 年的一份研究结果表明：

> 在严格控制条件下，一项研究发现，吸食大麻可以或多或少减轻艾滋病人的神经痛，其效果不比处方药物差，而且副作用少。[②]

因此，又有一项研究表明禁止使用大麻的荒谬。针对这类研究，反大麻的力量会有各种各样的愚笨反驳。我最喜欢的一项是"使用大麻会导致吸食海洛因"。他们怎么知道的呢？呃，95% 的海洛因吸食者首先都用了大麻？他们就是这样知道的。当然，100% 的海洛因吸食者之前都喝过牛奶，所以喝牛奶导致吸食海洛因？

怎么样才能幸福？

有一项调查显示，保守主义者比自由主义者或者温和派更幸福。著名

---

① santafenewmexican. com/news/66424. html.

② *Washington Post*, February 13, 2007, p. 14.

保守派作家乔治·威尔（George Will）在专栏里发表文章以示庆贺。34%
的美国人称他们自己"非常幸福"，自由主义的民主党中的比例是28%，
而保守主义的共和党中的比例是47%。为什么这样呢，威尔断言其原因
是，与自由主义者相比，保守主义者更悲观，更少愤怒。听起来好像违反
常识：悲观主义者更幸福。我建议你去读他的专栏，虽然也得不到什么启
发；那文章更像是在攻击福利国家，认为自由资本主义是上天奇妙的安
排，政府不应干预。"悲观的保守主义者不会把信念寄托于君王——政府
身上，他们认为幸福是维护自己的产物"①，威尔写道。

　　我会认为，保守的共和党人之所以更幸福，一个重要的原因是他们的
社会良心只容纳他们自己、他们的朋友、家庭和一些共和党的团体，别无
他人。乔治·威尔毫无暗示，世界的不幸不会丝毫影响保守主义者的幸
福。以我为例，如果我的幸福仅仅基于我自己生活的客观情况——工作、
社会关系、健康、冒险、物质享受等，我可以毫不迟疑地说我非常幸福。
但是，我的社会良知经常打破生活的宁静，这或许是一种诅咒，或许是一
种幸福。每天早报读到50类各种各样的恐怖：人的残酷，大自然的残酷，
命运的残酷等，我经常陷入绝望和愤怒，无法自拔。

　　我不知道乔治·威尔怎么能把这些全部置之不理而继续保持微笑。这
难道和这一事实有关系，即对此类悲剧，无论国内国外，无论直接间接，
美国外交政策和美国企业都要比其他人或者机构负更多的责任？这让我更
难接受了，或许威尔先生能从中获取一些民族主义的愉快吧。

希拉里，隐秘的保守主义者？

　　在公开竞选2008年美国总统的人中，其中一位候选人在2007年6月
20日说了这样一段话，您认为是谁呢？

　　　　美国军队完成了工作任务。看看他们的成就。他们逮住了萨达
　　姆。他们给伊拉克人民创造了一次机会，使他们自由而公正地选举。
　　他们给了伊拉克政府机会，使其了解为了伊拉克更好的未来，政府有
　　责任做出艰难而必要的决定。因此美国军队成功了。是伊拉克政府没

---

① Washington Post, February 23, 2006.

有做出那些艰难的决定，这些对他们的民众非常重要。①

是的，就是那个想当总统的女人。现在她可能还想当呢，因为她想当总统……因为她觉得当总统挺不错的……没别的原因，没有令人热血沸腾的理由，没有要给美国社会带来根本的改变或者让世界更美好这样的深深的渴望……她只不过觉得当美国总统挺不错，甚至还挺伟大。保持美帝国的良好运转，它每天带来的恐惧和悲惨都不算问题；她可不想被评价为加速了帝国衰落的总统。

她在"夺回美国"（Take Back America）会议上说了上面那段话；她的听众是自由主义者，忠诚的自由主义民主党。她不必用热爱国家支持战争的言辞迎合他们；他们想听反战的话（她当然也谈到了，嘴里说出了一些不一样的话），所以我们可以假定她正有如此感受，如果她能感受到一些东西的话。

想想你为什么反对伊拉克战争，难道不是因为美国军队给贫困的伊拉克人民带来的难以言说的痛苦吗？希拉里·克林顿一点都不在乎这些。她认为美国军队"成功了"。她有说这场战争"不合法"或"不道德"吗？我曾经认为托尼·布莱尔是英国工党中的右翼或者保守分子。直到有一天我意识到，这并未正确表达他的意识形态。布莱尔是一个保守主义者，双手沾满血的保守主义分子。他怎么就跑到工党里了，我没研究过。至于希拉里·克林顿，我很早就知道她是一个保守主义者。最早可追溯到20世纪90年代，当时她丈夫是阿肯色州的州长，她极力支持尼加拉瓜反抗军，美帝国在尼加拉瓜的代理人，那支杀人小分队。

罗杰·莫里斯（Roger Morris）所做的克林顿夫妇研究非常精彩。根据《权力伙伴》一书，希拉里·克林顿帮助尼加拉瓜反抗军募集资金，进行各种游说，反击各种敌视尼加拉瓜反抗军或者对其不利的人或者项目，对付里根—CIA政策反对者。"最晚1987年—1988年，"莫里斯写道，"即使在伊朗门事件②最坏的时期，同事们仍然听到她这样的言论：

---

① Speaking at the "Take Back America" conference, organized by the Campaign for America's Future, June 20, 2007, Washington, DC; this excerpt can be heard at democracynow.org.

② 1979年伊朗人质危机之后，美国和伊朗断交。1986年美国和伊朗秘密外交接触，并向伊朗提供武器，世界舆论一片哗然，被称为"伊朗门"。——译者注

反对那些致力于尼加拉瓜和萨尔瓦多社会改革的宗教人士及其他力量。"①

2007 年，在美国威廉·巴克利（William Buckley）主编的严肃保守主义杂志《国家评论》中有篇布鲁斯·巴特雷（Bruce Bartlett）的社论。布鲁斯·巴特雷是里根总统的政策顾问，老布什时期的财政部官员，是保守党两家主要智库美国传统基金会和卡托研究所的成员。大概了解了吧。巴特雷告诉读者 2008 年民主党基本确信能入主白宫。做什么呢？支持大部分保守主义的民主党人。他写道："右翼分子愿意看看民主党候选人哪个听起来像是和他们有共同观念，很明显，希拉里·克林顿是最保守的。"②

同时，我们也从美国大企业的主要杂志《财富》听到一些消息，财富杂志这次的封面人物是克林顿，大标题是"商界爱戴希拉里"。③

然而，尽管如此，不管是过去还是现在，希拉里的自由主义民主党支持者仍把她当作自己人。这种意识形态迟钝弥漫整个美国媒体和选举政治，选民们失去方向、失去兴趣，意识形态迟钝不可谓功劳不高。

---

① Roger Morris (former member of the National Security Council), Partners in Power: The Clintons and Their America (Henry Holt, 1996), p. 415.

② National Review Online, May 1, 2007.

③ Fortune Magazine, July 9, 2007.

第十八章

我们宝贵的环境

阿尔·戈尔：难以忽视的真相

2007 年 3 月 21 日，阿尔·戈尔出现在国会能源与商业委员会全球变暖听证会上。得克萨斯州国会议员乔·巴顿（Joe Barton）提到戈尔著名的纪录片《难以忽视的真相》时说："你不是错了一点儿，你全搞错了。"那天下午，戈尔在参议院环境与公共事务委员会上作证，俄克拉荷马州的参议员詹姆斯·因霍夫（James Inhofe）对前副总统戈尔说："你有些方面的表达太极端了，你在失去自己人。"①

国会这些人知道美国经济生活的事实——应对全球变暖会给全球变暖的主要责任者大公司带来威胁。他们利用钱财能收买的最棒的国会议员，使政府在这方面保持最低限度的监管。

戈尔知道美国经济生活的这些事实吗？当然。但你一时半会很难从他大受欢迎的纪录片中识别出来。戈尔在与 2000 年总统选举的窃取者斗争中表现出来的怯弱，同样表现在他和公司打交道中。在 1 个半小时的纪录片中，"公司"、"利润"这些词从头到尾没出现一次。把破坏环境和追求利润最大化的公司动力联系起来，最接近于此的表述，是他简略提到美国汽车制造商不愿提升节油能力。戈尔讨论了烟草和肺癌之间的关系，以说明我们必须在环境议题中建立联系，却丝毫没有提到烟草公司和他们几十年来卑鄙而明目张胆地欺骗美国民众。另一方面，他提到相对于经济，我们必须把环境置于优先地位，这根本无需要说明。不然的话，纪录片传递的信息将变成：改变习惯，倡导可循环能源，给国会议员写信等，都是我们个人的责任。总之，他告诉我们最根本的问题是我们缺乏"政治意

---

① *Washington Post*，March 22，2007.

愿"。

　　如果戈尔是总统，他对公司能多强硬，这是非常有趣的问题。每天24小时面临各种选择：一种是对环境最少伤害的方法，一种是对底线最少伤害的方法。当然，戈尔当了8年的副总统，这个位子已经很优越而让人羡慕了，他可以给公司施加压力以改变其行事方法，给国会施压制定更严厉的监管，也可以教育公众包括改变他们的坏习惯。但是他做过什么呢？

　　如果没有公司的钱，他能当选吗？如果他倡导政府补贴免费公共交通——铁路、公交、渡轮等，那些钱能有多少到他的腰包呢？这种政策会带来令人屏息的汽车行业污染下降——或者说，改善人们呼吸的污染减少。

美国军队：能源最大的消费者和环境的最大破坏者

　　2007年马萨诸塞州的罕布什尔学院和平与世界安全研究教授迈克尔·克拉尔（Michael Klare）说：

　　　　16加仑的石油，这是每个美国大兵每天在伊拉克和阿富汗消耗的油量——不管是悍马、坦克、卡车、直升机直接消耗的，还是通过下达空中袭击间接消耗的。将该数字乘以在伊拉克的162000士兵，在阿富汗的24000名士兵和在周边地区的30000名士兵（包括波斯湾美国战舰上的海军），总数大约是350万加仑的石油：这就是美国在中东战区战斗行为中每天消耗的石油。350万加仑乘以365天，是13亿加仑：这是美国在西亚南亚战斗行动中每年消耗的油量。这比1.5亿人口的孟加拉国一年的石油使用量都多——但是这还大大低估了国防部战争时期的消耗。[1]

　　几十年来，美国军队众多的军事基地以及数不清的战争，产生并留下了所谓的死亡神话。20世纪60年代在越南战场上使用橙剂，21世纪在伊拉克和阿富汗留下露天焚烧坑。[2] 越南和伊拉克战争期间，无数当地人民染病或者死亡。关于此问题，我们还读到1990年《洛杉矶时报》的长篇大论：

---

　　① http://tomdispatch.com/post/174810.

　　② 露天焚烧，http://www.businessinsider.com/open-air-burn-pits-leave-troops-sickly-2013-11。

　　美国军事设施污染了太平洋岛屿关岛的饮用水，在菲律宾苏比克湾排放了数吨的有毒化学试剂，在德国一家温泉浴场水源泄漏致癌物质，在中欧排放了数吨含硫煤烟，上百万加仑的污水未经处理排入大洋。①

军队在国内的众多设施也造成了类似的环境破坏。②

当我建议取消军队时，有人经常反驳我，说我的建议将使"美国对外国军事侵略毫无防卫"。而我通常回答："告诉我谁想侵略我们，哪个国家？"

"哪个国家，你什么意思呢？可能是任何一个国家。"

"那样更容易说出一个国家来了。"

"好吧，联合国里200多个成员国中任意一个！"

"不，我希望你说出一个特定的国家，你觉得它会侵略美国。仅仅说出一个即可。"

"好吧，巴拉圭，你开心了吧？"

"不，你必须得告诉我为什么巴拉圭会侵略美国。"

"我怎么知道呢？"

如果这有趣的对话继续下去，我会接着问想要侵略拥有3亿人民的美国，那个国家得有多少军队。

---

① *Los Angeles Times*, June 18, 1990.

② Google 搜索 "US military bases toxic >"。

第十九章

资本主义的难题

第 101 种经济学方案

（2008 年 7 月 4 日）

资本主义体系中持续不断出现危机——各式各样的投机泡沫、破灭的泡沫、一堆泪水，对于这些危机，经济学家经常用"供给与需求"做最终解释和合理理由，为资本主义体系辩护。这给自由企业的奇怪行为披上了客观的、听起来是中立的、令人尊敬的甚至科学的外衣。他们想让我们相信我们不应该将危机归罪于贪婪、投机、操纵或者犯罪，因为这些有缺陷的人类行为已经被供需规律压制了。记住这是规律；供给与需求规律是它的全称。你不想让他们打破规律，是吧？

这规律从何而来？国会？我们的源流英国议会？不，这不是什么司空见惯的、人造的规律。不，他们要我们相信供需规律必定来自大自然。它如同自然规律一样不可更改，不是吗？如果我们违背它、无视它，我们必然遭殃。

从小到大，我们就是这样被教育的。但是最近几年大坝的裂痕正在显现，而且在不太可能的地方出现了，比如美国的参议院。美国参议员2006 年发布了长篇报告，当时汽油价格已经飙升到每加仑 3 美元了。报告的题目是"市场投机在石油天然气价格上升中的作用"。下面是节选：

> 传统的供给需求已经不能完全解释（原油、汽油等）价格上升的原因。虽然全球石油需求在上升……全球石油供给增长得更快。所以，全球存货随之增长。今天，美国的石油储存量为 8 年最高，经合组织（主要是欧洲国家）的石油储存量为 20 年最高。因此，必须考虑基本的供给和需求之外的因素……

在过去几年，大型金融机构、对冲基金、养老基金和其他投资基金向能源货物市场投入了几十亿美元资金……希望从价格波动中盈利或对冲风险。由于这些多出的投资来自金融机构和投资基金，他们本身运营中并不消耗能源产品，被商品期货委员会定义为投机。期货委员会认为，投机者"不生产或使用产品，但在该货物的期货交易中承担资本风险，以期从价格波动中获得收益"。原油期货合同的投机者大量购买原油，实际上，造成对石油额外需求，推高未来石油价格，其运行和实际石油马上运送的额外需求推高现实市场中石油价格并无两样。……尽管很难量化投机行为对价格的影响，有大量证据表明现在市场上的大规模投机已经大大提高了价格。①

商品交易所（主要是纽约商品交易所）每天都会更新价格，因为各种油品被用作国际主要定价基准，在制定加油站石油的价格时发挥重要作用。

参议院报告中有很大一部分在阐释商品期货委员会已经不再具备足够能力监管货物交易以防止投机、操纵或者诈骗。原因是大部分的交易发生在美国或者境外的商品交易所，不在商品期货委员会的职权之内。

美国法人在境内寻求交易关键的美国能源产品——美国的原油、汽油和火爆的石油期货——通过在伦敦的ICE期货交易所而非纽约商业交易所操作，现在可以避开美国的市场监管或者按要求提供报告……鉴于能源价格很大程度上是市场操纵或过度投机所致，只有具备监管和执行权威才能有效……大公司通过场外点子交易所进行的能源货物交易免受商品期货委员会的监管。该条款是在安然和其他大宗能源交易者命令下写入2000年商品期货现代化法案的。

故事被重复了无数遍。你和我每天都在尽力做好公民，大玩家、安然公司们却忙于游说国会人员。他们说这是"现代化"，或者其他让人愕然的委婉语，我们被灌醉了。

---

① US Senate, Permanent Subcommittee on Investigations, Committee on Homeland Security and Governmental Affairs, *The Role of Market Speculation in Rising Oil and Gas Prices*, June 27, 2006.

《华盛顿邮报》最近有一篇关于安然和国会大佬的报道：

　　华尔街银行和其他大的金融机构开始向国会施压，来拖延给他们高利润的石油合同交易施加限制的立法。立法者批判他们的行动助推石油价格创新高……但是高管们现在面临质疑，甚至是仇恨。"别再进行供给和需求的说教了"，一个民主党助理突然打断其中一名高管……公众对汽油价格飞涨感到愤怒，对此，越来越多的国会议员开始做出反应，至少会引入八项法案以限制财务公司买期货合同的能力，（要求公司）公布更多投资信息或者加强联邦政府对能源交易方的监管。①

2006 年参议院报告中还有更多的证词：

　　石油并未出现短缺，原油的存储量和产品持续攀升。价格上涨并非由供给和需求所致。
　　　　　　　　——英国石油公司 CEO 布朗勋爵（Lord Browne）

　　尊敬的参议员……我想我说得已经很清楚了，我不认为供给和需求的基本原理——至少传统上我们这样看——支持现在的价格结构。
　　　　——埃克森美孚国际公司主席兼 CEO 李·雷蒙德（Lee Raymond）

　　2004 年之后出现的情况是高价格而没有创纪录的低存储量。美国石油存贮量和价格之间的关系不复存在，变得毫不相关。
　　　　——自称世界领先的资金管理机构瑞银证券石油经济学家
　　　　　　　　　　　　　　　　　　　简·斯图亚特（Jan Stuart）

　　2008 年，当一加仑石油价格超过 4 美元时，石油输出国组织（OPEC）秘书长阿卜杜拉·萨利姆·埃尔·巴德里（Abdalla Salem el-Badr）称："很明显市场上并没有出现石油短缺。"巴德里"把高油价归

---

① *Washington Post*，"Wall Street Lobbies to Protect Speculative Oil Trades"，June 19，2008，p. D1.

罪于投资者，股票下跌、美元贬值之后，他们寻求在货物交易中获得更好回报"。①

最后，该运行体系的辩护者坚持认为石油公司成本大量攀升，特别是因为石油枯竭，即出现所谓的"石油峰值"。探明并开采剩下的石油代价昂贵，他们不得不把成本转嫁给消费者。不错，如果是这样的话，石油公司在石油峰值前后的纯利润应该保持不变——增加了 X 成本，价格上升 X，收益保持不变，虽然销售的收益降低。华尔街对这个更有兴趣，而不是普通大众。但是石油公司没有这样做。石油价格和利润上升势头似乎摆脱了重力影响，和成本上升不在同一个地球上。而且正如跨国公司监督组织经济学家罗伯特·魏斯曼（Robert Weissman）的观察："尽管石油价格攀升，这些公司开采石油的成本并未上升，石油交易价格可能是每桶 40 美元、每桶 90 美元或者每桶 130 美元。埃克森美孚国际公司和其他大的石油公司从地下开采一桶石油的成本仍然保持在 20 美元。"②

以上所言并非石油价格如此昂贵的盖棺定论。太多信息被投机者、石油公司、提炼公司等隐藏；太多的活动不受监管；太多趋势被心理推动而非经济本身。除非他们能证明为人类而服务，否则摆脱所有投机最好的解决方式是国有化石油公司。（天啊，他用了"国有化"！）

不对社会做出任何贡献的 100 种致富方法

（2008 年 10 月 1 日）

我们为什么会有一个叫"金融危机"的东西呢？为什么自美国建立之后，我们周期性地遭遇金融危机呢？每次是什么变化或发生什么导致危机爆发？我们忘记了如何制造人们需要的东西了吗？工厂被烧毁了吗？我们的工具丢了吗？蓝图消失了吗？人们追求幸福生活所需要的产品和服务都很好地满足了，不需要继续提供产品和服务了吗？也就是：现实世界中发生什么变化导致了危机发生？什么都没有，很肯定地。危机一般是由虚幻的金融资本主义世界中的变化引爆的。

---

① *Washington Post*, May 10, 2008, p. D3.

② "What To Do About the Price of Oil", Multinational Monitor, May 28, 2008, www. multinationalmonitor. org/editorsblog.

这些成年人玩着小孩子的游戏。他们制造了各种各样的金融实体、文件、金融包，命名为对冲基金、衍生品、债务抵押证券、指数基金、信用违约交换、结构性投资工具、次级房贷等许多极具异域风情的金融创新产品。他们设计出各种商业文件，没有真实的或者内在的价值。如果有的话，也仅仅是一些标准，对此应心里明白，并没有公众需要和强烈需求。之后他们把各种各样的文件卖给公众或者相互买卖。他们把抵押切割成晦涩难懂又有风险的工具，把他们捆绑到一块，打包销售给金字塔上更高的一级。通过在狂野西方进行这样的买卖，有的人成了百万富翁，有的人成了亿万富翁。他们圣诞节的奖金比普通美国人一年的薪水都要高。所有这些难道不令人惊叹吗？

其中大多数人并不用自己的钱买进金融资产，而是用借来的资金，"杠杆式"，他们这样称呼。这些文件有时候代表货物，但是实际的货物并不可见，或许根本就不存在；如果卖方要求买方使用自己的资金，或者买方要看货，所有交易就得冻结了。他们卖"长期"，期望价格上涨；他们卖"短期"，希望价格下跌；他们"裸卖空"，即他们不拥有也不持有他们卖的东西；每个机关都有自己的名字。他们所冒风险越来越大，买卖越来越奇异的文件。这是神圣化的拉斯维加斯赌场资本主义。

这些文件如此复杂晦涩，很多买卖者自身都不能完全理解。这没关系，他们只是把这些文件以更高的价格转手卖出去，即使一方或者双方都知道这些文件虽然假装代表可支付的债务，实际上没有任何价值。尽管政府想温和地管理这个富翁游戏。这些文件如此复杂，再加上交易中的不透明行为——包括投机、操纵、欺诈在内的大杂烩，政府有时也被搞得头昏脑涨。亿万富翁巴菲特称这些文件为"大规模金融杀伤性武器"。

金融玩家玩这样的游戏已经很多年了，所以在每一个进程中他们都有保险政策允许玩家两边下注；他们保险，他们再保险；希望避开游戏中许多危险，虽然其中很多人知道他们交易的债务有问题；巨无霸美国国际集团是保险游戏的主要玩家，被联邦政府接管。在每笔交易中，在任何一个环节，都有人赚了佣金或收取费用。还有一些其他公司，他们的生存目的是给玩家评级，他们的盖章成了投资者的依据。本应客观的信用评级机构告诉人们哪些不同的公司和他们的几捆文件是好的投资，但是实际上评级机构自身有时也做金融包。罗斯福总统，40年代面对同样的一群玩家，称他们是"金融恶棍"。

　　所有这一切都建立在信念之上，和宗教信念一样不堪一击。人们相信有些东西很有价值，因为文件上写着让人放心的语言和数字，因为它被交易，被评级，被保险，因为有人卖它、有人买它。一样的市场心理，一样的从众心理，建构了这座以贪婪为支柱的纸牌屋，贪婪支柱会让房子坍塌成一堆废墟。但是垄断玩家仍然有红利，用几百万美金打造的降落伞成功退出，帐篷城市在全国四散开来。

　　政府则致力于拯救这些毫无理智的交易者，这些害虫，从他们的胡扯中把他们和他们的系统拯救出来。用的是我们的钱。没有重建金融游戏中《爱丽丝梦游仙境》的规则，没有制定最强硬的法规、监管和透明度，没有保证这些被宠坏的宇宙主人可以在自私自利的边界之外行事。余下的我们这些人遭殃。

　　资本主义是这样一种理论：最坏的人，以最坏的动机，不知怎地却产生了最好的结果。

　　或许还有一些安慰。自由新保守主义的信徒很难推销私有化社会安全或者其他社会项目这些骗人把戏了。政府监管对公众利益至关重要，人们也将认真对待。所谓的市场本身可以自我修正之类的陈腔滥调较少听到了。这还可能促使国有化健康保险观念的产生。

　　自由主义者和新保守主义者受伤了，处于防御状态，虽然还不承认任何新出现的智慧。《华盛顿邮报》采访了卡托研究所的一些忠实信徒，研究所里艾茵·兰德的大幅照片还在醒目的地方悬挂着。采访得到了这些言论："过多监管把我们置于如此境地"，"我们现在最大的感受是挫败，媒体好像在说这是自由市场的危机，是资本主义的危机，是监管乏力的危机。实际上，这是补贴和干涉带来的危机"……"没有损失的资本主义就像是没有地狱的宗教"。[1]

　　想一下，古巴就是因为拒绝生活在这样的金融体系下而被无情折磨了50 年。

我们资本主义体系的其他魅力

2011 年 8 月 8 日，星期一，纽约道琼斯工业平均指数蓝筹股下降了

---

[1]　*Washington Post*, September 25, 2008.

635 点。

星期二，该指数上升了 430 点。

星期三，市场，以其无穷的智慧，决定再次下跌，这次是 520 点。

星期四，是的，它又升了，升了 423 点。

道琼指数连续八个交易日涨跌变换。2011 年 8 月 14 日，《华盛顿邮报》资深经济专栏作家史蒂文·波尔斯坦（Steven Pearlstein），针对上述四天情况，谈道："国债评级下跌、欧盟主权债务危机、全球经济增速放缓、上周股票疯狂的涨跌能反映深思熟虑、精于计算的投资者对这些经济大势的考虑，只有傻瓜才信吧。虽然上周市场指数大起大落、不受控制，这些判断当然不会在每天下午 2 点到 4 点 30 分之间彻底变化。"

我们历经网络泡沫、股票市场泡沫、安然泡沫到房地产泡沫、信贷泡沫，每次泡沫破灭都会带来失业、流离失所、梦想破灭。

著名电视作家罗德·瑟林（Rod Serling）谈道："每 12 分钟就有 12 只活蹦乱跳的兔子唱着卫生纸之歌捣乱，很难产生一部既有广度又有深度电视纪录片。"

可以想象一下，美国青年奔赴他乡，为捍卫"资本主义"而战，美国总统会公开表示遗憾吗？"资本主义"的用法本身已经很过时了。现在被认可的代称是市场经济、自由市场、自由企业或者私有企业。这些术语的变化企图掩盖财富在经济和社会中的作用。避免使用"资本主义"同时避开回归卡尔·马克思的反面暗示。

几年前，在某些不为人知的时刻，美国的空壳公司换了包装标签，小的换成中等的，中等的变成大的，大的变成巨无霸。空壳公司本身规模并未改变。

"联邦贸易委员会得出结论，医药公司药品售价和与其相关的直接成本并没有什么联系。"①

涂鸦者说："阿司匹林制造商倒希望你现在就头疼。"

奴隶制下人在法律上被虚拟为财产，公司制下财产在法律上被虚拟为一个人。"私营公司被赋予受法律保护的权利——有些人说是义务——以追求狭隘的私利，不管造成如何的社会和环境后果。如果法人机构真的是

---

① 史蒂文·珀尔斯坦（Steven Pearlstein）专栏，*Washington Post*，August 3，2005，pp. D1—2。

一个人的话，他很符合反社会者的临床表现"，戴维·科尔顿（David Korten）认识到。

拉尔夫·纳德（Ralph Nader）曾控告司法部的反垄断条款，因为它多管闲事，而且未告知任何人。

美国的资本主义如同化疗：它或许杀死了消费短缺的癌细胞，而它的副作用却是致命的。

许多工人的工资可以勉强度日，尽管它不是生存工资。这里有一个彻底解决贫困的方案：支付人们足够的生存资金。

"矛盾之处在于，美国殖民开始后的三个世纪在'新大陆'的财富和收入比欧洲国家的分配更加不平衡。"① 现存的财产和财富分配怎么可能是经过某种民主过程出现的呢？

相比于西欧民众，有多少美国人意识到他们工作日更长，休假更短，失业保险期限更短，产假和其他员工福利更差，医疗覆盖面更窄？

一个人如果道出了美国富人压迫穷人的基本事实，他就要冒被控告"提倡阶级斗争"的险；因为阶级斗争的诡计在于不让受害者知道斗争已经在进行了。

那些 CEO 们每天都做了什么，使他们的工资比学校老师、护士、消防人员、街道清洁工和社会服务工作人员工资高几千倍？请重读封建地主和农奴方面的中世纪历史。

反政府监管活动暗示我们，一旦废除卫生食品和药物的法律，我们马上就能拥有卫生的食品和药物了。

经济世界的故事是：60% 的权力—政治—意识形态—投机，30% 的心理因素，10% 不变的法则（这些百分比是不会改变的）。

在资本主义社会的竞争中，你对他人关心得越多，你越处于劣势。

1% 的人口拥有 35% 的资源和财富，这种说法是骗人的。如果你拥有 35%，你能控制的远不止那些。

"自由选择"的神话让我们崇拜几乎所有的自由化行动。

2004 年，管理与预算办公室通过考察 17595 个联邦政府职位，得出结论，在工作竞争中，公务员比私有企业员工工作得更出色，花费更低，

---

① Wallace Peterson, *Silent Depression: The Fate of the American Dream* (W. W. Norton, New York, 1994).

数据接近 90%。①

共产主义国家，政府接管了公司；在资本主义国家，公司接管了政府。

美国的寡头与日本、法国寡头相似点更多，而与美国民众的相似点更少。

如果你赌博输了钱，你不会享受税费减免。但是如果你在外号为"股票"市场、光鲜亮丽的"老虎机"上输了钱，你就可以享受税费减免；即你的损失被纳税人补贴了。

家庭成员是在自私自利和贪婪的基础上建立的联系吗？

"自我观念是公共福利的基础，这是竞争性社会建立的原则。"——德国和美国社会心理学家埃里希·弗罗姆（Erich Fromm）

"20 世纪呈现出三大具有重要政治意义的发展：民主的扩张；公司力量的扩张；公司保护自身不受民主影响的宣传力量的扩张。"——澳大利亚社会科学家亚历克斯·凯里（Alex Carey）

2011 年 8 月，"教皇本笃十六世谴责了不惜任何代价追求利润的逻辑，他到达欧债危机重灾区西班牙时指出，这种逻辑是欧洲经济危机的黑手。'经济不是靠自我约束运行的……经济的运行需要伦理，要为人类服务。人必须位于经济的中心，衡量经济不能只看利润最大化，而要基于大众的福祉。'"②

"这个国家需要重生，她已经被权力的欲望污染了，被攫取利润的欲望污染了。"——《纽约论坛报》文学评论家玛格丽特·富勒（Margaret Fuller），1845 年 7 月 4 日

当然，上述所有内容都无法制止世界的唯一超级大国继续向世界输送资本原教旨主义。

在这片独立宣言保障幸福的热土之上

"认为提高最低工资标准这个想法很好？""再想想！"这就是 2007 年

---

① *Washington Post*，May 26，2004，p. A25；同样的例子另见 *Washington Post*，March 23，2006，p. 21。

② Associated Press，August 11，2011.

1 月主流报纸所刊登的一则整版广告想要传递的信息。上面还附有著名怀疑者们的支持声明。艾伦·格林斯潘（Alan Greenspan），前美联储主席："我反对最低工资的原因在于，我认为它将减少工作岗位。在我看来，这方面的证据非常之多。"米尔顿·弗里德曼（Milton Friedman），经济学家，诺贝尔奖获得者："年轻人尤其是年轻的黑人的高失业率，既是丑闻又是严重的社会不安定因素。而这总的说是最低工资法带来的后果。"

如果提高最低工资会带来这些负面影响，那么作为受到启发的善良的人类，我们当然应该如此行动：我们必须降低最低工资。因此享受更少的失业，更少的社会动乱。是的，如果我们把最低工资降为零，尤其是对年轻的黑人……想想！根本就没失业了！没有任何的社会动乱了！事实上——我敢说吗？——如果我们把工资也取消了如何？

> 现代的保守分子践行着人类最古老的道德哲学之一，即为自私自利寻找更高的道德合理性。
> ——约翰·肯尼斯·加尔布雷斯（John Kenneth Galbraith）

吃掉富人，分享你的食谱

比尔·盖茨宣布他将逐步退出微软的实际事务，媒体大量刊发献媚的"神童"故事。这个神童靠自己的能力在 31 岁时成为世界上最年轻的亿万富翁。我指出他开发出微软磁盘操作系统（MS-DOS）1.0 版六年后即成为亿万富翁，并不是想抹杀他的功绩。如果不是基于公司成本的话，微软可以为它的软件收取更高的费用。

有些人，他们痴迷自由企业和顽强的个人主义的哲理、实践和故事，大声疾呼："给那家伙更多权力！他值得拥有每一分。"还有一些人，他们痴迷更公平的社会，质疑现在财产与财富分配系统怎么可能是从某种民主程序诞生的。这就是 21 世纪：2% 的人拥有巨大财富而 75% 的人每天为过上体面的生活而挣扎，美国社会不应该因此而被遏制。实际上，我们就是沿着这条线退化的。

很多美国人，尽管他们不会因为搅入别人的性生活、女人的身体还有其他道德议题寝食难安，但是这些对他们来说简直就是异端邪说。贪婪和自私是天然的，他们坚持，我们必须迎合这些天性。

但是如果因为自私是天性，该体系必须迎合它，那为什么不迎合侵略呢，同样有很多人声称侵略也是天性呢？

问我们离奇的小“茶党”朋友几个问题

“茶党”人士一直呼吁“更小的政府”，从不厌倦。真可爱。很多共和党人也不停地重复同样的咒语，许多自由主义者也是如此（不要把自由主义者和进步主义者搞混了）。所以，对这些人，我想问几个问题：

• 空难发生，政府会派出调查人员到达出事地点查清事故发生原因；这些信息可以用来提高飞机航行的安全性。但是这是“大政府”，强迫航空公司全面配合、提供所有相关信息——不允许存在任何“秘密”、做出改变否则面临高额罚款。你认为政府应该停下来做这些事情吗？

• 2010 年英国石油公司在墨西哥湾发生大面积石油泄漏。政府逼迫公司、恐吓公司让它解释事故原因并解决难题，这对吗？还是政府追求“小政府”目标而应袖手旁观呢？

• 在大的地震之后，灾区各个角落发出这样的呼喊：商店的基本生活物资不应该涨价，比如水、发电机、电池、树木移动服务、尿布等。更多的伤痛马上出现，因为灾难后很多房屋不能居住，房东提高空房的租金。“他们怎么敢这么做？”人们抽泣。自 1994 年加利福尼亚洛杉矶大地震之后，加利福尼亚议会通过法案，规定如果自然灾难之后关键产品和服务价格上涨超过 10%，商人即有罪。① 2003 年 9 月伊莎贝尔飓风造成重大损失之后，弗吉尼亚州长和首席检察官收到上百居民的诉苦，于是呼吁立法机构通过了该州第一个“反价格欺骗”法。北卡罗来纳州前不久也通过了反欺诈法案。② 在我们天赋的供需体系中如此招摇的大政府干涉主义让你很不爽？你认为我们的立法机构应该让“市场的魔力”发挥它的魔力吗？

• 你认为政府应该继续打击所谓的“恐怖分子”的战争吗？还有比这更宏大、更昂贵的“大政府”行动吗？

• 你认为政府应该继续在机场进行侵入式的电子搜查和身体搜查，

---

① *Los Angeles Times*, January 2, 1995.

② *Washington Post*, September 24, 2003.

还是我们应该允许炸弹被带上飞机的风险存在？

● 如果银行倒闭——最近几年美国几百家银行都倒闭了——你愿意接受一辈子的储蓄荡然无存吗？还是感激一个大大的政府介入、接管银行、保护你储蓄里的每一分钱？

● 你认为大政府——不管是它们是联邦政府、州政府还是地方政府——应该停止向公民不厌其烦、大谈特谈循环利用、空气污染、水污染、水土流失等环境问题吗？还是人们，包括他们的家人、他们的公司，怎么方便怎么来，这样允许可以吗？

● 你认为美国生产商有权利像50年前的曼谷的血汗工厂一样经营吗？还是大政府应该施加压力，建立工人健康和安全标准，以保证现代工作条件呢？

● 如果发现一种处方药导致越来越多的人受损或死亡，谁应该决定什么时候将药物逐出市场，大政府还是制药厂？

● 食品包装上详细列出了原料、营养成分，对此你高兴吗？你认为谁对此负责呢？

● 没有食品救济券，大量美国人将面临饥荒；超过4500万美国人领取食品救济券。你认为食品救济券是哪儿来的？

● 你认为失业保险、住房补贴、医疗补助，这些都从哪儿来？当然，主会帮助我们，"茶党"的标语是：让政府从医疗上走开[1]，并不断讥讽奥巴马推动"公费医疗"。

● 你们难道宁愿看到大规模的饥饿、贫穷、无家可归、生病，也不愿让这些人依赖大政府这个怪物吗？

美国式文明的顶峰

大街是文明的顶峰。
这辆福特汽车可能停在
时髦小店的前面，汉尼拔（Hannibal）侵略了罗马
伊拉兹马斯在牛津的修道院中写道。
——辛克莱·刘易斯（Sinclair Lewis）：《大街》，1920年

---

① *New York Times*, November 3, 2010.

　　我公寓的走廊上乱糟糟地贴满了一大堆广告传单；贴得很牢，只有清洁工人准备把他们扔进垃圾桶时，才会被撕下来。为了这些广告，大量的树木被砍伐；造纸过程的副产物二噁英，毒害作用非常大，被造纸厂直接排进了水中；数不尽的能源和其他资源被用来印刷这些传单。想象一下运输这些传单需要多少人力物力。再乘以几百万这样的公寓。

　　"如果广告产业需要投入 2000 亿美元以保持某些经济学家所谓的需求，那这种需求并不像传统理论所认为的那么急迫。或许根本就不是需求本身所表达的意思。"①

> 广告是文明的顶峰。
> 沃尔玛的广告或许走近
> 公寓走廊的深处，
> 电视节目被打断
> 向你证明可口可乐优于百事可乐，
> 这块大屏幕大煞风景：
> 小布什侵略了伊拉克
> 保罗·伍尔福威茨（Paul Wolfowitz）曾就读于芝加哥大学。

你不能这样造假

　　西方世界被引用最多的格言是："法律极其公正，既禁止富人又禁止穷人睡天桥、要饭和偷面包。"——阿纳托尔·法朗士（Anatole France），1844—1924 年

　　2006 年 4 月 14 日，联邦上诉法庭宣告洛杉矶警察局不能因贫民在街上坐着、躺着或睡着而被逮捕，称此类强制措施是残酷而不寻常的惩罚，因为城市无法提供足够的安身床铺给大量的无家可归人口。法官帕梅拉·赖默尔（Pamela A. Rymer）对大多数人的观点提出强烈异议。洛杉矶法律"不会单单因为他们无家可归而惩罚他们"，法官赖默尔写道，"标的行为即坐、躺、睡在城市的人行道，有家的人和无家可归的人同样都可以

---

① Jonathan Rowe, *Dollars & Sense* magazine, July-August 1999.

做出"。①

> "没有其他选择！"
> "真的？最好有吧，不然我们完了。"
> 关于社会主义的一些思考

美国投资服务主要提供者嘉信理财的首席投资分析师利兹·安·松德斯（Liz Ann Sonders）说："历史上，危机后总会有乱糟糟的各种规章制度，如果对商业运作有不当的限制，他们会觉得绕过规章制度是他们的职责，这就为下一次危机埋下了种子。"②

确实如此。不管是金融公司还是非金融公司，都尽力使自己的利润最大化，这正如水往低处流一样。我们从 19 世纪就开始尽力"监管"他们了。或者是 18 世纪？没有什么能长期有效。你修补了一个漏洞，烂泥又从另外一个洞漏出来了。华尔街不仅有阵容强大的律师和会计队伍，还有一大群水平高超的数学家，不断寻找把人们和他们的钱分开的最佳公式。一轮又一轮的刺激资金，我们领导人不断发表演讲谴责贪婪并发誓改革，听证会上国会议员直斥公司高管，这之后呢？华尔街的玩家，抹平身上的创伤，依旧会大量炮制各种金融工具。投机、奖金依旧会流动。这些玩家更加聪明，这样被辱骂后或许受到一点震动，却也更好地了解到欺骗哪些人、隐瞒什么事。

共产主义或社会主义基本上只有一次机会证明自己，如果这算多的话，看看资本主义——在周期性惨败之后仍被给予无数次机会。拉尔夫·纳德观察到："资本主义永远不会倒下，因为社会主义总在为它保释。"

在西方，冷战最不幸的结果是持续 70 年的反共产主义教育和媒体宣传，以至于人们固化了一种认识，总是把社会主义和苏联所谓的共产主义联系在一起。社会主义就是专制独裁、斯大林式的压迫、让人窒息的计划经济、毫无企业自由、没有换工作的自由、没有自我表达的基本渠道等真实的、半真实的还有不真实的事情。即使是反对美国对外政策的人，其中也不乏有人对此深信不疑。美国人会想，不管经济再坏，唯一的替代选择

---

① *Los Angeles Times*，April 15，2006.

② *Washington Post*，March 29，2009.

是被叫作"共产主义"的东西，但是他们知道共产主义有多糟糕。

英国的保守主义人为加重了此种思想混乱，二战后的30年内，他们向大众灌输一种观点，即工党是社会主义者。一旦经济出现衰退——这在资本主义国家经常出现，公众就会被告知，"共产主义失败了"。

然而，19991年苏联解体后，民调显示俄罗斯人对旧体制有怀旧情绪。比如2009年，地位相当于美国的《华盛顿邮报》的《现代俄罗斯报》问俄罗斯人"你倾向于哪种社会经济体系"，回答的结果是："国家计划和分配"占58%；"基于私人财产和市场关系"占28%；"很难说"占14%。[①]

1994年，富布莱特（Fulbright）学者布热津斯基（兹比格纽之子），在华沙教书。他这样写道：

> 我请我的同学给民主下定义。我预想他们会讨论个人自由和有效选举产生的机构。学生的反应让我大吃一惊。他们说民主意味着政府有责任保持一定的生活水平，为所有人提供医疗、教育和住房。也就是说，是社会主义。[②]

很多美国人无法忍受诸如"计划"、"集权"等相关社会概念。从一定程度上讲，他们对这些术语反感，是因为他们从小受到的教育把计划社会和斯大林主义画了等号。好吧，让我们暂时把这些恐怖的标签抛到脑后；让我们这样来表述，如同人们坐下来讨论某个严肃的社会问题，有什么方法可以解决问题，社会上哪些机构和力量有最好的途径、经验、资金来执行相关方案。也就是，关键在于如何让这些机构和力量非常有条理地、理性地解决问题，而不用担心或许会受影响的公司利润，不必依赖"市场的魔力"。很凑巧的是，现在这些做法经常被称为"计划"，而如果这些组织和计划来自某个政府机构，它通常被称作"集中计划"。没有理由设想这些会导致某些极权的政府出现。但凡超过某个年龄，不管是一个人还是一个群体，必然已经从过去的类似的事情中得到很多教训。我们知道哪些是危险信号；这正是布什和奥巴马政府侵犯公民自由和人权的行为

---

① "Russia Now"（Moscow），insert in *Washington Post*, March 25, 2009.

② *Los Angeles Times*, September 2, 1994.

被如此强烈地谴责的原因所在。

绝大多数美国人都是为了工资而工作。他们无须被追求利润所驱动。这不是我们的基因。如果可以选择的话，实际上所有人都更乐意为公众利益而工作，提供产品和服务以提高人们的生活水平，帮助他人，从工作中获得意义和得到满足。志在胜利、"偷""抢"顾客、不留情面、适者生存、残忍者生存，这些驱动，并非天性。

一场重大战争是对国家的最高考验，因为在战争中国家将面临最大压力。在二战中，美国政府征用汽车制造商制造坦克、吉普车，而非私人汽车。当预见到急切需要原子弹时，华盛顿并未向私人企业招标——政府亲自动手制订曼哈顿计划，而不去计较资产负债或利益得失。女人和黑人可以到工厂做工，传统中这是不被允许的。好莱坞被召集做宣传电影。现实中，一定程度上政府开始将国家很多活动，包括农业、制造业、开矿、通信、劳工、教育和文化事业置于自身控制之下，赢得战争比私人利润重要。在和平时期，同样我们可以构想人比利润重要的社会主义制度——医疗、教育、体面住所、食品和工作，这些基本方面都受到保障。自由企业制度的信仰者则会争论，二战时的"社会主义"被建立起来仅仅是迫于战争的紧急情况。是的，但是这并不改变关键的一点，即政府之后迅速承认浪费的无效率的资本主义，总是需要适当的金融保护和喂养，根本无法用来运作一个想要赢得战争的国家。

资本主义同样也无法按照人类的需求运行人类的社会。大多数美国人都同意这个观点，但是他们并未意识到自己有这样的认识。1987年赫斯特出版社（Hearst press）进行了一项调查，发现1004名受访者中几乎有一半人相信马克思的名言"各尽所能，各取所需"可以在美国宪法中查到。①

我不能细致入微地描述我的社会主义将是什么样。真能如此，那我也太自命不凡了；社会主义大部分都是从曲折错误中发展演进的；重要的是，它的根基即民众福利和共同利益远比利润重要，这是做重要决策时的关键因素。人类迫切需要停止破坏自然环境，这和医疗体系一样，通常与利润驱动背道而驰。这不仅仅是意识形态的问题；这关系到生活质量、人类的可持续性和生存。

---

① Frank Bernack, Jr, Hearst Corporation president, address to the American Bar Association, early 1987, reported in *In These Times* magazine (Chicago), June 24-July 7, 1987.

第二十章

媒　体

"全国五角大楼广播电台"

位于华盛顿的国家公共广播电台 2008 年请求听众写信告诉电台自己如何利用电台信息。有些写信的人被邀请去录制采访节目，其中一部分还实时播放了。我给他们发送了一封邮件，内容如下：

亲爱的人们：

我听广播节目时事纵横（All Things Considered），我用它获取国防部队对美国外交政策的观点。真棒，能听到退休的将军解释为什么美国轰炸和侵略另外一个国家。我并不厌烦任何幼稚的反战示威者。我从权威渠道直接得到事实真相。这不是一个伟大的国家吗？或者是什么？我希望你们能找到更多的退休将军告诉我为什么我们轰炸了伊朗害死了几千人。请确保我听不到任何左派的言论。

谨致

布鲁姆，一个应该在黛安·雷姆秀出现的，但从未接到邀请的人。

（下面有一些我著作的信息）

2008 年 6 月 13 日

我从没期望得到什么积极回复。我已料到，即使我的信没有表现出来，我书的名字肯定会泄漏出来，实际上我并不热爱美国军队和他们的战争。但是我真的不愿相信主流媒体最坏的一面。那太让人灰心丧气了。所以电台有人邀请我去做访谈，真是一个惊喜。访谈超过半个小时，进行得非常顺利。我表达了很多对美国对外政策的担忧，国家广播电台对此的报道非常明确，甚至指出有些反战派称国家广播电台为"国家国防部全国五角大楼广播电台"（National Pentagon Radio）。访谈主持人说他很高兴。他预想作为播出的节目之一，这次访谈非常有趣。但结果是，这就是事情的终局。我再也没受到那个电台的任何回信，我的访谈也从未公开播放。

大约两个月后，我给访谈主持人写了邮件，问他访谈是否会播放。我能证实他肯定收到了邮件，但是我没有得到任何回信。我想主持人是非常真诚的，所以这里我不想公开他的名字。他的某个上级肯定听了录音，把全部东西给否了。要记得公共广播的忠诚对象是谁（当然是它的重要赞助人，国会）。我对美国大众媒体的看法并没有受到挑战。大众媒体工作者会继续相信他们的实践，还有他们所谓的"客观性"。

对这种媒体病，听众也有责任。新闻的消费者，如果被"美国例外论"这种垃圾食品长期喂养，最终会对这类信息感到自在，将其等同于客观，然后把客观等同于了解到所有的、不偏不倚的事实，或者"真相"；看起来好像是中立的、没有偏见的，就像他们看 NBC 或者 CNN 时屁股下客厅里舒服的旧沙发一样。其他媒体，风格和他们习惯的风格非常不同，他们视作不够"客观"，所以怀疑。

凑巧的是，国家广播电台的主席，是一位名叫凯文·克劳斯（Kevin Klose）的绅士。他之前帮助协调所有美国资助的国际广播：自由欧洲广播/自由广播（中欧和苏联）、美国之音、自由亚洲广播、马蒂（古巴）广播和电台、世界电视广播（非洲及其他地方）。所有这些媒体都指向特定受众，通过美国对外政策的信念、目标这些有色眼镜播报世界新闻。他还担任过自由欧洲广播/自由广播的主席。说美国民众成了他最新的目标受众，这一点不为过。当然，大家都没注意到；正是这样大众媒体才如此有效；他们真的相信他们自身的客观性；然而我也继续相信客观并不能取代诚实。

国家广播电台里，黛安·雷姆（Diane Rehm）有一大批忠实听众。各种各样的访谈，她做得很不错。但是这个女人有一个很大的缺点：她不能很好地理解意识形态——区分右派、左派，保守派和自由派，自由派和极左派，等等。她一次又一次地召集一群人讨论非常有争议的话题，他们中从来没有一个真正的左派人士，甚至连近似左派的人士都没有；而且从我所听到的许多言论中，我猜想这不是因为她有保守主义的偏见，而是她不是很理解到底左派和右派的区分标准是什么；尽管帮助她挑选嘉宾的人很清楚所有这一切。

2007 年 2 月 27 日的节目就是一个很好的例子。话题是伊朗——所有关于这个国家的争议话题都摆到台面上来了。讨论者有：（1）外交委员会成员，最古老、最传统的美国帝国主义支持者。（2）美国企业研究所成员，这让外交委员会看起来更进步一些。（3）布鲁金斯学会成员，这个学会意识形态和外交委员会基本一致。布鲁金斯学会的代表是肯尼斯·波拉克（Kenneth Pollack），前中情局分析员，国家安全委员会的工作人员，因为 2002 年出了一本书——《山雨欲来：以入侵伊拉克为例》，其名字家喻户晓（至少应该是这样的）。我们是否应该期待他的下一本书是：《以全球变暖为例》？

对异见人士、言论自由、市政厅"平衡"的讨论开了如此多的空头支票，这样的社会里，黛安·雷姆的嘉宾阵容在主流媒体中非常典型。不管是"9·11"委员会，还是伊拉克调查小组，还是肯尼迪遇刺委员会，或者是很多年来几十个其他的国会调查委员会，他们的质疑、挑战、进步的观点几乎总是被一张空椅子代表着。

"在美国，想说什么就说什么——
只要它不产生任何效果"——保罗·古德曼

进步主义活动家和作家总是叹息，他们产生的新闻和观点总是被主流媒体忽略，所以不为美国民众所知晓。对进步观点不闻不问，这基本就是主流媒体的定义。这不必然是一个阴谋；重要的是谁拥有主流媒体，他们雇用了怎样的记者——想要保住自己工作的人；所以这不是阴谋，而是阴险狡诈，这是固定在系统内部的，系统就是这样运行的。不理会进步世界，当然也不全然如此；当进步世界有了太好的副本，有时根本无法忽略，偶尔进步派的想法有流行开来的潜质，他们必须被回击。

霍华德·津恩（Howard Zinn）的历史著作《美国人民的历史》就受到了这样的待遇。这本历史著作主要从工人、农民、战士、穷人等底层民众的视角写作，而非传统的政府官员、公司高管、立法官员、富人等角度。2005 年 6 月 5 日，《纽约时报》书评编辑巴里·吉文（Barry Gewen）在评论这部著作还有其他类似的书籍时，谈道：

> 如今存在一种趋向统一的认识，但这种认识过于简单幼稚。如果

受害者、失败者是好的，那胜利者就是坏的。从受压迫的黑人来看，美国是种族主义者；从受压迫的工人来看，美国是剥削者；从被征服的拉丁人、印第安人来看，美国是帝国主义者。美国历史上可谴责的多，能赞扬者少……而刚来到新大陆的欧洲人是种族灭绝的掠夺者，原先定居于此的印第安人懂得分享、热情好客（别忘了他们中间有很深的文化差异），受到蹂躏的非洲则到处都是善良、共产主义（别忘了他们中间有很深的文化差异）。

人们会想吉文先生是否认为大屠杀所有受害者都是圣洁的，他们中间没有文化差异。

著名美国历史学家施瓦辛格曾这样评论津恩："我知道他把我视作危险的反动分子。我并不在意他。他是个诡辩家，但不是历史学家。"

津恩去世之后世界各地有很多讣告，这样的诋毁在全世界兴起，从《纽约时报》、《华盛顿邮报》到主要的美国通讯社到《新西兰先驱报》、《韩国时报》。

在反动分子和诡辩家的争论中，值得注意的是，施瓦辛格是肯尼迪总统的高级顾问，在推翻英属圭亚那（现在的圭亚那）民选的进步主义总统切迪·贾根（Cheddi Jagan）中，他起到了关键作用。1990 年，在纽约市的一次会议上，施瓦辛格公开对贾根道歉，说："我对我 30 年前的所作所为感到非常糟糕。我认为那对切迪·贾根非常不公平。"① 这就是施瓦辛格的信用，尽管可能是因为贾根出席了会议，唤醒了他的良心。实际上和该阶段所有被主流媒体所尊重和关注的历史学家一样，施瓦辛格是一个冷战斗士。而像津恩的人，他们质疑国际冷战和国内资本主义的基本假定，被认为是诡辩家。

美国的媒体

想象一下，2011 年 10 月 25 日邪恶的警察殴打占领奥克兰示威者事件发生在伊朗、古巴、委内瑞拉或者任何其他官方认定敌国……头版定是义愤填膺的报道，配上震撼的图片。但是第二天《华盛顿邮报》的报道，

---

① *The Nation*, June 4, 1990, pp. 763 - 764.

只占版面三英寸，标题是：示威者发誓在全国展开示威；没有提到一名伊拉克老兵被警察武器击中头部，昏迷不醒。至于配图，只有一张：奥克兰的一名警官抚摸被示威者留下的猫。

警察攻击示威者的当晚，著名电视喜剧演员杰·雷诺（Jay Leno）说："他们说卡扎菲可能是世界上最富有的人物……2000 亿美元。他有这么多钱，却没有在国家教育和医疗上投什么钱。所以我想他是共和党的。"①

当然，雷诺的讽刺对象是共和党，但是他的言论却进一步丑化了卡扎菲，因此增加了美国残酷攻打利比亚的合理性。如果我是雷诺的节目嘉宾的话，我会转向听众，说："观众朋友们请注意，卡扎菲统治下，利比亚的医疗和教育完全是免费的。在咱们国家你们不想也这样吗？"我想会有足够多的观众鼓掌欢呼，逼迫雷诺从他那教条般的"美国制造"观点让步。

而且那个数字，2000 亿，并不是从世界某个地方发现的卡扎菲个人银行账户里的钱，而是属于利比亚国家的财产。为什么如此诡辩？

"异族（非犹太人）生来就是为我们服务的。如若不然，他们何得其所；服务以色列人民，别无其他。"2010 年 10 月 16 日，拉比奥瓦迪亚·约瑟夫（Ovadia Yosef）在布道时这样讲述。约瑟夫拉比是以色列西班牙裔犹太人主要拉比，沙斯党的创建人和精神领袖，沙斯党当时是以色列政府三大党派之一。"为何需要异教徒，"他继续说道，"他们工作、耕地、收割。我们如同主人，坐下用膳。"他回应了场下的一些大笑。

太震撼了，是吧？但是对于自由而独立的美国主流媒体来说，这还不够震撼。没有任何一家日报报道此事。没有任何一家广播或电台。美国两家主要通讯社美联社和合众国际通讯社通常能够搜集到全部有新闻价值的消息，他们也没有。当然，这些话，没有任何一个美国政客或者国会官员会说出来。英文报道了约瑟夫拉比的话的媒体只有犹太通讯社，一家总部在美国的新闻机构（10 月 18 日），之后有几家默默无闻的新闻机构或者进步派的网站转载了信息。如果像伊朗总统内贾德这类人物说了类似"犹太人除了服务伊斯兰何得其所"的话，可以想象，美国媒体会如何

---

① *Washington Post*，October 26，2011.

报道。

2001 年 10 月 8 日，美国开始轰炸阿富汗的第二天，塔利班政府的莎利亚电台被炸，之后不久美国又炸掉了大约 20 个地区广播电台。美国国防部部长拉姆斯菲尔德这样辩护攻击这些目标："自然，他们不能被认为是自由媒体。他们是塔利班和包庇恐怖分子者的喉舌。"①

1999 年，美国/北约轰炸南斯拉夫时，塞尔维亚广播电视（RTS）被轰炸，因为它当时正在播放美国和北约不喜欢的报告（他们倒喜欢轰炸带来的恐怖）。这次轰炸夺去很多电台工作人员的生命，一名幸存者的双腿也失去了，当时为了从废墟中将他拉出来，不得不锯掉了他的双腿。②英国首相布莱尔告诉记者轰炸是"完全合理的"，因为电台是"独裁政府统治工具的一部分，是米洛舍维奇的爪牙"。③ 在轰炸数小时之后，国防部发言人肯尼斯·培根（Kenneth Bacon）在塞尔维亚媒体上威胁进行更多此类轰炸，宣布："请继续关注。追踪电视信号来源并不难。"④

相应地，如果有人觉得很自然，美国主流媒体——从《纽约时报》到 CNN，从全国广播电台到福克斯新闻——都不应认为是自由媒体，而是帝国主义的喉舌、美国的破坏力量，哪一天这些媒体成为轰炸的受害者，这将一点都不稀奇。

"遗漏是最强大的一类谎言"
——乔治·奥威尔

我偶尔会被问到这样一个问题：为什么我对主流媒体如此批评但在著作中却大量引用。答案很简单：美国媒体最大的缺陷不在于他们报道某事出现错误，而是他们的遗漏。正是他们省略的部分，或者严重轻视的部分歪曲了新闻，这更甚于事实错误或者完全编造的谎言。所以我可以很好地利用他们报道中的事实，相比于其他媒体，大型的、资金富足的、关系网发达的机构更容易提供这些材料。

---

① Index on Censorship online, the UK's leading organization promoting freedom of expression, October 18, 2001.

② Independent, April 24, 1999, p. 1.

③ Bristol Evening Post, April 24, 1999.

④ Guardian, April 24, 1999.

中情局的历史令《纽约时报》感到震惊
——蒂姆·韦纳《骨灰传奇》（Legacy of Ashes）

1971 年，基于丹尼尔·艾尔斯伯格（Daniel Ellsberg）借出有关越南政策的政府文件，《纽约时报》出版了国防部文件集。在书的前言里，《纽约时报》指出，文件反映出政府对于某些政治和历史事实存在遗漏和曲解：

> 比如，对越秘密战并不被认为……违反了 1954 年的日内瓦协议，该协议结束了法国—印度支那战争。秘密战也不被认为与各种国家部门外交政策声明或者宣告相矛盾。秘密战，因为其隐秘性，并不出现在相关条约和公众立场。此外，对其他国家的秘密承诺不被看做侵犯了参议院制定条约的权力，因为公众对此并不知晓。①

2007 年《纽约时报》记者蒂姆·韦纳（Tim Weiner）出版了《骨灰传奇：中情局历史》（又译《灰烬的遗产》，*Legacy of Ashes：The History of the CIA*）一书，作者也非常倚重政府文件，以决定哪些事件写进去，哪些不写，所以结果也同样值得怀疑。"这本书，"韦纳写道，"公开发行——没有匿名来源、没有无出处的引用，没有传闻谣言。这是第一本完全借助一手报告和原始文件著成的中情局历史。"

因此，对于蒂姆·韦纳来说，如果美国政府官员没有将相关事件记录下来，或者某件事没有人讲述自己的亲身经历，事件本身就不存在，或者最起码不值得叙述。英国记者斯图尔特·史蒂文（Stewart Steven）写道："如果我们认为现代史必须建立在书面证据之上才可信，那同时我们也必须接受这样的事实：所有事情要么被政府盖章批准而保存记录，要么没有任何记录。"

而至于第一手报道，对韦纳来说似乎必须来自受尊敬的人。1974 年前中情局官员飞利浦·阿吉（Philip Agee）写了一本书《公司内部：中情局日记》（*Inside the Company：CIA Diary*），提供了美国在拉丁美洲秘密行动的大量材料，比之前任何一本书都要详细。这肯定是第一手报道。但是

---

① The Pentagon Papers（New York Times edition），pp. xii—xiii.

韦纳书中根本没提到阿吉和他的披露信息。难道是因为阿吉成为中情局主要异见人士的过程中，也成了极端的支持古巴的社会主义者？

前中情局官员约翰·斯托克韦尔（John Stockwell）也写了一本回忆录——《追踪敌情（1978）》[*In Senarch of Enemies（1978）*]，揭露了中情局在非洲大量的龌龊行径。之后他也成了中情局的危险异见人士。韦纳的书同样把他也忽略了。

同样被忽略的还有约瑟夫·博克霍德·史密斯（Joseph Burkholder Smith）的书。他也是中情局前官员，但他不是阿吉和斯托克韦尔那样的左翼人士，不过仍然是一个重量级的批评者。他的回忆录，书名为《冷战勇士的肖像（1976）》[*Portrait of a Cold Warrior（1976）*]，披露了中情局在菲律宾、印尼和亚洲其他地方罄竹难书的违法、不道德行为。

还有柬埔寨国王西哈努克，他也提供了第一手资料，《我与中情局的战争（1974）》[*My War with the CIA（1974）*]。西哈努克也没有在《骨灰传奇》中出现。

更糟糕的是，韦纳还忽略了大量让人印象深刻、可证实的间接证据，证明中情局的不堪之举，这些证据达不到他的标准。然而任何一位严谨的中情局研究者或作家都会十分关注这些材料，至少会在记录中提到。《骨灰传奇》遗漏或者严重轻描淡写的中情局罪行包括：

• 1950 年中情局挑衅和破坏东柏林/东德活动，在促使东德共产党决定建造柏林墙中起到了重要作用；尽管书中讨论了柏林墙。

• 美国煽动、支持 1970 年推翻西哈努克的政变，此次政变直接导致红色高棉波尔布特上台，柬埔寨出现了臭名昭著的"杀人场"。韦纳没有提供任何来源，写道："这次政变使中情局和美国其他政府部门感到震惊。"（第 304 页）书中也未提及华盛顿在波尔布特与越南的战争中支持波尔布特这一深思熟虑的政策。波尔布特的名字在书中根本没出现。

• 格拉迪奥行动（Operation Gladio）犯下的罪行。1949 年中情局、北约还有其他几个欧洲情报部门联合组建了格拉迪奥行动小组。该组织在欧洲进行了大量恐怖行动，其中最骇人听闻的是 1980 年轰炸博洛尼亚火车站，造成 86 人死亡。制造这些恐怖的目的是把这些暴行转嫁给左派，由此增加人们对苏联侵略的担心，防止意大利、法国和其他地方的左翼成功赢得选举。韦纳书中将这一切都推到了奥威尔式政府身上。

• 针对 1993 年在科威特有人想暗杀老布什的讨论给出一些可笑的证

据，然而仍旧称："最终中情局得出结论，萨达姆想要刺杀布什总统。"（第 444 页）韦纳不断重复该论断，仅仅因为它出现在中情局的备忘录里。这符合"原始文件"的标准。但是这和实际情况有关系吗？

而且书中很少提及中情局多次干涉外国选举；大量行刺外国政治领袖，无论成功与否；在国际媒体大量安插假新闻，这些新闻不时被美国媒体转载；摆布和腐化国外的工人运动；拥有广泛的书籍、报刊出版前哨；参与贩毒勾当；到处推翻别国政府，至少尝试如此。

总的来说，《骨灰传奇》是一本很好的读物，即使对那些熟悉中情局的人来说。然而尽管它有 700 页，这本书还是相当肤浅。如此多重要和有趣的材料被遗漏，这本书的副标题为什么叫中情局历史，而不是中情局的某些历史？

虽然韦纳对中情局的看法不尽客观，他仍然含蓄地接受了两种冷战神话：（1）存在一个所谓的"国际共产主义阴谋"，苏联的扩张主义让这种说法甚嚣尘上；（2）美国对外政策意图很好。虽然它经常跌跌撞撞、效率低下，但是它的意图是神圣的，现在仍然是。

至少有一次国防部将全部的骇人真相诉诸媒体

国防部公共事务副部长阿瑟·西尔维斯特（Arthur Sylvester）是越南战争"提供、控制、操纵战地新闻"的主要负责人。1965 年 7 月的一天，西尔维斯特告诉美国记者他们有爱国责任只向记者散播有利于美国形象的新闻。当时一名记者大叫："请确定，阿瑟先生，你不期望美国媒体成为政府的女仆！"西尔维斯特回应道："我正是这样期望的。"接着补充说："你要是认为哪一个美国官员会告诉你真相，那就是你太蠢了。听到了吗？——蠢。"纽约一家报纸的记者开始提问，西尔维斯特打断了他，说："嘿，聪明点，纽约人会关心越战什么啊？"[1]

我如何花掉了本·拉登 15 分钟讲话赐予我的美名

2006 年 1 月 19 日，本·拉登的一段录音被披露出来，他宣称"如果

---

[1] House of Representatives, Congressional Record, May 12, 1966, pp. 9977 - 9978, reprint of an article by Morley Safer of CBS News.

你们（美国人）是真诚渴望和平与安全的话，我们已经告诉你们答案了。如果小布什决定继续撒谎、镇压，我建议你们读一下《流氓国家》，这很有用，书的开端就写道……"之后他引述了我书中的第一段。其实这段话只出现在出版社的前言中，之后被翻译成阿拉伯语，完整版本是：

> 如果我是总统，我能在数天之内结束对美国的恐怖袭击。而且是永久性地结束。我首先会道歉——非常公开，非常真诚，向所有美国帝国主义几百万受害者道歉——寡妇和孤儿，穷人和受虐囚犯。之后我会宣布美国的全球干涉已经结束了，包括那些恐怖的轰炸。我会通知以色列它不再是美国的第 51 个州——很奇怪吧——它是域外国家。之后我会削减至少 90% 的军队预算，用这些钱赔偿受害者。这些钱绰绰有余。军队一年的预算有 3300 亿美元，即使从耶稣出生那天算起，每小时也超过 18000 美元。入主白宫后，前三天完成这些事。第四天，我就被暗杀了。

录音披露的数小时之内我被媒体狂轰滥炸，出现在许多主流电台新闻画面上，几十个广播节目，《华盛顿邮报》和沙龙网（Salon. com）也对此长篇大论。10 年以来，《华盛顿邮报》拒绝刊登哪怕一封我的信件，大多数信件指出了他们国外新闻报道的错误。现在我的照片被置于头版头条。

很多媒体希望我言明我十分憎恶本·拉登"崇拜"。我没这样说，因为我没有。大约一天后，我总结性地回应，大致是这样的：

> 这里有两个因素。一方面，我鄙视任何宗教原教旨主义和原教旨主义所滋养的社会，比如阿富汗的塔利班。另一方面，我是一项运动的成员，这项运动目标宏大，想要减缓——如果不是阻止的话——美帝国继续在世界范围内轰炸、侵略、推翻政府、虐待等诸如此类的暴行。如果想获得任何成功，我们必须让民众知晓我们的信息；希望让民众知晓我们的信息，我们必须有途径接近大众媒体。刚刚发生的事情给予我千载难逢的机会，使我可以联系到几百万的民众。我为什么不开心呢？我怎么可能浪费这样的机会呢？

成名——现代文明最高的文化成就——是个特殊现象。它本身毫无价值，除非你利用它做点什么。

我做节目时，大量电话打进来，有时主持人也这样问，再加上无数封邮件，不断重复两点来反驳我：

（1）除了美国之外，哪个国家还允许我在官方媒体上发表如此言论？

世界上至少有几十个国家和美国拥有同等水平的舆论自由，尤其是"9·11"之后，他们对此严重无知。此外，他们想说的实际上是，我应该感激有这样的言论自由，我应该通过不行使这些自由来表达我的感激。如果他们说的不是这些，那等于他们什么都没说。

（2）美国为世界做出了很多非凡的贡献，从马歇尔计划到打败共产主义和塔利班，到重建这些被毁坏的国家和解放伊拉克。

在不同的著作中，我已经讨论过这些神话和错觉了；正如亚原子一样，被观察时它们的表现并不相同。比如，我已经很详细地指出"被摧毁国家"经常都是美国炸弹摧毁的；而且通常美国不会重建这些国家。至于塔利班，美国推翻了一个世俗的、支持妇女权益的政府，这才导致塔利班上台；所以十年后，美国把塔利班搞下来，换成美国的占领，换成美国扶持的傀儡总统，军阀混战，妇女被束缚，这很难说是美国的光荣。

在一两分钟之内我尽力解释清楚这些不错的观点，给广播或者电视上的询问一个答复。但是，我认为我还是成功塞给美国民众很多新的信息和想法。

听到我讲反美的恐怖分子是在报复美国对外政策给他们国家造成的灾难，而并不必然是从另外一个星球来的恶棍、傻子、疯子，有些主持和许多听众很明显感到痛苦。他们中很多人非常肯定但是根本没有缘由地认为，我是民主党的支持者，他们继而攻击克林顿。当我指出来我根本就不是民主党或者克林顿的粉丝时，他们顿时陷入困惑。沉默一段时间之后，又开始说其他废话。他们不知道除了共和党和民主党，还会有另外一番新天地。

这段时间，我们还看到或读到美国媒体有关在丹麦抗议漫画侮辱先知穆罕默德的穆斯林真是无可救药的报道……在美国的话，情况就没那么糟糕。但是我在广播节目做嘉宾，就有一名听众打来电话，要我"小心点"；我收到几百封令人讨厌的邮件，其中一封这样开头："你和你一家子去死吧！"

我个人最喜欢的时刻是在宾夕法尼亚的调频广播上，那次在讨论巴以冲突：

　　　　主持人（语气中有些苦恼）：以色列对巴勒斯坦到底做了什么啊？
　　　　我：过去 20 年你一直昏迷着啊？

　　这个问题，我同样想问前两个星期一直对我紧咬不放的人。如果是美国对外政策的话，说 60 年更妥当些。

第二十一章

贝拉克·奥巴马

奥巴马和美帝国——2008 年总统竞选：
警告信号已经发出

（2008 年 8 月 5 日）

2008 年 7 月 14 日《纽约客》杂志封面的漫画一夜成名。漫画上，办公室墙上贴着本·拉登的照片，奥巴马穿着穆斯林服装坐在总统办公室。奥巴马把拳头伸向妻子米歇尔，米歇尔则是非洲人发型，肩上挎着冲锋枪。壁炉里，美国的国旗正在燃烧。杂志称这全部都是讽刺，拙劣地模仿狂热右翼对奥巴马的过去和他的意识形态的担忧、谣言和恐吓战术。

漫画想取笑这一点，即奥巴马和米歇尔是黑豹党人、伊斯兰吉哈德主义和马克思革命者的混合体。能幽默一下奥巴马是一个不错的进步派人员，这对美国公众和整个世界就更有教育意义了。

在这里我更关心对外政策而非内政，因为通过对外政策，美国政府可以给世界带来巨大伤害，委婉地说，它也确实做到了。在这个领域，我们发现了什么？我们发现奥巴马好几次威胁攻打伊朗，如果伊朗不像美国希望的那样在核武器上聪明点的话；他也不止一次威胁巴基斯坦，如果巴基斯坦反恐政策不够强硬或者在这个有核国家出现他不喜欢的政权变更的话；呼吁美国在阿富汗增兵，采用更强硬的阿富汗政策；完全而明确地拥抱以色列，好像以色列是美国第 51 个州；完全忽略哈马斯，这个占领区民主选举产生的巴勒斯坦政权；在柏林时谴责柏林墙，这是政客最安全的做法，但是丝毫没有提及以色列墙，也没有提及美国在巴格达竖立起来的墙（意图防止人们进出）；称委内瑞拉的查韦斯政权是"独裁的"（他会用类似的字眼称呼布什政府吗，或许"警察国家"更合适）；以普遍的虚假信息和敌意谈论古巴，虽然也象征性地提到改革访问和汇款问题。（他经常谈论打击恐怖主义，这其中他敢提到被监禁的古巴五人①吗？）

2004 年 1 月，奥巴马当时是伊利诺斯州的参议员，他宣布是时候"停止对古巴的禁运了"，因为禁运"在推翻卡斯特罗的尝试中完全失败了"。但是 2007 年 8 月在迈阿密时，作为总统候选人，奥巴马却宣布如果成为总统，他将不会"取消禁运"，因为禁运是"诱导变革的重要措施"。② 由此他从一个错误的原因引导出的正确政策转向错误原因和错误政策。对于联合国大会连续 16 年几乎全体一致地反对禁运，奥巴马比布什先生更在乎吗？

很难找到奥巴马没有批评过的官方认定敌国，也很难找到他以某种方式表达过支持的敌国。这难道仅仅是巧合吗？

奥巴马说他比布什政府更愿意和一些"敌人"展开"对话"，听起来不错。但是，即使你不是个愤青，你也会相信这不过是公共关系上的把戏罢了。只有政策改变才算数。他为什么不简单而清晰地声明如果伊朗不攻击美国、以色列或其他国家，他就不会首先攻击伊朗？

至于伊拉克，美国政策给这不幸土地上那些人们带来无尽恐惧，如果你对此恶心得要吐，你肯定支持撤军——立即、全部、所有军队，不管是战斗军队还是非战斗军队，包括和黑水公司类似的杀人合同方。不是转移到科威特或者卡塔尔随时等待召唤。所有的军事基地都撤出去。不保留永久性地军事基地。没有永久性的战争。没有时间表。不必美国军队同意。不是减少武装力量。而是撤出来，全部撤出来。正如伊拉克人民期望的。最少要给他们机会结束美国侵略和占领带来的内战和暴乱，重建他们的失败国家。

奥巴马说过这场战争毫不合法、毫不道德吗？是战争犯罪？或者世界上反美恐怖主义是美国压迫政策的直接后果？相反，他告诉我们："为了保持国内的繁荣和世界的稳定，我们都有这样一个信念，即美国必须保持地球上最强大的军队。"③ 为什么是当然的！所有美国人都非常高兴拥有地球上最强大的军队，国内实实在在地一片繁荣，以及国外近乎天堂般的

① William Blum, "Cuban Political Prisoners… in the United States", http: //killinghope. org/bblum6/polpris. htm.

② *Washington Post*, February 25, 2008, p. A4.

③ Agence France Presse, December 1, 2008.

和平。这正是悲惨世界里美国、伊拉克和阿富汗人民乃至世界人民迫切渴望和需要的——更强大的美国杀人机器！国家艺术！

奥巴马敢提出这样一个浅显的问题吗：为什么伊朗，即便它有核武器，会是美国或者以色列的威胁？比伊拉克的威胁还要大。其实威胁是零。相反，他仍满口"伊朗仍然是主要的威胁"，然后重复已经让人疲倦了的谎言，即伊朗总统呼吁打垮以色列。①

一名观察者注意到，奥巴马"反对美国现在的伊拉克政策，不是基于任何原则性地反对新殖民主义或者侵略战争。而是基于伊拉克战争是对美国力量的错误配置，没有增加美国帝国主义的全球战略性利益"。②

奥巴马和他的支持者们大肆宣传2002年伊利诺斯州立法机构中奥巴马反对即将到来的伊拉克战争。但是两年之后，当他竞选美国参议员时，他宣布，"这个阶段，我和布什的立场并没有太大不同"。③ 自2005年1月奥巴马担任参议员后，几乎每次共和党提出的战争拨款奥巴马都投了赞成票。他投票赞成任命康多莉扎·赖斯为国务卿，尽管布什政府撒谎辩护，发动伊拉克战争中她是共谋。12名民主党参议员投了反对票，奥巴马没这样的勇气。

如果你是这类人中的一员，认为奥巴马想要当选总统，他必须提出适当的对外政策。一旦入主白宫，我们就可以忘掉他曾经多次向我们撒谎，一个真正维护和平与国际法、追求人权进步的总统就会出现。那你要记得，2004年他还是参议员候选人时，他威胁发起对伊朗的导弹袭击④，而竞选成功显然并未触动他内心的反战情结。

2005年，伊利诺斯州另外一位参议员迪克·德宾（Dick Durbin）冒死相争，将关塔那摩监狱实施酷刑的美国比作"纳粹，古拉格群岛上的苏联，或者是一些疯狂的丝毫没有人性关怀的政权——如波尔布特或其他"，之后被右翼愤怒谴责。奥巴马在参议院站了起来……为他辩护？非也。他加入了批评的队伍，说德宾的言论是个"错误"⑤，三次提及。

奥巴马对外政策的高级顾问之一是布热津斯基。挑衅苏联，使苏联

① Haaretz. com，May 16，2007.

② Bill Van Auken，Global Research，July 18，2008，www. globalresearch. ca.

③ *Chicago Tribune*，July 27，2004.

④ *Chicago Tribune*，September 25，2004.

⑤ House of Representatives，*Congressional Record*，June 21，2005，p. S6897.

1979 年卷入阿富汗，他发挥了重要作用。之后美国向反对派提供了大量军事物资并扩大了战争。过程中产生了大批伊斯兰吉哈德主义分子、塔利班、本·拉登、基地组织，还有超过 20 多年的反美恐怖主义。后来有人问布热津斯基他是否为该政策感到后悔，布热津斯基回答："后悔什么？秘密行动是非常棒的主意。它最终把俄罗斯人拉入了阿富汗陷阱，而你想让我后悔？苏联正式跨界那天，我给卡特总统写信：现在我们有机会给苏联一场'越战'了。"①

完全帝国范儿的名单上，另外一名奥巴马著名顾问是马德琳·奥尔布赖特，她在 90 年代轰炸伊拉克和南斯拉夫的过程中扮演了关键角色。

3 月份在一次初选辩论中，奥巴马说"他想让这个国家回归到前几届总统更传统的对外政策上，比如老布什、肯尼迪、里根"。② 确实"传统"，他们都是干涉主义者。

为什么有名的媒体保守派，比如乔治·威尔、大卫·布鲁克斯（David Brooks）、乔·斯卡伯勒（Joe Scarborough）等，对奥巴马如此捧场呢？③ 他们把自己的观点、价值观视若珍宝，对此奥巴马不构成任何威胁，除此之外，还会有其他原因吗？

鉴于此，我们能期望奥巴马施行更开明、不那么血腥、更进步更人性的对外政策吗？忘掉他的口才和魅力；忘掉那些让人感觉很温暖很舒服的东西；忘掉"希望"、"变革"、"团结"、"美国无可推卸的世界领导角色"等一大堆套话假话、陈词滥调；忘掉所有那些宗教的喋喋不休；忘掉麦凯恩和小布什……重要的是结束所有的恐惧——轰炸、侵略、杀戮、摧毁、推翻政府、酷刑、美帝国。

阿尔·戈尔和约翰·克里（John Kerry）都把赢得进步主义的选票当做理所当然，而他们本身从来都不是什么进步主义者。二人都对左派深深鄙夷。二人也都因为忽略左派而吃了大亏。跟我一样的几百万美国民众都把票投给了拉尔夫·纳德，或者其他党派的候选人，或者待在家里不去投票。奥巴马现在的所作所为和戈尔、克里一样。进步主义者应该让他知道他的立场是不可接受的，应该对他和民主党随时随刻施加反战压力。不管

---

① 关于布热津斯基的完整采访，参见 www. killinghope. org/bblum6/brz. htm。

② Associated Press, March 28, 2008.

③ 例如，Peter Wehner, "Why Republicans Like Obama", *Washington Post*, February 3, 2008, p. B7。

这样做能带来多大的益处。

我担心奥巴马当选美国总统之后，他会让很多年轻人心碎的。还有一些老人。

这个叫贝拉克·奥巴马的人到底信什么

（2010 年 10 月 1 日）

许多年来，我并未十分关注美国的政党政治。我通常只对谁的谁现在在国会有点认识。相比于政客，我对政策更感兴趣。但是在 2008 年总统竞选过程中，打开收音机时，不停地听到贝拉克·奥巴马；翻开各种各样的报纸，在大标题中看到他的名字。我仅仅知道他是伊利诺斯州的参议员……还有，他是黑人吧？

后来有一天，我打开厨房里的收音机，里边说奥巴马即将开始谈话。我决定听一下，洗盘子的时候这样听了大概 15—20 分钟。我听着，听着，之后恍悟……这家伙什么都没说啊！全部都是陈词滥调，在我看来几乎没有内容可言。他的讲话能用电脑机械地写出来，搜一下恰当的数据和谚语，只要能给悲观者以希望，巧妙地挑战愤青的怀疑；所有场合中让人舒服的话语；每个议题的常规智慧。我之后了解到，他的支持者坚持，为了选举他必须这样讲话，但是一旦选上——啊哈！真正的进步派，反战的贝拉克·奥巴马就会出现。"变革，你可以相信"哈利路亚！……他们仍旧说着类似的话。

作为传统，上周奥巴马在联合国大会上发表了年度演讲。① 看看这个人此时是否"跳出框框"真诚表达自己了。关于巴基斯坦，他讲道："自从暴雨袭来，巴基斯坦洪水水位不断上升，我们已经作出承诺提供帮助，我们都应支持巴基斯坦人民的恢复和重建。"最近美国战机多次飞越巴基斯坦领空并扔下几十颗炸弹，世界无人知晓，他是这样认为的吗？台下是久经世故的国际外交官，还是爱荷华州的农民，他在联合国演讲，还是在爱荷华竞选总统？

不停地絮叨无止无休的以色列—巴勒斯坦议题，这是过去 30 年历任

---

① www. whitehouse. gov/the_ press_ office/2010/09/23/remarks_ president_ united_ nations_ general_ assembly.

美国总统的任何一次演讲都会拎出来说道的话题。但是根本没有提到加沙。哦，对不起，有一句："加沙的女孩子们，她们不想为梦想带上枷锁。"呵呵，呛到了。没有人知道美国对以色列到底有多大的筹码——几十亿/几万亿美元的军事和经济援助和无偿赠予。但凡有一点勇气，美国总统就能逼迫以色列做出一些让步，重量1000磅的大猩猩（以色列）和一个婴儿（哈马斯）争斗，大猩猩应该做出一些退让。

还有这段话："经验告诉我们，为其人民守卫这些（普世）价值者，是我们最紧密的盟友和朋友；而那些否认这些权利的——不管是恐怖组织还是独裁政府——已经选择成为我们的对手。"但是，实际上很难讲20世纪后半叶哪个残暴的独裁者没有得到美国的支持；不仅仅是支持，而且经常是违背人民意愿扶植其上位或者延续其统治。而近些年，华盛顿照样在支持某些压迫政府，比如沙特、洪都拉斯、印尼、印度、科索沃、哥伦比亚和以色列。至于对手恐怖组织——奥巴马词典中的另外一个条目，美国支持恐怖组织已经几十年了。这些恐怖组织和美国在阿富汗、波斯尼亚、科索沃并肩战斗。2012年又加上了利比亚和叙利亚。

是的，有一个会说完整句子的总统当然不错。但是说话联贯并不代表他们诚实。①

——《哈珀》杂志出版商约翰·麦克阿瑟（John MacArthur）

在世界范围内奥巴马的受欢迎度如此之高，实际上他已经成功地将自己真实的意识形态隐藏或者模糊化了（假设他有意识形态，对此我们存疑）。比如，2009年3月7日在《纽约时报》的一次采访中，记者问他："能用一个词概括你的理念吗？如果你不是社会主义者，那你是自由主义者？是进步主义者？就一个词？"

"不，我不想回答这个问题。"总统如此回应。

奥巴马、奥巴马母亲和中情局

奥巴马在自传《来自父亲的梦想》中写道，他1983年从哥伦比亚大

---

① http：//harpers.org/subjects/JRMPublishersNote（June 17，2009）.

学毕业之后有段时间做了一份工作。他描述雇佣方为纽约市"为跨国大公司提供咨询的公司"，而他的职责是"科研助理"和"金融作家"。

很奇怪，奥巴马没有道出雇佣方的名称。但是，2007年《纽约时报》一则新闻指出这家公司是国际商业公司。① 同样奇怪的是，《纽约时报》并未提醒它的读者，1977年这家报纸就揭露了国际商业公司在1955—1960年为中情局工作人员提供不同的掩护。②

英国杂志《龙虾》，虽然名字很不和谐，在情报信息方面却是国际上颇受敬重的杂志。《龙虾》报道，20世纪80年代在澳大利亚和斐济，国际商业公司非常积极地推销华盛顿看上的竞选候选人。③ 1987年，中情局推翻了刚上任一个月的斐济政府，因为该政府坚持无核区政策，这意味着美国核动力舰艇或者运载核武器的船舶不能在斐济岛停泊。④ 斐济政变之后，受国际商业公司支持的竞选人当选上台，卡米塞塞·马拉（R. S. K. Mara）担任总统，任期从1970年一直持续到2000年，仅1987年有一个月的中断。他对美国的核政策非常言听计从。

在书中，奥巴马不仅没有提及雇佣公司的名字，也未说明他具体什么时候在那儿工作，为什么离开那份工作。这些信息的省略或许无关紧要，但是因为国际商业公司和情报界长期联系、参与秘密行动、积极向极左力量渗透——包括学生争取民主社会运动（SDS）⑤，有理由怀疑高深莫测的奥巴马是否在掩饰他与那些部门的联系。

奥巴马的母亲安·邓纳姆（Ann Dunham）70年代和80年代的工作让人更生疑窦。这20年正处于冷战时期，作为工作人员、咨询师、受让人、学生等，奥巴马母亲至少涉入了五家与中情局有密切联系的组织：福特基金会、国际开发署、亚洲基金、发展选择公司和夏威夷的东西方中心。⑥ 其间大多数时间她以人类学家身份在印尼和夏威夷工作，这职位非

① *New York Times*, October 30, 2007.

② *New York Times*, December 27, 1977, p. 40.

③ *Lobster* magazine (Hull), no. 14, November 1987.

④ William Blum, *Rogue State: A Guide to the World's Only Superpower* (Common Courage Press, Monroe ME, 2005), pp. 199 – 200.

⑤ Carl Oglesby, *Ravens in the Storm: A Personal History of the 1960s Antiwar Movement* (Scribner, New York, 2008), *passim*.

⑥ Wikipedia entry for Anne Dunham.

常有利于收集当地情报。

作为中情局和这些组织关系密切的例证，不妨考虑一下卡特时期 (1977—1981) 国家开发署署长约翰·吉利根（John Gilligan）的披露："有段时间，国家开发署外国办事处从上到下全部安插中情局人员。""想法是把侦探安插在我们在国外的各种活动中，官方的、志愿者的、宗教的，等等，所有活动。"① 阿兰·格罗斯（Alan Gross）在古巴被捕，被控告参与美国正在进行的扰乱古巴政府的行动，阿兰·格罗斯当时就是在发展选择公司工作。

爱我，爱我，爱我，我是自由主义者
（谢谢你，菲尔·奥克斯，我们想念你）

安吉拉·戴维斯（Angela Davis），60 年代的政治明星，和大多数共产党员一样，根本不比美国自由主义者更激进。2012 年 1 月她对占领华尔街运动发表演讲："我说过我们需要第三个党派，一个激进党派，我正在为这样的未来而努力。我们不能让共和党上台……难道我们忘了布什当总统时情况如何了吗？"②

安吉拉，是的，我们记得很清楚。不管怎么衡量，"布什"仍然在白宫，我们怎会忘记呢？我们怎么会忘记，他不断发动战争，无情地对公民监控，对公司谄媚示好，警察的残暴？……有什么改变呢？只不过更糟糕了。我们单一国家健康保险体系在哪儿？远着呢。可负担得起的大学教育呢？仍然是发达国家中最落后的。大麻使用合法了——我意思是真的合法？如果你认为情况已经改变，你肯定喝醉了。我们申请可堕胎呢？奥巴马这个家伙到底什么意见？不可或缺的工会呢，它已经被重新认识？哈！超级重要的最低工资呢？通货膨胀调整了，和 50 年代中期水平相当。

美国对环境和世界环境运动的威胁解除了吗？问一下热心的国际主义活动家。对古巴的 50 年禁运最终结束了吗？答案是没有，我仍然不能合法地访问那里。警察国家对国内的反恐战呢？基本上每月联邦调查局都能

① George Cotter, "Spies, Strings and Missionaries", *The Christian Century* (Chicago), 25 March 1981, p. 321.

② *Washington Post*, January 15, 2012.

抓到一些年轻的"恐怖主义分子"。银行家和华尔街的守财奴（除了那些无害的内部交易）被投到监狱了吗？说上一个。金融领域我们迫切需要的严格监管呢？等着吧。英国石油泄漏公司高管被抓了吗？或者战争犯、谋杀狂、施虐者，名字如……哦，我不知道，咱们想想……或许是切尼、布什、拉姆斯菲尔德、沃尔福威兹、赖斯？这些人完全自由自在，享有名望。

"美国的进步主义在克林顿时期严重倒退，很多自由主义者和他们的组织接受了这样的观点——民主党总统是自由主义者过去信仰的合理替代。60 年艰难成长的自由主义和社会民主精神在克林顿时期凋谢了。"——萨姆·史密斯（Sam Smith）①

"换掉一任总统，就像软饮换了广告；产品本身仍然是那个味道，但是现在有了新的'形象'。"——理查德·摩尔（Richard K. Moore）

贝拉克·爱死和平奖·奥巴马
（2011 年 3 月 28 日）

有人在数吗？反正我在数，利比亚是第六个。奥巴马上任 26 个月内和六个国家开战。如果有人认为在别国投掷炸弹不是战争行为，那我会反问日本偷袭珍珠港算什么。

美国第一任黑人总统已经在非洲发动战争了。左派仍然有人认为贝拉克·奥巴马比小布什进步一些吗？

或许会有两类人仍这样认为：（1）认为肤色非常重要的人；（2）对语言能力印象深刻的人，即把语法正确的句子连起来的能力。

这与智力或者理解力不可能有什么关系。奥巴马说了很多话，这些话要是从小布什嘴里说出来的，很多人都要瞪眼、偷笑了，主流媒体的专栏也会有讥讽的报道或广播。比如总统多个场合被追问什么时候调查小布什和切尼的战争罪，他多次重复"我更愿意向前看，而不是向后看"。想象一下这样的场景，被告人在法官面前这样为自己辩护。这让法律、法律执行、犯罪、公正、事实都毫无关系了。按照奥巴马声明的标准，没有人会

---

① 萨姆·史密斯（Sam Smith）曾是华盛顿特区有着长期工作经历的出版商和新闻工作者，现住缅因州。史密斯精彩的《时事通讯》（*Progressive Review*）可浏览 www.prorev.com 订阅。

犯罪，因为所有罪行都发生在过去。

还有奥巴马决定不起诉施虐者时给出的借口：因为他们只是在服从命令。这个受过教育的人没听说过纽伦堡审判吗，这样的辩护全部被拒绝？而且是永远，法庭这样认定。

墨西哥湾石油泄漏 18 天前，奥巴马说："结果是，顺便说一下，今天的石油钻井通常来说不会发生泄漏。现在的技术非常先进。"① 如果小布什如此说过，想象一下会有什么反应。

"所有我们看到的正在活动的埃及力量应该自然地和我们结盟，和以色列结盟。"3 月初奥巴马这样说。② 想象一下如果小布什有这样的暗示——埃及统治者接受了美国几十亿援助，压迫人民、折磨人民，而埃及示威者"自然"应该和美国结盟，（上帝保佑）和以色列结盟。

一周之后，3 月 10 日这天，在曼彻斯特剑桥大学的一个论坛上，美国国会发言人克劳利（P. J. Crowley）说，国防部对关押在一所海洋监狱里的维基解密英雄曼宁的处理是"荒唐的、愚蠢的、适得其反的"。第二天奥巴马被问到他如何评价克劳利的言论，这位伟大的黑人总统回应道："我询问过国防部监禁曼宁的过程是否合适，是否满足了我们的基本条件。他们向我担保答案是肯定的。"

是的，乔治·贝拉克·布什（已经分不清楚）如果询问拉姆斯菲尔德美国监禁之人是否在世界某处受到虐待。问完后他可以像奥巴马一些样召开新闻发布会，宣布这条可喜的新闻——"美国没有实行虐待。"对此，我们也会得意大笑。

奥巴马这样结尾："我不能详细阐释他们的一些担忧，但是有些和曼宁的安全有关系。"③ 啊，是的，当然。曼宁被虐待，是罪有应得。请提醒我，小布什曾经落魄到用那样荒谬的言论为关塔那摩的犯人地狱辩护了吗？

还是奥巴马根本就不在意曼宁所遭受的人身侮辱和这个勇敢的年轻人日益不稳定的精神状态？答案是肯定的。总统不在意这些事情。我怎么知道呢？因为只要他能继续当他的美国总统，吃他的汉堡包，玩他的篮球，

---

① *Washington Post*，May 27，2010.

② Democratic Party function，Miami，FL，March 4，2011，*Congressional Quarterly*，transcriptions.

③ *Los Angeles Times*，March 11，2011.

他不为任何事心烦。问题在于，这个人对任何事情都没有强烈的信仰，尤其是争议很大的问题。很久之前他就学会如何选择立场避开争议，如何表达观点但却不明显站队，如何有文采地讲话而毫无实质内容，如何演讲让他的听众满脑子都是陈词滥调和口号。而且很有效。真是太有效了！已经做了美国的总统了，现在发生什么事情才能诱使他改变这种风格呢？

记得奥巴马在他的书《无畏的希望》中写道："我是一块空白屏幕，不同政治派别的人都可以在上边表达他们的观点。"奥巴马是营销的产物。他是"电视热播"产品的最好例子。

萨姆·史密斯写道，到现在为止奥巴马是最保守的民主党总统。"在早些时候，他可能会被叫做共和党。"确实，如果麦凯恩赢了2008年的选举，用同样方式做了所有奥巴马做过的事情，自由主义肯定对如此糟糕的政策叫苦不迭。

我相信奥巴马将是美国左派遭遇的最坏事情。2008年积极支持奥巴马的几百万年轻人和数不清的老年支持者，将需要很长的恢复期才可能再次奉献他们的理想主义和激情于政治圣坛。

如果你不喜欢事情最终这样，下次你的候选人谈论"变革"时，记得探究他到底什么意思。

奥巴马团队/奥巴马狂热：2009 年开罗演讲

无论国内外，左派作者都高度评价奥巴马总统对穆斯林世界的演讲，这种情况令人不安。这些人应该更明白，他们已经是政治分析老手了，应该很容易看穿奥巴马讲话中的虚伪，还有曲解、隐瞒、矛盾、错误，真实而不相干的事实，乐观但没有相关行动的话，对受害者的麻木无情。但这些评论家被感动到了，很多是深受感动。放眼世界，这种思维模式与邪教无异。

在这样的情况下，人们必须超越理性，考察内心的呼唤。我们都知道世界现在非常糟糕，存在三大问题：（1）不停的暴力与战争；（2）致使经济严重受损的金融危机；（3）与灾难一线之隔的环境恶化。在此三领域，美国比其他任何一个国家的罪过都重大。如果美国新总统告诉你他理解这些难题，在某种程度上承认他的国家对此负有责任；口才斐然地表达出他要改变美国政策以激励其他国家效仿、跟进，安抚世人的焦虑不安，拥有如此的热忱和决心，此乃世界之大幸，无人能出其右。1964 年甲壳虫乐队抵达纽约，每个人都变成了追星小女孩，这有什么稀奇吗？

我可以仔细考究他的开罗演讲，一行一行地指出所有政治和道德缺陷、废话以及其他不足。"我已经明确禁止美国使用酷刑"，而没有提到这项工程已经外包给其他国家，而且很可能包括他演讲的对象埃及。"任何一个国家都不应该挑选抉择哪个国家拥有核武器"。但这正是美国在伊朗和朝鲜干的事儿。

问题在于，那些受过良好教育和受教育一般的人一样，被一个职业政客深深打动，他满嘴"正确的事情"，赐予几十亿人万分渴求的希望，人们囫囵吞下这"希望之果"，如同昨日新生的婴儿。我倒想让他们回望下另外一位魅力型人物，阿道夫·希特勒。希特勒当选德国总理两年四个月后，也向德国民众发表演讲。此时，德国战败受辱，年轻人死伤者众；同盟国严惩德国军国主义，大萧条使失业率居高不下，经济满目疮痍。下面是希特勒 1935 年 5 月 21 日演讲的节选。想象一下它如何满足了饥饿民众的胃口……

　　　　向全国人民发表讲话时，我认为有责任完全开诚布公。我常听盎格鲁—撒克逊人认为德国已经驶离民主的航道，他们表示遗憾。在那些国家，民主尤为神圣。这种观点完全错误。德国同样拥有民主宪法。

　　　　比之于其他国家，很可能我们是最热爱和平的，因为我们的战争创伤最为深刻。我们无意威胁任何人。但与此同时，我们坚决维护德国人民的安全和平等。

　　　　我国郑重向法国保证现有国界，永远地放弃了阿尔萨斯—洛林；与波兰签订了条约，我们希望该条约能在每次有效期限中止时，不断得到续签。

　　　　德意志帝国，尤其是现在的德国政府，除了与周边国家和平友好相处，别无他求。

　　　　德国不会从欧洲战争中得到任何好处。我们追求自由和独立。怀着此种目的，我们已经准备好和周边国家签订互不侵犯条约。

　　　　德国无意卷入澳大利亚内部事务，吞并澳大利亚或者与之结盟。

　　　　德国政府大体上已经结束了和周边国家互不侵犯条约的谈判，正补充有关孤立交战国和不扩大战争范围的条款。

限制德国空中军事力量，和其他西方大国的空中力量保持平等，使得任何时候都没有国家占据上风，德国将承担责任，自觉限制武力装备。

德国已经做好准备积极参与任何严格限制军备竞赛的努力。德国认为这是回归旧日内瓦红十字公约原则的唯一可能途径。首先，德国相信，只能逐渐废除和该公约相矛盾的战争手段，宣布其违法，比如达姆弹和其他对平民有致命伤害的导弹。

废除战斗地点，而不去涉及轰炸问题，我们认为这似乎是错误而没有效率的。但是我们相信禁止某些与国际法不符的武器，宣布使用该武器违法这是可能的。但是这同样需要逐渐成为现实。因此，可以禁止战区外汽油、燃烧弹及其他炸弹，之后再将禁令进一步延伸至所有爆炸物。只要可以免于轰炸，限制轰炸机的提议就很值得怀疑了。但只要轰炸被认为是野蛮的，轰炸机的建造会自动停止。

正如红十字协会阻止了杀戮伤员和囚犯，同样也有可能停止轰炸平民。在采用相关原则时，德国认为和解与民族安全比辅助性的条约和军事条约更有用。

德国已做好准备同意放弃任何适宜发动侵略的重型武器。这首先包括重型大炮和坦克。

德国宣布已经做好准备同意限制无畏舰、巡洋舰和鱼雷艇上大炮机枪的口径。同样，德国准备采用标准，限制海洋军舰吨位，以最终同意对潜艇加以限定甚至废除使用潜艇，如果其他国家采取同样措施的话。

德国政府认为，除非采取措施阻止不负责任的个人以演讲、著作、电影和剧场等对大众舆论的毒害，所有希望通过国际公约或国家间条约有效缓解国家间紧张的努力都注定失败。

德国政府已经做好准备随时同意一项国际条约以有效阻止国外对一国内政的干涉。国际社会应为"干涉"一词进行定义。

只要人民希望和平，政府就有可能维护和平。我们相信恢复德国的国防力量可以为和平作出贡献，因为德国国防的存在可以消除欧洲危险的权力真空。我们相信如果世界人民都能够同意摧毁他们的汽油弹、无烟弹和炸弹，这比相互摧毁损失更小。这样表述，作为毫无防御国家，德国从中只会收获益处而不会受到相关行动的束缚。作为代表，我将不再赘述。

　　我的朋友们，国家的委托者，我演讲最好的结尾莫过于重复我们和平的信念：任何人挑起欧洲战争，它制造的仅仅是混乱而别无其他。然而我们深信这个时代，并非西方没落的时代，而是西方复兴的时代。为这项伟大事业做出辉煌贡献，这是我们的希望，也是我们坚定不移的信念。①

　　世人听到或者读到希特勒 1935 年这次演讲，包括那些受过高等教育的德国人，有多少人会怀疑希特勒是一个真诚的和平爱好者，乱世中鼓舞人心的、富有远见的领袖？

　　6 月 4 日开罗演讲之后，奥巴马因为提到 1953 年中情局推翻伊朗首相穆罕默德·摩萨德（Mohammad Mossadegh）而备受褒奖。但是 7 月 11 日在加纳，他却没有提到中情局 1966 年推翻加纳总统克瓦米·恩克鲁玛（Kwame Nkrumah）的政变，只是赞扬他是非洲领导人中的"巨人"。摩萨德政变无疑是中情局秘密行动中最出名的。想要与中东改善关系，奥巴马很难回避讨论此事。但是恩克鲁玛被驱逐，却少有人知晓；实际上，没有任何一家报纸或广播认为在总统访问时提出此事是恰当合适的。就好像它从来没有发生过一样。②

　　如果下次你听说非洲无法产生好的领导，无法产生心系百姓福祉的领导，想想恩克鲁玛和他的遭遇吧。想想刚果总统帕特里斯·卢蒙巴（Patrice Lumumba）1960—1961 年在美国的帮助下被推翻；安哥拉的阿戈什蒂纽·内图（Agostinho Neto），70 年代美国发动战争，使他无法开展自己的进步改革；莫桑比克的萨莫拉·马谢尔（Samora Machel），中情局支持反革命武装，暗中作乱；南非的曼德拉（现在他和马谢尔的遗孀结了婚），多亏了中情局，他才能在监狱里待 28 年。③

---

　　①　阅读演讲全文可浏览 www. comicism. tripod. com/350521. html。

　　②　*Killing Hope*：*US Military and CIA Interventions since World War II*（Zed Books，London，2003），ch. 32.

　　③　Blum，*Rogue State*，ch. 23.

第二十二章

爱 国 主 义

关于爱国主义的思考

（2010 年 7 月 4 日）

最重要的想法：所谓的"爱国主义"让我恶心、厌倦。

轰炸珍珠港的日本飞行员是爱国的。为祖国而战，支持希特勒和战争的德国民众是爱国的。拉丁美洲推翻民主选举的政府、经常残害人民的军事独裁者是爱国的——拯救他们挚爱的祖国于"共产主义"。

智利将军皮诺切特，这个杀人魔和虐待狂曾言："我愿因报效国家而被为人民纪念"。①

种族隔离的南非前总统彼得·威廉·波塔（P. W. Botha）说："我无意重复，也无意乞求同情。我所作所为，都是为了我的国家。"②

1997 年柬埔寨的杀人狂波尔布特卧床不起、行将就木，接受了一名记者的采访。记者后来写道："我问他是否会因自己的行为给人们带来磨难而道歉，他一脸茫然，让翻译重复了一遍问题，然后回答，不……我想让你知道，我所有作为，都是为了我的国家。"③

英国前首相托尼·布莱尔，致使数以万计的伊拉克民众失去生命，为此他辩护道："我相信我之所为于国家来讲是正确的。"④

1945 年 4 月 29 日，在生命的最后几个小时里，希特勒在"最后的遗愿和遗嘱"中写道："30 年来，对人民的爱和忠诚贯彻了我所有的思想、

① *Sunday Telegraph*，July 18，1999.

② *Independent*，November 22，1995.

③ *Far Eastern Economic Review*（Hong Kong），October 30，1997，article by Nate Thayer，pp. 15 and 20.

④ *Washington Post*，May 11，2007.

我所有的行动、我全部的人生。"

时光迅速向前推到 2036 年……小布什奄奄一息，福克斯新闻频道在病房中为其记录遗言：

> 我知道人民会认为所有那些事情……在伊拉克发生的……很糟糕，他们以此反对我……我很欣赏他们的观点……我能理解他们的感受……但是你知道吗，我如此做，是为了美国，为了美国人民，还有他们的自由……你越热爱自由，你越容易被攻击……萨达姆是实实在在的威胁……我仍然认为他拥有大规模杀伤性武器……总有一天我们会找到……总有一天我们会说"完成使命"……那将是一个转折点！……如此，我已做好准备面见造物主，不管他如何评判，我会说，来吧！

二战后期，美国给德国俘虏和德国民众上道德课，称遵从合法政府命令而参战和进行大屠杀，这样的理由是不可接受的。为了证明这些辩护如何不合法、没有道德，二战盟国对几个这样的主要爱国分子处以绞刑。

在一期谈话节目中，有人问我："你爱美国吗？"我回答："不爱。"我停顿了几秒，等台下观众不安的笑声褪去，继续道："我不爱任何国家。我是世界的公民。我爱特定的原则，比如人权、公民自由、有意义的民主、比之利润更追求人本的经济。"

我不大区分爱国主义和民族主义。有人认为爱国主义是效忠自己的国家和政府或者某些他们代表的高尚原则，而民族主义是民族优越感。不管怎么定义，现实中，爱国主义和民族主义的心理和行为表现并不容易区分开来；实际上它们相互促进。

霍华德·津恩称民族主义：

> 是一套信仰体系，每代人都会被教育对祖国保持敬畏之心，这种敬畏令人热血沸腾，人们愿意为国捐躯，杀害其他国家的民众……爱国主义被用来制造这样一种幻象：国内所有人拥有共同利益。①

---

① *Passionate Declarations* (HarperCollins, New York, 2003), p. 40; *Z Magazine*, May 2006, interview by David Barsamian.

大多数美国人强烈的爱国主义情感都摆在明面。自由主义者、世故圆滑者的爱国情感则埋藏得深些，但却总是一触就到、一点就着。

托克维尔（Alexis de Tocqueville），19 世纪中叶的法国历史学家，在美国待了很长时间，评价："根本不可能设想一个更麻烦或者更婆婆妈妈的爱国主义了；本来倾向于尊重它的人也感到厌倦。"①

老布什赦免了前国防部长温伯格（Caspar Weinberger）和卷入武器换人质的伊朗门丑闻中的其他五人，言明："首先，他们动机一致——不管他们行动是对还是错，都是出于爱国主义。"②

对这样一个理性社会，这是多么原始低端啊。美国是发达国家中最爱国的、最宗教的国家。美国爱国主义可能是世界上集体歇斯底里症最大的病例，这群人还为美国是世界唯一超级大国而沾沾自喜，以此作为他们生活中缺乏权力的替代品。爱国主义和宗教一样，满足了人们自身无法得到的一些需求。

所以 7 月 4 日，这个国庆节，我亲爱的美国同胞们，你们中一些人可能会举起拳头、振臂高呼："美国！……美国！"你们挥舞国旗、高举自由女神像参加国庆游行。但是你知道吗？自由女神像是以雕刻家老妈的脸为模板的，而他老妈是一个专横、褊狭的女人，曾经禁止自己另外一个儿子和犹太人结婚。

塞缪尔·约翰逊博士（Dr Samuel Johnson）有句名言："爱国主义是恶棍最后的难民营。"美国作家安布罗斯·比尔斯（Ambrose Bierce）不能苟同：爱国主义是恶棍第一个难民营。对萧伯纳来说，"爱国主义是这样一种信念，因为你出生在这个国家，所以这个国家比其他所有国家都优越"。

乔治·奥威尔说：

> 行为被分为好坏，但并非基于行为本身的是非曲直，而是根据做出这些行为的人。如果是"我们"这边人干的，虐待、扣押人质、强制劳工，大规模迁移，不经审判即监禁，伪造，行刺，轰炸平民……基本不会引起任何愤慨，也不会改变其道德色彩……民族主义者不仅仅不反对"自己人"的暴行，他甚至有强大的能力使自己甚

---

① *Democracy in America*（1840），ch. 16.

② *New York Times*，December 25, 1992.

至听不到相关信息。①

"发誓效忠是专制国家的标志，而不是民主国家的标志，"布朗大学专门研究政治仪式的人类学家戴维·科泽（David Kertzer）说，"除了美国，我再也想不出哪个民主国家要发誓效忠。"② 或许，他可以再加一句："……再也想不出哪个民主国家坚持认为政客必须通过佩戴国旗胸针展示爱国主义。"希特勒批判共产党和德国的犹太人，因为他们具有国际主义精神而缺乏爱国主义，要求"真正的爱国者"公开发誓、效忠祖国。为此，二战之后德国有意识地努力减少公众表达爱国主义的做法。

奇怪的是，美国效忠誓言由 1889 年基督教社会主义创始成员之一弗朗西丝·贝拉米（Francis Bellamy）创作而成。该组织由一群清教牧师组成，他们认为"基督耶稣教义直接促使产生某种形式的社会主义"。下次再遇见"茶党"的无知者愤而控告奥巴马总统是"社会主义者"，要跟他好好说道说道这件事。

英国作家赫伯特·乔治·威尔斯（H. G. Wells）这样描写民族主义的破坏性影响：

> 在整个 19 世纪，尤其是后半叶，世界各地民族主义大量涌现……民族主义被学校教导，被媒体强调，被人们吟诵、调侃、写入歌曲。民族主义成了最有力的说教，其他所有人类活动都相形见绌。从小接受这样的教育，人们感到，没有民族身份就像光着屁股参加热闹的集会一样，忒不合适。东方民族，从未听说过所谓"民族性"，看待民族性如同看到雪茄和礼帽。③

俄罗斯无政府主义者米哈伊尔·巴枯宁（Mikhail Bakunin）非常清楚民族主义的意识形态功能：

> 国家要想生存，必然要求某些特权阶层对维持国家有深厚兴趣。

① George Orwell, "Notes on Nationalism", p. 83, 84, in *Such, Such Were the Joys* (Harcourt Brace, New York, 1945).

② Alan Colmes, *Red, White and Liberal* (Regan, New York, 2003), p. 30.

③ *The Outline of History* (London, 1920), Vol. II, chapter 37, p. 782.

而正是这个阶层的集体利益被称为爱国主义。①

美国例外论

帝国的领导人非常传统地告诉他们自己和他们的公民：他们的国家是独特的，而他们对外国的欺凌是"文明使命"，是"解放"，出自"上帝的旨意"，当然是给那些愚昧的受压迫的民族送"自由和民主"去了。

不拿"美德"做幌子，很难进行大规模屠杀。从幼儿园开始，美国人每个细胞和每条神经里都已注满"例外"因子，不知哪里还有比美国更深厚的"例外"情结。

如果我们以国际上政府实际所为与民众相信政府所为之间的差距作为衡量教化（我抵抗住了使用"洗脑"这样字眼的诱惑）程度的标准，美国民族很明显是这个星球上受教化最多的人群。美国媒体在其中的作用当然不可或缺——你可以尝试找出一份美国日报或者电视网络明确反对美国攻打利比亚、伊拉克、阿富汗、南斯拉夫、巴拿马、格林纳达、越南。甚至仅仅找出反对其中两场战争的媒体。反对其中一场的？

道德优越感爆棚，美国国会每年都要过把"法官"瘾，评估其他所有国家的行为，发布相关报告，时常还伴随这样、那样的制裁。报告分门别类，评定上一年那些次等的各个国家在宗教自由、人权、打击毒品、遏制贩卖人口、反对恐怖主义等领域的表现。国会还出具国际"恐怖组织"名单。这些报告采用的标准主要是政治标准，能用上政治的地方尽管用；比如，古巴总是被列为恐怖主义的支持者，而在美国的反卡斯特罗的流亡组织策划实施了几百次恐怖袭击，却仍然榜上无名。

> 产生弊病的原因并非完全清楚，这些弊病的历史却惊人地相似：权力倾向于混淆自身和美德，大国尤其容易产生这样的想法：上帝赐予其权力，赋予它特殊的责任——以自己的光辉形象重新塑造其他国家，使其他民族更加富裕、幸福、睿智。
> ——美国前参议员威廉·富布赖特（William Fulbright）：
> 《权力的傲慢》，1966 年

---

① "Letters on Patriotism", 1869.

我们美国是独特的民族，是上帝的选民，是这个时代的以色列；我们是解放世界的诺亚方舟……上天已经注定我们民族的光辉伟大，人类也翘首以盼我们灵魂深处的伟大。

——赫尔曼·梅尔维尔（Herman Melville）：《白外衣》，1850 年

上帝任命美国以任何适宜方式拯救世界。上帝任命以色列作为美国中东政策的连接。谁想搞乱这个观念，谁就是：（1）反犹主义，（2）反美主义，（3）美国的敌人，（4）恐怖主义分子。

——约翰·勒卡雷（John le Carré）：《时代周刊》，2003 年 1 月 15 日

新保守主义……利用历史上美国的纯洁童话、例外主义、必胜心态和天命说。新保守主义提出一套主张，告诉美国如何运用自己的全球霸权。最美丽动人的救世主版本将美国权力的全球扩张与追求全球民主的梦想挂钩。在此基础上，声称最大限度地利用权力对美国和世界都有好处。

——哥伦比亚大学教授盖里·多伦（Gary Dorrien）：
《基督教世纪》杂志，2007 年 1 月 22 日

对美国大多数民众来讲，美国是独特的，所以在某些国际标准中采取例外是很自然的。

——迈克尔·伊格纳季耶夫（Michael Ignatieff）：
《法律事务》，2002 年 5/6 月

我们国家是一支前无古人的正义力量。

——美国陆军战争学院拉尔夫·彼得斯
（Ralph Peters）上校，1997 年

美国军队为全球正义……这无人能比。

——美国海军战争学院托马斯·巴内特（Thomas Barnett）：
《卫报》，2005 年 12 月 27 日

约翰·博尔顿（John Bolton），未来的美国驻联合国大使，2000 年时

写道，因为其独特的地位，美国不能被国际条约以任何方式"合法束缚"或约束。美利坚本质上必须是"不羞耻、不道歉、不退让的美国霸权"，由此他们的"高级决策者"才能自由地单边使用武力。

在 2000 年，未来的美国国务卿赖斯，以同样的笔触藐视国际法。她称在追求国家安全时美国无须接受"国际法和国际惯例"或者"诸如联合国之类的机构"指导，因为美国"在历史的正确一边"。——《进步杂志》（Zmagazine），马萨诸塞州首府波士顿，2004 年 7/8 月

> 总统（小布什）说他不希望别国对反恐战争设置条件、指手画脚。"在某些时候，可能只剩我们自己。对我来说还好。我们是美国。"
>
> ——《华盛顿邮报》，2002 年 1 月 31 日

> 雷茵霍尔德·尼布尔（Reinhold Niebuhr）半个世纪前即一语中的：我们一直抱有这种信念，在通往完美的朝圣途中，上帝召唤美国做整个人类的导师。这种信念带来无尽痛苦。
>
> ——波士顿大学国际关系教授安德鲁·巴谢维奇（Andrew Bacevich）

> 一战之后威尔逊在凡尔赛和约谈判桌上对欧洲同僚道德说教，丘吉尔的评价是，他感觉很难相信欧洲移民把他们在欧洲时所有美德都带到了新的土地上，并借此发展繁荣，却最终留下了他们所有的恶习。
>
> ——《第一次世界大战回忆录》第五卷，《战后》，1929 年

> 瞧，无疑一个共和国正慢慢成为世界进步的至高道德因素，并跃升至公认的全球争端仲裁者。
>
> ——美国国务卿威廉·詹宁斯·布赖恩（William Jennings Bryan）：
>
> 《神的形象》，1922 年

> 美国盟友必须接受这样的事实：有些美国单边主义是不可避免的，甚至是可取的。主要是，必须承认美国至高无上的力量。从历史

角度看，被这样一个相对温和的强权保护，应真心感到幸运。

　　　　　　——《新闻周刊》编辑迈克尔·赫希（Michael Hirsch）：

　　　　　　　　　　　　　　　《外交评论》，2002 年 11 月

　　承蒙上帝旨意，美国屹立于地球之上。

　　　　　　——科林·鲍威尔，共和党大会，1996 年 8 月 13 日

　　一直以来，美国媒体不知不觉地接受了美国例外论这一神话，认为美国做的任何事情都是人类最终、最好的希望。

　　　　　　——《新十字军东征：美国的反恐战争和全面统治》

　　　　　　　　　　作者拉胡尔·马哈詹（Rahul Mahajan）

　　根本的问题在于，美国除了自己不尊重任何人。他们说"我们就是世界的上帝"，他们根本不和我们商议。

　　　　　　——阿富汗国防部发言人米尔·简（Mir Jan）：

　　　　　　　　　　　　　　《华盛顿邮报》，2002 年 8 月 3 日

　　如果我们不得不使用武力，那是因为我们是美国！我们是不可或缺的国家。我们站得高，对未来看得更远。

　　　　　　——美国国务卿奥尔布赖特，1998 年

体育和国旗

　　2005 年：超级杯赛期间安海斯布希打出这样一则广告。一个机场，穿军装的战士列队经过，或许正在去伊拉克的路上，或许刚刚回来；在末端的人们张望，逐一审视，慢慢认出来——是他吗……会是吗……是的！英雄们！忠于上帝的英雄们！路人内心万分感激和骄傲。人们挥手欢呼，声浪如潮。战士们慢慢意识到人们的致意；他们的脸上顿时洋溢着感激与骄傲，说了声"谢谢"。屏幕浮现"谢谢"两个字。在该死的末端处，人人眼眶湿润。要是在苏联，他们可能是正在走向工厂的斯达汉诺夫工人英雄。

　　2008 年：纽约，美国网球女子公开赛决赛。一个女人站出来开始唱

《美丽的阿美利加》。当然，在我们美丽的美国各种运动会上，这相当常见。如果不是这首，那必然是《上帝保佑美国》或者《星条旗之歌》。但是这次，歌声刚落，几十名身穿制服的海军士兵列队行进，展开了一面一英里长的美国国旗。观众全盘接受。两天后，在男子决赛现场，同样的一幕发生了，不过多了几架从体育馆上空呼啸而过的战斗机。

我希望我在场。那样我就能出口大骂："这他妈的和网球有什么关系？"人们在爱国主义的狂欢之中，很难听到，但是如果任何人听到了我的话，他报告给最近的权威人士我并不会感到惊讶（在当今美国没有人离权威人士那么远），之后我会被"请"到安全办公室（在当今美国没有人离一个安全办公室很远）。

2003 年，在美国入侵伊拉克的前几周，诺曼·梅勒（Norman Mailer）写道：

> 不管喜不喜欢，不管愿不愿意，我想我们都将马上开战，因为这是布什和他的人民能看到的唯一解决方式。危险的预期正在展开，美国即将成为巨型香蕉式共和国，军队在我们生活中会越来越重要……在这一切结束之前，尽管很高贵精美，民主可能会让步退却……事实上，民主是特定条件……未来数年我们将被召集入伍。事情变得万分艰巨，因为大公司、军队、再加上大众运动赛场上的国旗仪式，已经给美国创造出来"前法西斯"的氛围。①

---

① *International Herald Tribune*, February 25, 2003.

第二十三章

美国的异见分子与对抗

让美国人认识其历史的罪行

（2011 年 10 月 4 日）

历史离美国人舒适的、脆弱的小心脏和头脑太近了吗？他们的学校和他们最喜欢的媒体在使他们忽视他们最喜欢的国家对世界其他地区的所作所为方面表现得非常出色，但最近一些令人不安的观点已设法找到他们深入这个精心捍卫的美国意识的方式。

首先，在上个月的总统辩论会上，众议员罗恩·保罗（Ron Paul）表达了这一信念——那些发动 "9·11" 袭击的人在报复多年来美国对阿拉伯国家造成的诸多伤害。全场对其发出嘘声，很大的嘘声。

接着，流行歌曲偶像托尼·贝内特（Tony Bennett）在接受电台采访时说，美国引发了 "9·11" 袭击，因为它在波斯湾的行动，并称 2005 年乔治·W. 布什总统曾告诉他，伊拉克战争是一个错误。无疑，贝内特引火烧身；程度之严重以至于他觉得不得不在脸书（Facebook）上发表声明，说他在二战时的经验告诉他，"战争是人类行为的最低形式"。他说，恐怖主义没有任何理由；他补充说，"如果我的言论隐含了表达爱国的其他含义，我表示歉意"。（NBC，9 月 21 日）福克斯新闻在讨论贝内特时，精心选择了像往常一样动人的评论，使用诸如 "疯狂"、"奇思异想" 和 "荒谬" 等词语（9 月 24 日）。

随后而来的伊斯兰教神职人员安瓦尔·奥拉基（Anwar al-Awlaki），美国公民，在一段时间一直指责美国在中东的外交政策是导致反美仇恨和恐怖主义行为的原因。因此美国杀了他。罗恩·保罗和托尼·贝内特可以认为他们是幸运的。

那么，什么是这一切的基础？在最近的过去，美国实际上一直对中东做了什么？

- 1981 年：击落两架利比亚飞机。
- 1983 年和 1984 年：轰炸黎巴嫩。
- 1986 年：轰炸利比亚。
- 1987 年：炸沉一艘伊朗船只。
- 1988 年：击落一架伊朗客机。
- 1989 年：击落两架以上利比亚飞机。
- 1991 年：大规模轰炸伊拉克民众。
- 1991—2003 年：持续轰炸和严厉制裁伊拉克。
- 1998 年：轰炸阿富汗和苏丹。
- 习惯性地支持以色列，尽管常规性地对巴勒斯坦民众进行蹂躏和施行酷刑。
- 习惯性地谴责巴勒斯坦对此的反抗。
- 绑架来自马来西亚、巴基斯坦、黎巴嫩和阿尔巴尼亚等伊斯兰国家的"恐怖分子嫌疑人"，将他们送到埃及和沙特阿拉伯等地，在那里对他们施行酷刑。
- 在沙特阿拉伯和波斯湾地区其他地方的伊斯兰最神圣的土地，大型军事和高科技的存在。
- 支持许多不民主、独裁的中东国家政府，从伊朗国王到埃及的穆巴拉克，再到沙特皇室。
- 2001 年至今：入侵、轰炸和占领阿富汗；2003 年至今：入侵、轰炸和占领伊拉克。
- 2006—2011 年期间：轰炸和连续发射导弹杀害索马里、也门、巴基斯坦和利比亚民众。
- 2011 年：推翻利比亚穆阿迈尔·卡扎菲（Muammar Gaddafi）政府。

怎么重复或强调都显得不够。关于"反恐战争"的最大谎言，尽管有所减弱，美国的攻击目标对美国及其生活方式存在非理性的仇恨，这种仇恨建立在宗教和文化上的误解及嫉妒的基础之上。大量的证据与此相反，包括美国国防科学委员会 2004 年的报告，它是"一家为国防部长提供独立意见的联邦咨询委员会"。报告指出：

穆斯林不恨我们的自由，他们憎恨的是我们的政策。他们中的绝
大多数表达了他们反对亲眼所见的一边倒地支持以色列而无视巴勒斯
坦人的权利，以及对穆斯林一致认为的专制进行长期的，甚至是与日
俱增的支持，其中最主要的是埃及、沙特阿拉伯、约旦、巴基斯坦和
海湾国家。因此，当美国公共外交谈到将民主带给伊斯兰社会时，这
被视为自私自利的伪善。

这份报告的结论是："没有什么公关活动能够从有缺陷的政策中拯救
美国。"[1]

拿《进步评论》（*The Progressive Review*）杂志的编辑萨姆·史密斯
（Sam Smith）的话来说："国土安全是一个在'9·11'后形成的右翼概
念，用来响应50年来美国糟糕的中东外交政策的影响。我们实际所需要
的国土安全的程度与我们的外交政策好坏程度是负相关的。"

国会议员与正常人之间的差别

在《华盛顿邮报》上的一份题为"士兵的死亡强化了参议员的反战
决心"的报告（2007年1月30日）告诉我们，来自康涅狄格州的民主党
参议员克里斯托弗·多德（Christopher Dodd）和来自马萨诸塞州的民主
党参议员约翰·凯利（John Kerry）对一位陆军上尉在伊拉克的死亡消息
感到非常难过，他们曾在2006年12月访问伊拉克时遇到这名陆军上尉，
上尉给他们留下了深刻印象。这个故事告诉我们，多德"激进"，而凯利
精力旺盛地反对战争。

人们不禁要问，为什么拿他们偶然遇到的某些人的死亡煽动他们的反
战情绪？数以百万计的美国人，以及数百万以上世界各地的民众，在没有
见到一位战争伤亡人员的情况下，激烈而热情地反对战争。这些反对者的
内心拥有哪些连许多国会议员都似乎缺少的东西呢？

"这是那种你不会忘记的人"，多德说，"如果你提到3000人死亡、
22000人受伤，你几乎会感到目光呆滞。但如果你谈到这样一个人，他在
干他的工作，一份可怕的工作，并且他也愿意谈论究竟什么错了，那么这

---

① *Christian Science Monitor*, November 29, 2004.

才是一种真正使其融入生活、与生活接轨的方式。"

亲爱的读者，你跟这也是一样的吗？当你看到或听到关于伊拉克的死者和伤者的消息时，你的目光是呆滞的吗？

两位参议员都没有显示出足够的"精力旺盛"，没有呼吁美军从伊拉克立即撤军。那将是太过"激进"。

无疑，在情感和智力方面，国会议员和正常人之间的这种差距与我们长期相伴。反越战运动最早爆发在 1964 年 8 月，数百人在纽约游行示威。许多这些早期的持不同政见者剖析并严格审查了政府关于战争起源、现状以及未来的美好景象的声明。他们接二连三地发现遗漏、矛盾以及表里不一，很快都变得愤世嫉俗，并呼吁立即无条件撤军。这是一种有智慧和原则的状态，直到 20 世纪 70 年代，当时只有少数国会议员达到的状态。对于大众媒体，同样可以这么说。并且即便如此，甚至到了今天，我们的政治和媒体精英只是视越南为一个"错误"；也就是说，它是对抗共产主义的"错误方式"，而不认为美国不应该在全球各地巡游并对起初贴上"共产主义"标签的事物实施暴力。从本质上讲，这些最优秀和最聪明的人从越南得到的唯一教训是，我们不应该在越南打仗。

革命被电视转播

在吉尔·斯科特—赫伦（Gil Scott-Heron）的一首有影响力的歌曲——"革命不会被电视转播"中，他在 20 世纪 70 年代（我始终认为，那时与传说中的 20 世纪 60 年代不同）告诉人们，一场革命正在到来，他们将不能再过上正常的生活，他们不应该再想去过正常的生活，他们将不得不学着更加严肃地对待他们总在闲扯的事情，他们称之为"革命"的事情。

时间快进至 2009 年……现在的吉尔·斯科特—赫伦是一个 60 岁的成熟老头，他接受了《华盛顿邮报》（8 月 26 日）的采访。

《华盛顿邮报》：在 70 年代初期，对于民主在美国受到侵蚀，你传来了"革命不会被电视转播"。你几乎预计到会有一场革命，其中一个被洗脑的国家会恢复理智。那你现在是怎么想的？我们有没有过一场革命？

　　吉尔·斯科特—赫伦：有的，奥巴马总统当选就是这场革命。

　　哦？这么看来那就是革命？这就是我们拿起棍棒敲打我们的脑袋所要得到的东西……催泪瓦斯、牢房以及永久保存的警察和联邦调查局文件……出版上百万期的地下报刊？为了拥有一位身上没长一根革命骨头的总统？就没有一块肌肉，或者一根神经，或者一块组织，或者一个器官认真质疑所珍视的业已确立的信仰，那些与恐怖主义、持久性的战争、以色列、酷刑、大麻、医疗以及凌驾于环境和其他一切之上的利润相关的信仰？卡尔·马克思（Karl Marx）肯定正在他伦敦的坟墓里翻身。如果现代反革命的美国在美国独立战争时期已经存在，它将会推翻那场革命。一个殖民的（白种人）贝拉克·奥巴马将勤奋工作，以便同对他说我们需要向前看而不是向后看的英国国王达成某种形式的两党间的妥协。

美国式的民主。你对此有问题吗？

　　下面是 2008 年 3 月 20 日白宫发言人达娜·佩里诺（Dana Perino）的新闻发布会：

　　记者：美国人民被要求为之付出牺牲和代价，并且你说他们在这场战争中没有发言权？
　　佩里诺：我没有那么说过……总统当选——
　　记者：那么，它相当于你说我们没有任何投入。
　　佩里诺：你们有投入。美国人民已经投入了，每四年一次，而且这就是我们的体制建立的方式。①

　　1941 年，编辑兼牧师爱德华·道林（Edward Dowling）说："在美国，对民主的两个最大的障碍是：第一，穷人对于我们拥有一个民主国家的普遍错觉；第二，富人对于唯恐我们得到它的慢性恐惧。"

---

① White House press briefing, March 20, 2008.

未发生的战争往往与已发生的战争存在相同的"理由"

2009 年 7 月 18 日，113 岁的亨利·阿林厄姆（Henry Allingham）在英国逝世，他被认为是世界上年龄最大的人。作为第一次世界大战的退伍军人，他用生命中的最后几年提醒英国民众有关战争期间被害的英国服役人员，人数大约达到 100 万。"我想要每个人都知道，"他在 11 月接受采访时说，"他们为我们而牺牲。"①

所有 100 万？每一个都为英国而牺牲？在 20 世纪最没有价值的帝国主义战争中？不，让我纠正一下——有史以来最没有价值的帝国主义战争。大英帝国、法兰西帝国、俄罗斯帝国以及想要成为帝国的美国加入了反对奥匈帝国和奥斯曼帝国的战争，年轻的身体和灵魂不断深陷比利时和德国的肮脏泥潭，俄罗斯和法国的血水之池。所有这些令人惊奇的高尚足以让你忍气吞声，强忍泪水，点燃并举起几支蜡烛。试想一下，到 20 世纪中叶，越战老兵在他们 90 岁和 100 岁时，将会说到他们的 5.8 万名战友是如何为美国做出牺牲的。到 2075 年，我们将听到来自伊拉克和阿富汗老兵同样激动人心的消息。有多少人会记得那些声势浩大的抗议运动曾反对他们参加的那些光荣、神圣的战争？

成千上万美国士兵拒绝作战的时代

要使大量的士兵愤怒抗议一场军事行动是一个很可能不成功的尝试。但想想第二次世界大战结束后的这段时期。1945 年底和 1946 年初见证了什么可能是最大的军队起义，它发生在一个打了胜仗的军队。如果没有几百万，也有几十万名美国士兵在世界各地抗议，原因在于，尽管战争已经结束，但他们没有被遣送回家。美国大兵起初并没有意识到这一点，但很多人很快就明白了，他们从欧洲和其他地方被转移到太平洋地区的不同地方，而不是被遣送回国，究其原因，是因为美国关注的是反对殖民主义起义，在华盛顿的外交政策官员的心目中，它是等同于共产主义以及其他令人讨厌的非美国式的东西。这些起义发生在英国的殖民地、荷兰的殖民

---

① *New York Times*, January 11, 1946, p. 1.

地、法国的殖民地以及在菲律宾的美国殖民地。

在菲律宾，美国大兵发动的大规模示威游行再三爆发，他们不想被用来对付左翼的菲律宾新人民军游击队。1946 年 1 月，《纽约时报》报道了其中的一场示威："'菲律宾有能力处理自己内部的问题'，成为几位发言者所说出的口号。很多人将相同的观点延伸到中国。"①

美国海军陆战队被派往中国，以支持蒋介石的国民党政府反对毛泽东和周恩来领导的共产党。他们被派到荷兰印度群岛（印度尼西亚），服务于荷兰对本土民族的镇压。而且美国军队的船只被用来将法国军方运送到法国在越南的前殖民地。（有没有人说"帝国主义"？）华盛顿的这些和其他行动导致大量的美国大兵在日本、关岛、塞班岛、韩国、印度、德国、英国、法国以及安德鲁斯空军基地、马里兰进行抗议，所有都与主要的延缓复员和使用雇佣兵有关。士兵们及其庞大的支持团体绝食抗议和群发邮件给国会。1946 年 1 月，来自美国科罗拉多州的参议员埃德温·约翰逊（Edwin Johnson）宣称，"在每份报纸上读到最近军队哗变的实地报道，令所有美国人感到沮丧和耻辱"。

1946 年 1 月 13 日，500 名美国服役人员在巴黎正式通过了称为"现役士兵大宪章"（The Enlisted Man's Magna Charta）的一系列诉求，呼吁对军官和士兵之间的主从关系进行彻底改革；并要求罢免美国陆军部长罗伯特·帕特森（Robert Patterson）。在菲律宾，士兵反对减少复员的情绪在一次部队会议上具体表现出来，一致决定询问帕特森部长和某些参议员："军队在菲律宾的战略要点是什么，尤其是涉及以作战为基础重建第八十六步兵师时？"

到 1946 年的夏天，武装部队进行大规模的复员，尽管没有办法准确知道这在多大程度上是由于美国大兵的抗议活动。②

如果这是在"正义战争"中能够鼓舞和组织美国士兵的途径，那么想象一下，在今天美国发动的"非常恐怖的战争"中，还能够做些什么。

---

①　*New York Times*, January 11, 1946, p. 4.

②　更多的士兵抗议信息参见 Mary-Alice Waters, *G. I. s and the Fight against War*（New York, 1967），这是一本由 *Young Socialist* 杂志出版的小册子。

第二十四章

宗　教

克里斯托弗·希钦斯、萨达姆·侯赛因和宗教
（2007 年 6 月 8 日）

2007 年的春天，克里斯托弗·希钦斯（Christopher Hitchens）出版了他撰写的书——《上帝没有什么了不起》（*God Is Not Great*）。它汇编了几个世纪以来各种宗教以上帝（或神）的名义做出的许多可怕的事情，书中提出的事，远远超过在世俗世界所做的可怕的事情。无疑，神圣的恐怖今天仍在继续，也许比以往任何时候都更糟糕。如果黎巴嫩、巴基斯坦、美国、以色列、巴勒斯坦、阿富汗、索马里和其他一些国家的领导人和潜在的领袖是世俗人道主义者，我们可怜的旧世界将不会成为另一个星球的地狱。对此，有组织的宗教拥有许多答案。

我没有特别不同意希钦斯这本书的主题。但是，当我第一次读到关于这本书的评论时，我不知道作者是如何对待萨达姆·侯赛因和他领导的世俗的伊拉克政府的。这是一个真正的坏人，但绝不是一个宗教狂热分子。希钦斯的问题是，作为美国对伊战争的坚定支持者，他不得不破除这种观念，即美国已经推翻了一个世俗的政府。然而，希钦斯想出了一个简单而优雅的解决方案：他使萨达姆以及他的政权成为"宗教的"！他写道，萨达姆"已将其整个统治装扮……为一种虔诚和圣战"［针对他没有说出来的，并且我也不能说的］。"那些认为他的政权是'世俗的'的人，是在自欺欺人。"①

现在，伊斯兰教法被强加在伊拉克许多地区，在它执行反对青年男女混在一起、反对他们的服装、他们的音乐舞蹈等的时候出现了许多令人恐怖的故事。基于宗教而被恐怖杀害的家庭数量猛增。清真寺和其他宗教的

---

① Christopher Hitchens, *God Is Not Great*: *How Religion Poisons Everything* (Twelve Books, New York, 2007), p. 25.

建筑，包括基督教的亚述人，都遭到许多严重的袭击。在萨达姆统治下，这种事都很罕见，当时经常有什叶派和逊尼派通婚，穆斯林并不需要在惧怕其他穆斯林的情形中大批逃离伊拉克；犹太人或基督徒也是如此。（大约在他当权的最后一年，萨达姆·侯赛因比以前更为经常地提及宗教方面，但是这似乎仅仅是对华盛顿的反恐战争在伊拉克激起的愤怒要嘴皮子，在中东其他地方亦是如此。）

那么，这就是希钦斯的"哦，多么可爱的战争！"所产生的后果。像他这样的人可能无法忍受这种讽刺，如果他不通过否认来解救的话。

不可忽视的是，萨达姆·侯赛因统治下的伊拉克并不是唯一被美国推翻的世俗政府，这导致了一个宗教性质更加深厚的继任者。在20世纪80年代和90年代初的阿富汗，美国策划了推翻"共产主义"政府的行动，这导致伊斯兰极端势力的统治，从那时开始出现了塔利班。

对此，帝国主义的原教旨主义者也有许多答案。

你可以爱你的妈妈，可以吃许多苹果派，并且可以挥舞美国国旗，但如果你不相信上帝，你就是一个注定下地狱的颠覆者

2006年，明尼苏达大学社会学系的一项研究认为，无神论者是"美国最不被信任的少数人"。大学的研究人员发现，美国人在"分享他们对美国社会的愿景"时，将无神论者列在穆斯林、新移民、同性恋者和其他少数群体之后。无神论者也是大多数美国人最不愿意让自己的孩子与之结婚的少数群体。研究人员得出结论，无神论者"对于过去30年中社会日渐宽容来说，是一个明显的例外"。

这项研究的许多受访者将无神论与一系列的品行不端联系起来，包括犯罪行为以及猖獗的唯物主义和文化精英主义。这项研究的首席研究员认为，研究结果背后隐藏的是对道德下降并因此导致社会动乱的恐惧。"美国人认为，他们与同胞所分享的不仅仅是各种规则和程序，他们对正确和错误享有共同的理解。我们的研究结果似乎停留在将无神论者视为不关心公共利益的自利者。"

嗯。四十多年来，我一直是一个政治活动家。我曾与无数的无神论者和不可知论者一起游行、斗争及出版周报，他们曾冒着坐牢和遭受警察暴

行的危险，曾放弃较高的生活水平，不为别的，而正是为了公共利益。猖獗的唯物主义？几乎没有。"世俗人文主义"，许多无神论者这样称之。我们没有读到无神论者成为这种暴徒的报道，他们用石头砸、杀害或者以其他方式伤害或羞辱那些不认同他们没有信仰的人。从来没有。那些都是有宗教信仰的人做出来的，并且遍布世界各地。

这项调查中所揭示的公众态度，部分可能源于如此多的美国人所接受的冷战教育——关于"不信上帝的无神论的共产主义"的理念和形象。但是，我认为比这更重要的是深层次的不安全感，甚至是威胁，无神论者能够在宗教上自觉或不自觉地暴露并质疑他们的核心信念和生活方式。

像我一样，你有时必定想知道，这世界怎么变得如此令人无法容忍的残酷、腐败、不公正和愚蠢。它已经下降到这一显著水平，是偶然的，抑或是有计划的？这足以让人相信上帝的存在。或者是存在魔鬼。

美国的穆斯林和其他保守派

2006 年 3 月，我同意在将于 6 月在华盛顿特区举行的阿拉伯裔美国人反歧视委员会（ADC）会议的一场小组讨论中发言。这场小组讨论被称为"美国、帝国、民主和中东地区"。那时，在阿拉伯裔美国人反歧视委员会，有人显然意识到，我正是那位书作在 1 月得到奥萨马·本·拉登推荐的人，他们试图用虚构的借口取消我的出席。我拒绝了，称他们为懦夫；他们让步了，然后又改变主意，最后告诉我"阿拉伯裔美国人反歧视委员会的所有新闻界的小组讨论席位都满了"。在我们此前约定的两个月后，他们发现所有的小组讨论席位都满了。

美国穆斯林是非常保守的。在他们尝到布什的警察国家（police state）的味道之前的 2000 年，他们当中有 72% 的人投票支持布什。大学的官员也是保守的，或者可以很容易地受到学校保守派组织的欺压，这些组织是一个攻击学校左派的资金充足的全国性运动［想想大卫·霍洛维茨（David Horowitz）的"校园观察"①］的一部分，无论是教师、学生或

————————————

① 校园观察（campus watch），一个自称推动北美地区的中东研究的项目，主要关注美国大学校园和研究机构中有关研究者如下五个方面的问题：分析失败、混淆政治与学术、排斥异见、护教的观点以及对学生滥用权力。——译者注

者外部发言人。与此前每年到大学演讲五到十次相比，在本·拉登荐书后六年中，我几乎没有收到任何大学演讲预约；有几次学生试图为我安排演讲，但都没有成功说服学校官员。

一家安排进步人士到校园演讲的加州机构——"畅所欲言"（Speak-out）告诉我，霍洛维茨形式的团体已成功地大幅削减了他们的业务。

亵渎者和英雄

2011 年 1 月，萨尔曼·塔西尔（Salman Taseer）在巴基斯坦被人谋杀。他是巴基斯坦旁遮普省省督，同时也是一名世俗的巴基斯坦人民党成员。穆塔兹·卡德里（Mumtaz Qadri），这个杀害他的凶手，被一些人视为英雄加以赞美，对其撒上玫瑰花瓣。现场拍摄的照片显示出他面带微笑。

塔西尔敢于大声反对巴基斯坦严厉的反亵渎法，呼吁对依照亵渎禁令判处死刑的基督徒母亲进行宽大处理。一个由 500 名宗教学者组成的国家团体对暗杀者予以称赞，并对那些哀悼塔西尔的人发出警告。该团体在一份声明中说，"支持亵渎者的人也是亵渎者"，它告诫记者、政治家和知识分子从这场谋杀中"吸取教训"。"卡德里的行为令每一个穆斯林感到自豪。"[1]

不错，真的不错，很文明。这也难怪，体面的、敬畏上帝的美国人认为，这种想法和行为证明了华盛顿发动的多次战争的合理性；这就是美国与之斗争的东西——伊斯兰狂热分子、杀人狂魔，他们以一些深奥的宗教教条杀死自己的同胞，他们想在一定程度上以一些其他想象的神圣罪恶杀害美国人，因为我们是"异教徒"或者"亵渎者"。我们怎能与这样的人讲道理？天真的和平主义者和反战活动家想要我们尊敬的共同人性在哪里？

但是，战争可以看作是美国的宗教——最近的巴基斯坦、伊拉克、阿富汗、索马里、也门、利比亚以及过去更多的地方，在华盛顿圣母大教堂里的所有不相信不朽的侵略、神圣的轰炸和无罪的酷刑的人，统统都因亵渎被判处死刑，因为美国每天发动称为"捕食者"的神圣自动死亡机器

---

① *Washington Post*，January 5，2011.

飞过他们的土地，发射"地狱之火"（原文如此）导弹，呼啸着投送到婚宴、丧礼、住宅；迄今为止成千上万的人失去生命，只要美国每次声称——无论正确与否——他们当中有一个重要的亵渎者，就称之为塔利班，或基地组织，或"叛乱者"，或"激进分子"。我们怎能与那些在美国中央情报局操纵无人机轰炸机的人讲道理？他们和穆塔兹·卡德里有什么区别？卡德里在完成他的神圣使命后，面带满意的微笑。美国中央情报局的人舒适地坐在内华达州的房间里，玩着他的神圣视频游戏，然后出去吃一顿舒心的晚餐，而此时他的受害者却在弥留之际。穆塔兹·卡德里坚信有种东西叫做天堂。美国中央情报局的人坚信有种东西叫做美国例外主义。

扩展的比较：2008 年，一个名叫谢里夫·莫布里（Sharif Mobley）的美国年轻人到也门学习阿拉伯语和宗教。美国官员认为，他的实际目的是要加入恐怖组织。他们"认为莫布里是一批日益庞大的被吸引到暴力圣战的本土出生的美国人之一"。[①] 难道不能说许多自愿从军去参加任何一场美国对外战争的本土出生的美国年轻人是"被吸引到暴力圣战"的吗？

难道他们不被许多人视为英雄加以赞美，在他们面带微笑的时候撒上玫瑰花瓣？

---

① *Washington Post*，September 5，2010.

第二十五章

尽管笑对帝国

新年快乐。下面看看来年有什么期待

1月22日：国会通过一项法律，要求对反战示威中被捕的所有人员进行安全审查。美国众议院议长约翰·博纳（John Boehner）宣布它是"上帝的旨意"。众议院少数党领袖南希·佩洛西（Nancy Pelosi）说，由于没有规定上诉的权力，她对此有所保留。

2月15日：罗恩·保罗（Ron Paul）被一个名叫哈维·奥斯瓦尔德（Oswald Harvey）的男子杀害。

2月18日：奥斯瓦尔德·哈维（Oswald Harvey），在单独监禁并由1200名警察和整个第三陆军旅全天候守卫时，被一个名叫鲁比·杰克逊（Ruby Jackson）的男子杀害。

2月26日：鲁比·杰克逊因一种在西半球迄今未知的罕见的亚洲疾病而在监狱突然死亡。

3月6日："希望这个、改变那个"（Hopey Changey）的美国总统宣布对伊朗、叙利亚、朝鲜、巴基斯坦、尼加拉瓜、委内瑞拉和古巴实施新一轮的严厉制裁，宣布他们都拥有大规模杀伤性武器，他们对美国来说是迫在眉睫的威胁，他们与基地组织和塔利班有着密切的联系，他们帮助索马里的恐怖分子，他们参与"9·11"恐怖袭击，他们在暗杀约翰·肯尼迪（John F. Kennedy）和珍珠港袭击起了作用，他们不相信上帝或美国例外主义，并且他们都是"真正的坏人"。

4月1日：玻利维亚军队推翻埃沃·莫拉莱斯（Evo Morales）总统。美国国务院谴责其是民主的损失。

4月2日：美国承认新的玻利维亚军人政权，向其出售100架喷气式战斗机和 200 辆坦克。

4 月 3 日：玻利维亚爆发危害军政府的革命；4 万名美国海军被派到拉巴斯①平息起义。

4 月 8 日：迪克·切尼（Dick Cheney）在病床上宣布，美国终于在伊拉克发现了大规模杀伤性武器的隐藏之处——"那么，所有那些持怀疑态度的人，现在只能是去'否定'自己"。但是，这位美国前副总统，拒绝提供发现的任何细节，因为他说，这样做可能会泄露情报来源或方法。

4 月 10 日：埃克森—美孚（Exxon-Mobil）、雪佛龙—德士古（ChevronTexaco）、通用电气（General Electric）、通用汽车（General Motors）、美国电话电报公司（AT&T）、福特（Ford）和美国国际商用机器公司（IBM）合并组建"自由企业有限公司"（Free Enterprise，Inc.）。

4 月 16 日：自由企业有限公司寻求收购危地马拉和海地。花旗集团（Citigroup）拒绝出售。

4 月 18 日：自由企业有限公司收购花旗集团。

5 月 5 日：民主党更名为共和党清淡版（Republican Lite），并宣布与共和党开立联名银行账户，使企业的游说者只需要填写一张支票。为庆祝更名，新党呼吁取消游艇销售税。

5 月 11 日：中国声称在中国中部击落一架美国间谍飞机。美国国务院断然否认此事。

5 月 12 日：美国国务院承认，一架美国飞机可能"不经意"误入中国 2000 英里，但否认那是一架间谍飞机。

5 月 13 日：美国国务院承认，这架飞机可能是一架间谍飞机，但否认它是由美国政府雇员驾驶。

5 月 14 日：美国国务院承认，飞行员是美国国防部承包商的一位文职雇员，但否认中国找到了他。

6 月 11 日：美国国土安全部宣布计划收集每名在美国出生的婴儿的 DNA。

7 月 1 日：洛杉矶的空气达到如此糟糕的污染程度，富人开始雇用无证工人为他们呼吸污染空气。

8 月 6 日：美国司法部宣布，与一项轰炸联合国、帝国大厦、时代广场

---

① 拉巴斯（La Paz），玻利维亚西部城市。——译者注

地铁站、麦迪逊广场花园和林肯中心的计划有关的六个人在纽约被逮捕。

8月7日：在确定他们是联邦调查局特工后，撤销了对"纽约六人"中的四个人的指控。

8月16日：在华盛顿举行的大游行中，"茶党"（Tea Party）要求终止一切政府支出。他们还警告国会不要涉及社会保障或医疗保险。

8月26日：得克萨斯州处决一名16岁堕胎女孩和一个携带大麻的12岁男孩。

9月3日：美国劳工部宣布，劳动节将成为美国感恩公司的一个庆祝会，一个用以纪念在执行任务中丧生的摩根大通及平克顿破坏罢工者。

9月12日：美国征兵要求恢复为年龄在16—45岁之间的男性和女性，那些失去一条肢体或失明的人可以申请非战斗角色。

9月14日：24个美国城市爆发骚乱以抗议新的征兵。20万名美军从阿富汗、伊拉克以及其他国家被带回国内平息骚乱。

9月28日："茶党"呼吁赋予胎儿投票权。

10月19日：世界各地的警察成立一个新的联盟——国际警察治理协会（PIGS）。国际警察治理协会宣布，该协会的首要目标将是在那些仍然存在古怪的想法的国家发动一场运动，以反对那种认为一个人在被证明有罪之前是无辜的观念。

11月8日：美国总统大选的投票率为9.6%。所有选票都印上了："从一人一票，到一美元一票"。获胜者为"以上皆非"（None of the above）。

11月11日：美国监狱人口达到250万。可以确定的是，至少70%的囚犯在一个世纪以前是不会被关押的，因为他们的行为在那时不属于刑事违法行为。

12月3日：美国最高法院裁定警方可以搜查他们有合理理由认为其有口袋的任何人。

12月16日：占领运动在美国白宫的草坪上搭了一个帐篷。一个小时后，一枚无人机发射的导弹留下一缕薄烟。

喜欢这种事的人会发现这是他们喜欢的那种事

致我在美国和世界各地的亲爱的读者，以节日的精神，我希望你们每个人的选择如下：

圣诞节快乐

光明节快乐

开斋节快乐

宽扎节快乐

新年快乐

愉快的占领

情色异教仪式

网络虚拟假日

感人的邪恶牺牲

虔诚的无神论者节日的问候

着魔的按手礼仪式

真正伴有灵光和结晶的纯净化身

并且愿你的名字永远不会出现在国土安全部的"禁飞名单"上。

愿你不要惹恼一个略微受过教育的高中毕业生，戴着徽章，扛着枪，拿着装有胡椒喷雾剂的罐子。

愿你滥用手中的权力只是残忍、侮辱和不人道，而不是奥巴马先生或切尼先生所称的酷刑。

愿你或你的国家永远不会遇到北约或美国的人道主义干涉、解放或非自愿白杀。

愿您你们的劳工运动和你们的选举都没有得到美国国家民主基金会的支持。

愿落在你们国土上的贫化铀、集束炸弹、白磷和凝固汽油弹能够如美国国务院说的那样精确制导并且无害。

愿你圣诞节收到一份《纵火犯的五角大楼官员住宅指南》。

愿你没有医疗保险时没有在美国生病，在不富有时没有读美国大学的愿望。

愿你重新找到穷人在18世纪的法国所发现的，富人的脑袋可以机械地从他们的肩膀分离，如果他们不听道理的话。

愿你被赋予选择安乐死的权力，而不是不得不观看共和党的初选辩论。

第二十六章

我们又能怎样?

占据我脑海的一些想法

(2011 年 12 月 2 日)

当越南战争成为历史, 抗议标志和手提扩音器都被封存起来, 大多数抗议者对政府的疏离和敌视的严肃的一面亦是如此。他们以尽可能小的反抗转而不懈地追求成功, 并认为世界面临的选择要么是"资本主义民主", 要么是"共产主义的独裁统治"。战争已经偏离正常轨道是一个隐含的定论, 成为另一项美国人道纪录的污点。当权者对于社会结构的瓦解以及共和国命悬一线的恐惧原来不过是媒体的炒作而已; 这曾是了不起的原版报道。

我提到这一点, 是为了解释为什么我一直不愿意全情加入占领运动的行列。我首先想到的是, 如果不出意外, 在即将到来的冬季他们将精疲力竭; 如果不是这样的话, 那将会是要了他们的命——他们不得不在某些时候去挣一些钱, 在某些地方参加课程学习, 他们不得不在某些地方去迎合爱人、朋友和家人; 最近我一直在想, 正是警方使他们精疲力竭, 给他们不可思议的冒险运动书写结尾 (finis) ——如果你将这一体制放在一面镜子前, 这一体制可能会疯掉。

但我们又能做些什么?

但现在我不知道。那些年轻人, 还有老年人, 一直令我感到惊讶, 以他们的奉献精神和精力, 他们的友情和勇气, 他们的乐观和创新, 他们的非暴力和他们对面临收编的危险的敏锐意识, 比起政客或政党, 他们更加关注经济机构。这里也有他们辉煌的标志和标语, 从纽约步行到华盛顿,而没有在警察卑鄙地破坏占领华尔街运动的营地后四分五裂。他们向 100 万年轻人灌输关于如何度过其余生的其他想法，并霸占了大量的媒体。《华盛顿邮报》多次拿出整版或接近整版用于富有同情心的新闻报道。由于几乎所有媒体的作用，占领运动越来越受到人们重视。

然而，20 世纪 60 年代和 70 年代也是一场不可思议的冒险运动——对于我而言，对任何人来说一样如此——但美国外交政策实际上没有因为我们坚持不懈的抗议而发生什么改变，其中很多抗议运动也非常有创意。美帝国主义继续累积其残酷纪录，直到这一刻。我们甚至不能将越南称作为我们抗议活动的胜利。在美国离开越南前，反越战抗议运动持续了九年，自 1964 年持续到 1973 年。很难将因果关系归咎于抗议运动。

他们很少提及外交政策，这极大地帮助了占领运动的发展和存续。比起企业滥用，外交政策属于更为敏感的范围。外交政策显示在挥舞着的旗帜上，"我们勇敢的男孩"冒着生命危险、美国例外主义、民族主义、爱国主义、忠诚、背叛、恐怖主义、"反美"、"阴谋论"……所有这些有感染力的图标，都被美国主流社会用来从我们的异己者中区分出好的美国人。

外交政策不可能永久被忽视的，当然，如果除此之外没有其他原因，浪费在战争上的国家财富可以用来支付占领运动所呼吁解决的任何事情……或者任何人呼吁解决的任何事情。

占领运动造成强加给市民的教育——关于企业滥用和犯罪、政治腐败、不平等、贫困等，几乎都没有受到起诉——将是非常重要的，如果美国是一个民主国家的话。但实际上，越来越多的人对于这些问题可以知道得越来越多，并得到越来越多的愤怒，但无处可表达，并实现有意义的变革。金钱必须从政治进程中移除。完全移除。这是我最喜欢的拉丁文短语：*sine qua non*（必要条件）——"没有了它，什么都不是。"

如果不是现在，那是何时？如果不是这里，
那是哪里？如果不是你，那是谁？

（2007 年 10 月 1 日）

我曾想过这样一个问题，我想要生活在哪个时代的哪个地方？20 世纪 30 年代的欧洲通常是我的第一选择。由于战争乌云的笼罩，在我的周围，充斥着阴谋、无处不在的间谍、令人压抑的生死存亡问题以及展现勇敢和操守的机会。我想象自己帮助绝望的人们逃到美国。这是真正的好莱坞电影素材；想想《卡萨布兰卡》。当西班牙共和国陷入由德国和意大利法西斯主义者辅助（美国和英国站在一边，没有实际帮助法西斯）的佛朗哥（Franco）及其法西斯势力时，在我想象的场景中，一切都会升级——欧洲的命运岌岌可危。随后，纳粹进军奥地利，接下来是捷克斯洛伐克，再下来是波兰……人们可能会为了反抗这一切而献出自己的生命，试图阻止法西斯浪潮。还有什么比这更惊险、更高尚的呢？

各种奇迹中的奇迹，时光机器的奇迹，我其实正生活在这个想象中的时期，看着布什政府的法西斯主义者进军阿富汗，将其轰炸成一个"失败国家"；然后他们进军伊拉克——死亡、破坏并足足断送2400万人的生命；威胁伊朗人民将面临更多无休止的地狱之夜；推翻海地的让—贝特朗·阿里斯蒂德①；轰炸索马里的无助难民；一次又一次地企图破坏和惩罚古巴、委内瑞拉、玻利维亚、尼加拉瓜、加沙以及其他不信仰上帝赋予的帝国使命的国家。可悲的是，我对于这个现实生活的场景，最通常的反应不是表现出多么浓厚的英雄气概，而更多的是感到害怕或沮丧；不是为我自己，而是为了我们共同拥有的唯一的世界。我每天消耗很大一部分精力写作的新闻，大大减少了我的生活乐趣（*joie de vivre*）；它不仅是关于美国军事力量在国外横行以及国内日益庞大的警察国家的不公正待遇的恐怖新闻报道，而且还是快把人逼疯的谎言和愚蠢行为，让我不断地更换驻地，关上电视或收音机，翻开报纸。

然而，我必须告诉你们这些同志，与此同时，我们所处的当代也带给我为20世纪30年代生活所设想的措施。当前，我们所处的世界危机四伏，当人们考虑即将到来的环境灾难时更是这样。必须阻止布什（现在是奥巴马）的法西斯浪潮。

通常，当有人问我"但是我们能做什么？"时，我的回答与此前所说的一脉相承，教育自己以及尽可能地教育别人，直到你们的成员数量达到一个临界点；将它看作播下种子，以提供能够成长为直接行动的萌芽。不管这个建议可能体现出什么样的历史正确性，恐怕它并不特别鼓舞人心。但是，我已经汇聚了四位智者并吸收了他们的思想，希望能借此提高点激

---

① 让—贝特朗·阿里斯蒂德（Jean-Bertrand Aristide），生于1953年7月15日，于1990年、1994—1996年、2001—2004年任海地总统。——译者注

励水平。让我们将他们称为"失败事业的守护神"。

I. F. 斯通（I. F. Stone）：

唯一值得去战斗的战斗就是那些你将会输掉的战斗，因为总有人不得不与他们战斗，并且不得不失败、失败、失败，直到有一天，有人会相信你的胜利。因此，为了让有些人赢得一场重要的大型百年战斗，即使知道你要输了，很多其他人都一定愿意——为了纯粹的战斗乐趣和喜悦——勇往直前去战斗。你不能觉得自己像一个烈士。你必须去享受它。

霍华德·津恩①：

人们认为必定存在一些神奇的战术，它们超越了抗议、示威、彻夜静坐、非暴力反抗等传统手段。但事实上，并不存在这些神奇的灵丹妙药，存在的只有坚持不懈。

诺姆·乔姆斯基：

不存在神奇的答案，也没有神奇的方法来克服我们所面临的问题，只有这些人人熟知的措施：真诚地寻求理解、教育、组织、为肇事者提高国家暴力成本以及为制度变迁奠定基础的行动——以及那种将得到坚守的承诺，尽管存在理想破灭的诱惑，尽管存在许多的失败而只有有限的成功，给这些以激励的是对于一个更光明未来的希望。

萨姆·史密斯（Sam Smith）：

那些认为历史让我们感到无助的人应该还记得 1830 年的废奴主义者、1870 年的女权主义者、1890 年的劳动组织者以及 1910 年的同性恋作家。他们和我们一样，不能选择自己所处的历史时代，但他们和我们一样，能够选择怎么去应对。我们知道我们现在清楚这些事情是如何发生的，也知道它经历了多长时间，那么我们会是 1830 年的废奴主义者吗？或者是1870 年的女权主义者？或者是其他推动历史前进的人？

---

① 霍华德·津恩（Howard Zinn, 1922—2010），美国著名左翼历史学家、社会评论家和剧作家，著有《美国人民的历史》。20 世纪 60 年代以来，在美国民权、反战活动中相当活跃。——译者注

译后记

美国号称自由民主的堡垒，美国的民主模式也常被看成是西方民主的典范。自从确立全球霸主地位，美国对外政策目标的核心目标之一便是不遗余力地在向世界各国推行其民主价值观，并致力于促进各个国家和地区的"民主化"，输出"民主革命"。尽管民主的概念同其他许多政治学术语一样，有着不同的定义，但美国却垄断了关于民主及其标准的解释权，这使美国及其追随者成为拯救"不民主"国家的救世主。于是，美国对于其他国家违反民主原则的指责、构建民主制度的指教便成为理所当然，也不以为然。

然而，美国民主因其诸多不可回避的弊端和缺陷，一直以来受到包括美国在内的世界各国人民的质疑。当今美国，社会财富分配不平等日益加剧，种族、民族和宗教歧视根深蒂固，公平选举遭受损害，持不同政见者受到监视，和平示威者遭到暴力打压，酷刑以及违法对待关押和囚禁的行为屡禁不止。无论是在人民主权、多数统治、政治平等和政治参与等民主的基本原则方面，还是在民主带来的福利方面，美国民主都在面临困境。在2015年7月的一次采访中，美国前总统吉米·卡特甚至宣称，美国已不是一个民主国家。

即便美国民主制度与观念是美国历史上最好的制度，但若将其凌驾在其他国家和人民之上，不仅违反了不干涉别国内部事务的国际法基本准则，也忽视了民主制度赖以存在的根基。若是故意，输出民主便是赤裸裸的霸权行径。正如英国纽卡斯尔大学教授罗兰·博尔所言，任何人不加限定地宣扬"民主"均会受到质疑，这是因为人们一旦作出如此主张，就意味着试图普及自己独特的民主形式。这正是美国的民主输出受到世界上许多国家和地区抵制的根本原因。

作为一个美国民主的亲历者和研究者，威廉·布鲁姆的观察无疑将给读者认识美国民主带来更多的收获和启示。在本书中，布鲁姆用大量的事实展现了美国民主最为真实的一面，揭露了美国对外政策给世界各国人民带来的苦难，并深刻挖掘了美国对外行为背后的动机和真相。毫无疑问，这本书为我们了解美国民主、美国对外政策以及当今世界政治提供了新的素材和视角。为此，我们欣然接受这本书的翻译并将其介绍给中国读者。

　　本书的翻译和出版大家相互协作的结晶。在书稿的翻译上，徐秀军负责引言、第 1 章至第 8 章以及第 23 章至第 26 章的翻译，王利铭负责第 9 章至第 22 章的翻译，全书最后由徐秀军负责统稿。此外，陈小勇、雷世强参与了第 1 章的翻译，吴怡参与了第 2 章至第 5 章的翻译。在编辑和出版的过程中，中国社会科学出版社的相关人员倾注了大量的心血。在此，两位主持翻译者对他们为本书面世所做的努力表示诚挚的谢意。

　　由于译者水平所限，一些语句的翻译与表达定会存在诸多错漏，敬请读者批评指正，以便修订时完善。

徐秀军

2015 年 8 月于北京